天略

The Management of Heaven's Strategy

やくも立つ出雲から生まれた新たな「和」の経営理論

早川 和宏

はじめに

世界は、長い人類の歴史の中で衣食住の充足と楽しく持続的に生きられる環境を整える手段として、宗教と芸術を発明、言葉と火と分業を進化させることで、二一世紀の今日をつくってきた。イギリスで始まった産業革命以降、科学技術の急速な発展により、環境、資源にもっとも顕著なように、サスティナビリティ（持続可能性）が問題とされるようになっている。他の地球上の生物とは異なり、ホモ・サピエンス（知性人）という名誉ある称号を得ている人類が、文明を追求する過程で、いわば〝地球の害虫〟として、絶滅危惧種を増やしながら、自らまいたタネをどう始末していいのかわからない時代をつくってきた結果である。

環境破壊、異常気象、蔓延する感染症、核と原発（核発電所）、戦争とテロ、その背景をなす経済格差・貧困など、答えの出ない難題を前に、世界全体が苦悩している。

戦後七〇年の平和を続ける日本は、そうした世界を取り巻く状況下、多くの課題を抱えながらも、日々の暮らしはもっとも安全で、自然の恵みが豊かな国である一方、核大国に囲まれ、対岸の中国・韓国からの反日の嵐に晒されて、一触即発の危機が続いて、世界を不安にさせている。

残された時間はそう多くないと言われる中で、本書は日本並びに近隣アジア、さらには世界で、どのようなことが起きているのか、それに対してどうすべきなのかを予測し、世界に先駆けて準備してきた一人の経営者・事業家の生き方、思想、経営そして事業内容を描こうと試みたものである。

その経営理論を「天略経営」と称するのは「天略」とは、天を味方にすること、天を味方にするとは、真に自分、地球に優しいということだ。それが自分のためでもあり、周りにも良いという地球経営理論として、行き詰まった日本のみならず、世界と同時に時代が求めている思想・経営理論ということになる。

日本を取り巻く近隣諸国には、歴史問題から生まれた紛争の拠点である〝怨念発電所〟がつくられている。そこから生まれる反日の怨念エネルギーを対立から統合・発展に促し、平和な流れを産みだす試みに取り組んできたのが、かつて「ベンチャーの雄」として「日本ベンチャー大賞」に輝いた小松昭夫・小松電機産業社長（財団法人「人間自然科学研究所」理事長）である。

その試みは、真のベンチャーとして、また平和の事業家として、二一世紀の今日、誰も構想さえしようとせず、ましてや取り組むことなどなかった「平和の事業化」のための貴重な歩みである。「天略」は本書の全体を貫くテーマだが、主人公である小松社長は、ベンチャーを立ち上げて四〇余年、かつては〝ドン・キホーテ〟と呼ばれた。だが、石の上にも三年、人間自然科学研究所を設立して、二〇余年。時代が追いついてきたということだろう。

まずは、日本で藍綬褒章受章そして世界でもオランダの「平和宮建立一〇〇周年」で、平和の指導的慈善事業家二〇人に選出されることによって、ようやく「天略」理論を明らかにできる流れが生まれてきた。

日本人にはなじみのない、その独特の定義・思考法いわゆる〝小松理論〟は、当初「何を言っているのかわからない」という知識人が少なくない。

小松社長の出身地である八雲村の水の偉人・周藤弥兵衛の物語『悠久の河』を書いた作家・村尾靖子氏は、彼が八雲村の紹介をするのに、世界地図を持ち出してきたことに驚かされたと語っている。日本地図ならまだしも、世界地図の中の八雲村の話に「この人の頭の中はどうなっているのか」と、その発想のスケールの大きさに、とてもついていけないものを感じたというわけである。

だが、農機具メーカーの研究所にいた技術者上がりの小松にとっては、数字とロジックによって物事のすべてを論理的に捉える発想こそが「世界標準」であり、その意味では日本人の常識レベルを超えている。

中国の古典「四書」の一つ『大学』には「物に本末あり」と説かれ「事に終始あり」と続いている。つまり、物には基本となるものがあって、事には始めと終わりという順序がある。『中国古典名言録』を出版した「人間自然科学研究所」理事長である彼は、物事の本末を捉え、言葉から論理・数字、そして順序が重要であることを知っている。

だからこそ、中国人並びに欧米人の考え方、行動様式を分析し理解した上で、日本人代表として自らの役割を果たすこともできる。その考え方、行動はロジックと数字を元にしているだけに、論理的に矛盾がなく、当然の如く、中国人、欧米人と対等であり、時にその上を行く。

外国に通用するということは、逆にいままでも日本では伝わりにくいということでもある。あいまいさ、いい加減さを含めて、ニュアンスで伝える日本と、0と1からなるコンピュータ用語の組み合わせに似て、あいまいさが入り込む余地のない二元論の世界との隔たりは大きい。

だが、そんな本書の内容も、案外「ちょっと風変わりな企業小説だ」と思って読めば、素直に頭に入るのではないだろうか。

本書には、小松電機産業並びに小松社長がやろうとしている事業が、簡単な内容ではないが、かなり明確に描かれている。通常の経営者はビジネス＝利潤追求等をやり甲斐にして、仕事を楽しむのに対して、小松はビジネスだけではなく、社会を変革し、平和を実現するための社会改革家、事業家としての道を楽しむ。

そのベンチャーとしての成功のプロセス、手法と展開はこれからの時代の経営・事業を進めていく者にとっても、大いに参考になるはずだが、その理解を妨げているのが、主題でもある「平和事業」への取り組みだと思われる。

ビジネスと平和が、どうしても頭の中で結びつかないため、無意識のうちに反発する。あるいは絵空事に思えてくる。だが、小説であれば「そんなものか」と、案外、抵抗なく読むことができる。織田信長の先進性も豊臣秀吉の下克上による今太閤ぶりも徳川家康の捉えどころのない慎重かつ巧妙な人間掌握術・国家経営術も、すべて「事実は小説より奇なり」として通用する。

そこでは、小松のやっていることは、一企業家、一事業家の枠を超えて、個が全体へと至る。逆に、小さな自己にこだわり、モノにこだわり、カネにこだわり、欲にこだわれば道を失う。道とは「道理」である。

「天略」を突き詰めていくと、グローバル時代の今日、国益とは一国だけのものではなく、本来は世界益だということになる。同時に、それはそのまま地球益であり、さらには後世益でなければならない。それはグローバル企業のみならず、現代のあらゆる企業の存立・存続の条件だということである。

小松社長の「出雲の地から小泉八雲のオープンマインド『開かれた精神』に基づく新しいカルチャーを会社の中、さらには取引先、そして社会全体に広めることによって、みんながハッピーになる社会構造、世界をつくりたい」という熱い思い（想念）が、その二〇余年の平和事業のベースにはある。

企業も社会も人間がつくるものである。企業が大きくなることと、歴史に残る会社として成長することは同じではない。　本書が新しい時代の経営、社会人の生き方を考える上で、多少なりとも役立つならば幸いである。


（文中一部敬称略）

著者

目次

はじめに 3

序章　平和の事業家

「世界」の重要性

「天略」とは何か？ 16
戦略的思考の矛盾 17
天略が必要とされる時代環境 19
真のベンチャービジネス 27
元従軍慰安婦一行の訪日 30
新産業創造による藍綬褒章 33
世界の平和事業家二〇人 37
世界の中の福島原発事故 40
未来を搾取する社会 44
「出雲から陽が昇る」 46

第1章　幸せの扉happy gate門番

「人生」の重要性

「It's a Komatsu」 50
企業倫理とコンプライアンス 75

小松電機産業の社員教育 53
在日朝鮮学生美術展との出会い 56
栴檀は双葉より芳し 60
「おもしろ、おかしく、たのしく、ゆかいに」 64
天下の「松下」の信用を得る 67
「出雲に小松電機産業あり」 70
徳川家康の遺訓 77
「シートシャッター門番」の開発 80
ユニバーサルデザインとしての
シートシャッター 83
幸せの門「ｈａｐｐｙ ｇａｔｅ門番」 86

第2章「人間自然科学研究所」と水の偉人・周藤弥兵衛

「水」の重要性

平和の中でこそ生きる日本の文化 92
リーダーとトップのちがい 95
リーダーがつくり出す不幸な歴史 97
異業種交流と「知革塾」の発足 100
「商売の神様」松下幸之助の遺志を継ぐ 103
地域再興のきっかけをつくった村長選挙 106
コマツ・コーリアの設立、その深謀遠慮 108
人間自然科学研究所の設立と平和の事業化 111
「一村一志運動」と水の偉人 116
「恩讐の彼方」をしのぐ人間自然科学研究所 120
世界の「戦争平和記念館」歴訪と
小説『悼む人』 122
世界の水と火の聖地・八雲立つ出雲 127

第3章　クラウドの時代における水の情報インフラ
「経営」の重要性

水の情報インフラとローマ帝国 132
十返舎一九が描いた立体交差する新川 136
天竜川の治水に生涯をかけた金原明善 140
東洋一のダムと大洋丸の悲劇 143
家業・企業・事業と「和の経営」とは何か？ 147
二一世紀の治水事業としての「やくも水神」 152
スマートフォン登場で一変する世界 159
クラウドで結ぶネットワークとコラボの時代 164
シチズンパワーの時代のコラボレーション 168
マズローの欲求の五段階説と自己超越実現 172

第4章　一五年目の「太陽の國ＩＺＵＭＯ」
「思想」の重要性

地球の一日の始まり 178
新しい時代の資本主義 181
アクエリアン革命と「透明の知性」 185
「太陽の國ＩＺＵＭＯ」構想 190
「魔法の経営」一五年目の真実 195
健全な資本主義を支える「見えない資本」 199
「脳を耕す」脳カルチャーの時代 204
世界の指導的慈善事業家二〇人の顔ぶれ 208
賢人の楽観か愚人の悲観か 214
世界から求められている「和」の文化 217

第5章　二〇一三年夏　元従軍慰安婦平和視察団の来訪

「歴史」の重要性

日本大使館前に設置された少女像 224
八〇〇回を超える元従軍慰安婦デモ 227
右翼に包囲された中でのシンポジウム 233
李容洙講演「一六歳の従軍慰安婦」 237
異文化コミュニケーションの基本 241
歴代首相による謝罪文 245
人の数だけある歴史と被害者 253
韓国政府を提訴した元米軍慰安婦 256
「足なし禅師／本日ただいま誕生」 258
幻の共同宣言案 262
慰安婦像に代わる「平和」の女神像 264

第6章　二〇一四年冬　政治的軋轢が高まる中での中国の旅

「平和」の重要性

「ドイツを超えます」という発言 270
もしドイツの首相が靖国神社を参拝したら？ 273
安倍首相の「靖国神社」鎮霊社参拝 276
中国の「古城・台児荘」の戦争テーマパーク 281
「人類社会代表重任」安重根の悲劇 286
「南京大虐殺の真実」と中国の不幸 289
日中国交正常化と日本軍戦犯 294
日本人公墓と映画『嗚呼・満蒙開拓団』 296
戦いを避ける日本の「謝る文化」 299
本当の人間の敵とは何か 302
中国は親であり、韓国は兄弟？ 306
「日本は東洋のスイスたれ」 308

第7章　二一世紀のテロリスト

「時代」の重要性

オバマ大統領就任式における熱狂　314
ゲリラに襲われた二人の少女　316
イスラエル・パレスチナ遺族の会　320
世界の金言「負けるが勝ち」　322
昭和天皇が語った「終戦」とは　326
「憲法九条」にノーベル平和賞を　332
原爆碑「過ちは繰り返しません」　336
子どもたちが求める「世界平和隊」　339
マッカーサーと平和憲法の誕生　341
「憲法九条」と昭和天皇の決断　344
日本は核武装するしかないのか　347
世界に広がる〝怨念発電所〟　350

第8章　日本の伝統的民主主義

「和」の重要性

「日本の悪夢が始まる」　356
積極的平和主義の行方　359
指導者たちの怠惰について　362
一七条憲法「和をもって貴しとなす」　372
出雲の「国譲り神話」　375
「くにびきメッッセ」でのズットナー像除幕式　377

蘇るアインシュタインの言葉 366
「和」の思想と日本の民主主義 369
ヨーロッパから送られてきたメール 383

終章　女性たちがつくる「花」プロジェクト

「理想」の重要性

敵のために祈るキリスト 388
戦場に捧げられた「花」の力 391
平和運動の到達点 395
すべての女性は、女神である 398
平和の象徴としてのアマテラス 401
やまとなでしこの時代 404
宇宙船「地球号」の未来 406
ビジュアルアーティストという仕事 409
ロシア人女性クラウディアが教える真実の愛 412
二一世紀の「ノアの方舟」 415
明治神宮建立一〇〇周年 418
小泉八雲のオープンマインド「出雲の使命」 422
人類のための「国民国連」 426

あとがき 431
主要参考文献 434

序章　平和の事業家

「世界」の重要性

「天略」とは何か？

ビジネスシーンに彗星のように登場して、大成功をおさめるベンチャー企業の雄。あるいは日本を代表する上場企業の内実を探っていくと、会社の規模や知名度がいかに虚しいものかを考えさせられることが多い。

かつてニュービジネス大賞を受賞したシートシャッター「門番」と、上下水道のインフラ整備に画期的な改革をもたらしているクラウド型水管理ネットワーク「やくも水神」で躍進著しい小松電機産業株式会社（島根県松江市・小松昭夫社長）は、上場企業ではないため一般的な知名度には欠ける。

だが、島根県の表玄関とも言える出雲空港の出口・手荷物受取フロアへと下りる階段・エスカレーターの目の前には「小松電機産業株式会社」と「人間自然科学研究所（ＨＮＳ研究所）」（小松昭夫理事長）の広告が掲げられている。

空港に降りれば、誰の目にも嫌でも飛び込んでくる目立つ場所に、広告が出されるということは、同社が県を代表する企業の一つだという、もっともわかりやすい証明である。

東京への一極集中が進む一方、昔も今も日本を支えているのは地方であり、中小企業である。その地方、中小企業に元気がなければ日本が活性化するはずもない。小松電機産業はその地方にあって、いろんな意味で目立つ、元気な中小企業の一つである。

小松電機産業を率いる小松昭夫社長が掲げるのが、二一世紀の経営理論としての「天略経営」である。

一般的な戦略思考に共通するのは、「戦」という言葉に集約されるように目標を達成する代償として多くの犠牲を生み出す。そこに戦略の限界がある。

対して、天略とは読んで字の如し。天のはかりごと、天を味方にすることである。戦略のカテゴリーにおける最高最善の策略として、いわば戦略のレベルを超越した、矛盾のない策・略＝はかりごと・思考を意味する。

「春秋左氏伝」（昭公七年）には「天子経略」という言葉が出てくるが、天子は天帝の子、天王・皇帝である。経略は天下を経営し、四方を攻め取ることを言う。天子経略とは、天子に求められる、もっとも理想的な治世を実現するための管理法・経営原理である。

戦略的思考の矛盾

天略を現代に当てはめて考えるとき、興味深いのが冷戦後の現在、戦略の持つ意味が大きく変わったことであろう。そこから現代における天略を象徴する考え方が見えてくる。

戦争が日々の常態といった歴史を生きてきた人類は、多くの戦略的思考の産物としての戦略理論を形にしてきた。古くは孫子の兵法、クラウゼヴィッツの「戦争論」などが、いまもビジネスを勝ち抜くための経営の指南書となっている。

ある問題に直面したとき、その認識と対処の仕方は、戦争に限らず、政治も経営も似たようなものである。事実、日本の財政再建はその両方が関わる。

重要なことは、まず第一に現状を把握すること。第二に政策の目的、一般的には何が重要なことなのかを把握する。第三に手段が重要になる。そして最後に、その手順を示す必要がある。優先順位をもとに、計画を実行していく、そのプロセスを明確にする。

例えば、東西冷戦下ではアメリカのマクナマラ元国防長官が、自らの体験を踏まえた戦略をシステム的に構築している。
一、国を取り巻く環境と自国の能力の把握と分析
二、その長所と短所を把握し分析する
三、考えられる複数の戦略とその比較検討
四、具体的な戦略の遂行とスケジュールづくり
といった具合で、要は孫子の言う「敵を知り己を知るならば百戦危うからず」である。

あらゆる戦略は、誰が考えても結果は似たようなものとなる。戦争、戦いは勝つことが唯一の目標だからである。

だが、冷戦後の今日では、その戦略は自家撞着のような状況にある。

冷戦下、アメリカとロシア（旧ソ連）という東西二大大国がお互いを完膚なきまでに壊滅させるだけの核兵器を保有・装備し対立してきた。勝つためには使うしかないのだが、使えば相手国も滅びるが、自国も返り血どころか、一瞬にして壊滅する。つまりは使えない兵器を抱えてにらみ合っているのが、戦略的思考が通用しなくなった時代の真の姿である。

そこでは、勝つための戦略というより、いかにして戦いを避けるかが最優先課題となる。

核兵器が開発される以前には強力な兵器を大量に持つことが勝つための必須条件だったが、核兵器を抱えて対峙する状況下では、戦略的思考・政略的思考を超える手法が必要とされる。

そこでの〝戦略・政略〟に代わるものが、その上位概念となる「略」、すなわち「天略」なのである。

天略が必要とされる時代環境

いわゆる戦略とは何か。

日本では戦術と戦略の定義があいまいだと指摘されているが、整理して考えれば、戦略が問題となる戦争を例にとれば、まず奇襲なり宣戦布告の後、その現場で「戦闘」が行われる。勝つために用いる「戦術」は、明確な地点や兵力、資金面、期間などをもって、勝利をより効率的に具現化する手段であり、多くの方法がある中から、状況に応じて選ばれる。

一般的に戦術は「戦略」に基づいて行われるが、戦略の「略」は「省く」という意味があることから、いかに戦わずに目標を達成するか、その手段として心理戦・宣伝戦・法律戦の三つを用いる。

謀略・計略等、戦略も秘策を原則とするが、戦術同様、一回これを使うと、二度三度とは使えない。手の内がわかってしまうため、逆に裏をかかれてワナを仕掛けられる。

そうした戦略の限界を超えるものとして用いられるのが「政略」で、これは戦う気持ちが湧かないようにもっていく。その典型が政略結婚で、結婚して子どもができれば、お祝いを持っていくなどのつきあいをする。

政略は、戦術・戦略とは対照的にオープンにされることで効果を発揮するが、秘策が何度も使えるわけではないように、政略もまたその関係が崩れると、肉親ならではの骨肉の争いになるといった限界がある。

そうならないためには、もう一つ上の「天略」が必要になる。

その天略を人類の歴史の中で使えるタイミングが、何億年の長い歴史の中で、初めて日本に訪れたというのが、小松の認識である。そして、日本の島根県・出雲から始まって、世界に広がる。理由は、日本ばかりではなく、世界が必要としているからである。

現代の、特に西洋文明が行き詰まった状態、それは文明が頂点を極めたことと同義語であり、天略はそうした時代にこそ、初めて開花する。受け入れられる条件、土俵、環境が整ったためである。

「人間とは何か？」を考えたとき、他の生命体は遺伝子にないことはやらない。彼らが本能通りに生きている中で、ホモ・サピエンスと言われる人類だけが、火を利用し、言葉を発明して、道具を使ってモノを生産することによって、分業を行っている。

遺伝子にない二足歩行を行うことが、あらゆることの始点になっている。

そして、人間の衣食住に関する生理的欲求を満たしてきたのだが、その一方で安全欲求が生まれてくる。安全に対する不安・備えは、やがて将来を予測して、前もって手を打つ形で、逆に対立、戦争、核開発へと向かっていく。

火の利用は現在では世界の核武装化へ、言葉の発明はスマートフォンの時代へと至る。

持続可能性が問題になる一方、戦い・支配・報復あるいは対立・和睦・裏切りといった権謀術数が支配し、時に交差する中で、なお疑心暗鬼の日々を送る。

いわゆる「知」を用いた文明の到達点である。

いまや、人類は核を持ったことによって、自分たちがつくったものによって制御される。あるいは、ロボット等の人工知能（ＡＩ）によって、人類が支配される日の到来が予言されている。

これまで経験したことのない時代を前にして、さらなるバージョンアップを模索する。

「天略」が必要とされ、求められるのも、そのためだが、天略とは戦略・政略を超える経営を行ってきた小松の造語である。

その小松は「天略は原理、政略は原則、戦略は現実、戦術は現場、戦闘は現物」と、彼なりの定義を行っている。重要なことは、天略は原理を用いるのであるから、戦闘・戦術・戦略・政略が試みられて、その限界が明らかになる、天略を必要とする流れができてからしか機能しないということである。

そして、原理・原則に基づくということは、社会の倫理・道徳というもの、「人間としてなすべきこと」を基準として、どんなとき、どんなところ、どんな状況でも正々堂々と取り組んでいく覚悟が要求される。

天略を出されると、誰も文句が言えないのは、そのためである。みんなが「素晴らしい」と口にし「ぜひやろう」という流れの中で、一緒にやらないならば、小松の言葉では「人類の歴史の中で汚名を残すことになる。ネットで糾弾されて、子どもや孫に顔向けができなくなる」ということである。

世界的に火が核になり、言葉がスマートフォンになり、グローバル化の中で分業が国際交流の時代を迎えているというのは、そういう環境を言う。そして、いまや日本と同じことが世界的に必要とされる時代である。

戦闘・戦術・戦略は、別の言葉にすると、現物・現場・現実という言い方ができる。

本田技研の本田宗一郎は、ホンダのものづくり、経営を語るのに三現主義（現場・現物・現実）によって語っている。製品に向き合うため、製造・営業・販売それぞれの現場を見て、さらには世の中の現実に目を向けることからマン島レース出場という形で、メディアを利用し、世界のホンダへの道を開いていく。

その手法は、戦後の経済成長期に典型的だが、共通の目的に向かって、一般大衆が努力すれば思いは実現すると信じることができた。少なくとも、今よりは良くなると思える時代には、三現主義で通用したが、やがて「不確実性の時代」というキーワードが脚光を浴びるようになる、今日の先の見えない時代には三現主義に原理・原則を加えた、いわば「三現＋二原主義」が必要とされる。

物事の根本的な法則、共通のルール規則が前提とされる世界では、論理的整合性の取れないモノは、必然的に矛盾・限界を露呈せざるを得ないからである。

戦闘・戦術・戦略が、あらゆる情報が共有化されるスマートフォンの時代には、意味をなさなくなるのもそのためだが、公開を原則とする政略も、あらゆる世界で行き詰まっている。例えば政略を用いる究極の存在である金融は、本来、金本位制という、純金＝現物という歯止めがあったのが、いまやほとんど無制限に印刷される紙幣となり、まったく金利を生まない存在と化している。

それはアメリカがコントロールしてきたエネルギーも変わらない。あらゆるモノが投機の対象とされ、金融と同じ道をたどっている。

あるいは、司法試験のある究極の専門職である法律の世界も、いまや裁判員制度という名で、いわば素人に判決が委ねられることでもわかるように、矛盾する実態を露呈している。もともと法律では道徳は裁けないが、慣習法による日本の保証人制度などは、体制側を守るためのシステムでしかないことが、徐々に明らかにされている。

行政主導の補助金制度も、当初の理念はさておき、現実には体制を守るため、自らの都合によるものでしかないことから、結果的にその典型である農業が破綻を来している。その先に見えてくるのは、日本経済を支えてきた中小企業の展望の開けない将来であり、日本を代表する大企業の失墜である。

そうした、すべてが行き詰まっている状況に直面して、実はそこにこそ、混迷の時代を再構築し、新しい時代に生かす知恵である「天略」の出番がある。

「天は人の上に人をつくらず」という。その原理・原則からは、人を人とも思わない「ブラック企業」が問題視される時代に、多くの企業の働く現場は、矛盾の固まりである。

人の道、道理を実現するためには、天を味方にする。天を味方にするということは、自分自身を味方にする。つまり「天略」の働くところ、その時代には、それまで矛盾をもたらしてきた政略・戦略・戦術もまた生きてくる。

今日の行き詰まった世界を、誰もが楽しく持続的に生きられる時代は、その必要性が理解され、求められているとはいえ、一朝一夕にはやってこない。そこには、一定のタイムラグが生じる。その間を埋めるのが、お金持ちの役割ということになる。

二〇一五年七月、サウジアラビアのアルワリード王子が、全財産三兆九五〇〇億円（三二〇億ドル）を、段階的に慈善事業に寄付すると発表して、世界のニュースになっている。「ビル・ゲイツに刺激されて」という王子の試みは、一人からこれまでにはない新しい流れが始まることを予感させる。

同様に「天略」により、確かな平和のプラットホームをつくるのが小松の役割だとすれば、その後の作業は機能しなくなった現在の世界の在り方を、再度、組み立てる。新たな時代に合った役割分担という面から見直す作業である。

それぞれが、様々な場所、やり方で、自らの役割を果たす。天略の働く時代には、ムダな人物は誰もいないからである。

国境をはじめ内と外と分けることによって、人類は対立・統合・発展というものの流れをつくってきた。いまや、情報の共有化が瞬時に行われて、国境を超えて、内も外も同じになる。それが天略の機能する環境である。

そこでは左脳文明がリードしてきた世界の限界を超えるための右脳文明が欠かせない。左脳文明と右脳文明の両方が必要とされると同時に、その両方がバランス良く機能する時代環境が整ってきたということでもある。

その典型的な場所こそが、島根県出雲、小松電機本社のある松江ではないかというのが、小松が抱く危機感と、その裏返しの関係にある平和の事業化なのである。

島根には原子力発電所＝核発電所が三基ある。日本海を隔てた対岸には核を外交の切り札にする北朝鮮がある。韓国と、帰属をめぐって紛糾する竹島がある。北朝鮮と韓国の背後には、領土問題並びに歴史問題を抱える中国、ロシアの存在がある。

つまり、島根県松江の問題は一地方の問題であるとともに、世界の問題であり、現在の問題であると同時に人類史の中の問題でもある。その象徴的な島こそが竹島であり、場所が松江ということである。

そこでの小松の思いは、一人から全体へ。思いが想いになり、やがて今の心＝念になる。小松の表現では、まず思う。その思いを現実化するため、いろんな人に話すことから、相手ができる。相手の心＝想いを共有することから、さらに思う＝想うことが、今の心となる。四六時中、寝ても覚めても思う＝想う今の心が、より強い思い（想い）である「念」となって、やがて寝ている間にもいろんな閃きが起きてくる。

その思い（念）が現実化する、小松理論のいわば思考実験が、彼が口にする呪文のようなキーワードから生じてくる。曰く「楽しく持続的に生きられる世界をつくる。私がつくる。今やらなければ、いつやる。オレがやらなければ、誰がやる。ここでやらなければ、どこでやる」と、唱えているうちに、出雲から日本そしてアジア、世界へとつながる。そのために必要なプロセス、行動が脳の中に自然に浮かんでくることから、彼は脳の中で「知」の並び換えが起きてくることを発見した。

『聖書』の中に「はじめに言葉ありき」とあるが、何度も繰り返しているうちに、スムーズに言えるようになる。日本語の「慣れる」は「成れる」に通じる。思う＝想う＝念じることによって、強い思い（念）は現実化するということである。そこでは、自然に儲けるが儲かるになり、企業経営の中から平和事業が生まれてくる。

真のベンチャービジネス

ベンチャービジネスとは、専門的な知識や高度な技術を生かし、大企業にはできない新事業や既存の市場に挑むといった革新的な経営を展開する研究開発型・価値創造型企業を示す和製英語である。

「ベンチャーの雄」として脚光を浴びてきた小松社長だが、起業当初から彼は常に多くのベンチャー企業のたどる道の、その先を見ていた。

近年は成功を見込んで立ち上げる「スタートアップ」と混同されがちであるが、英語のベンチャーのそもそもの意味は「冒険」「危険な冒険的事業」を意味する。その根底に流れるのは、飽くまでもリスクを恐れず、新分野を開拓していく起業家精神である。

そのベンチャーについて、小松社長は「多くのベンチャー企業は、英語のもともとの意味を忘れている」と語り、自らは一見して「危険な冒険的事業」を推進する。

一九九一年の「ニュービジネス大賞」をはじめ、多くの賞に輝いた小松電機産業だけに上場を促す動きとともに、地方の一ベンチャーから上場そして大企業への道も、選択肢の中にはあったはずだが、結果的に小松社長が選んだ道は、平和の事業家への道であった。

いまの時代、会社が大きくなることと成長することとは、同じように見えてまったく異なる。

戦後、企業として成功し、世界企業になった多くの日本企業が、バブル崩壊、リーマン・ショック等の景気の変動を受けて、やがて失墜を余儀なくされる。それが成功したベンチャーの成れの果てである。

会社の規模は大きくなっても、肝心の企業体としての成長がなければ、企業は失墜する。同様に、企業におけるトップの座はゴールではない。トップに立って、その地位に相応しいリーダーとして、社員のため、会社のため、社会のために何をするかというビジョンとミッションが問題になる。

時代は戦後の高度成長期でもなく、ましてや戦争の世紀と言われた二〇世紀でもない。世界ではいまだに地域の戦争や飢餓に苦しむ現実があるとはいえ、二一世紀に生きる企業は食べるためにのみ仕事を得て、ただ儲けるだけではなく、社会のため、人類のため、日本そして世界のために何をやるかが問われる。

小松社長が選んだのは、大きさではなく出雲の地に相応しい二一世紀を視野に入れた日本発ベンチャーである。成長・進化を続ける企業として、一〇〇年後の未来に生きる、真のベンチャーを目指す。

だからこそ、周りからドン・キホーテと言われながら、社業の傍ら平和の事業化「太陽の國ＩＺＵＭＯ」構想を実現するために「人間自然科学研究所」を設立。理事長として、様々な活動を行ってきた。

家業や企業にはリスクがつきものだが、論理的整合性とともに順序を踏んで行われる事業には、本来、リスクはない。

個々の事例は後述することにして、ここでは象徴的なエピソードを二つだけ上げることにする。

一つは、日韓の懸案となっている元従軍慰安婦問題に関するもの。もう一つはオランダ・ハーグ市での「平和宮建立一〇〇周年」で世界平和に貢献した二〇人のフィランソロピスト（指導的慈善事業家）の一人に選ばれたことである。

元従軍慰安婦一行の訪日

二〇一三年の夏、領土問題並びに歴史問題を巡って、日中・日韓関係の対立が激化する中、竹島の日を制定している島根県で「従軍慰安婦に対する軍の強制はなかった」とする安倍晋三内閣に対して、問題の見直しを求める新日本婦人の会による意見書を島根県議会が採択した。その直後から、ネット上では「慰安婦問題は韓国の捏造である」とする勢力からの抗議が県議会に殺到。右翼の街宣車が連日、県議会に押しかける騒ぎが生じている。

日本では報じられなかったが、県議会の対応を評価した元慰安婦および支援のための弁護団が「感謝の意を表明するとともに、従軍慰安婦問題の解決と日韓の友好関係推進のため、島根県議会を表敬訪問したい」との意向を島根県側に伝えてきた。

だが、右翼からの抗議の激しさ、内外の反響の大きさに驚いた議長以下県議会側は「特定の個人、団体と面会することは、議会を混乱させる」との理由で面会を断った。

そんな意外な展開の仲介役となったのが、小松電機産業の小松昭夫社長である。

財団法人「人間自然科学研究所」の理事長でもある小松社長は、古くから日本および世界の平和活動に携わり、韓国並びに中国にも太いパイプを持っていることで知られる。韓国には子会社であるコマツ・コーリアがある。

宙に浮いた形の元従軍慰安婦一行を、県議会の代わりに同研究所が受け入れることで、彼らは九月二三日に来日。米子空港では大きな白い紙に「竹島を不法占拠する韓国と国交断絶せよ！」とのメッセージが掲げられ、「従軍慰安婦は捏造だ！」「帰れ！　竹島！」と書いたプラカードを掲げた右翼や政治団体が街宣活動をする中、シンポジウム「出雲から陽が昇る」に出席、日本での三日間を満喫して帰国した。

彼らの訪日もまた日本ではニュースにならなかったが、韓国では同行取材をした「嶺南日報」が特集記事を載せている。

一行の訪日の詳細は第五章に譲るが、元従軍慰安婦一行を受け入れ、さらにはシンポジウムを主催した小松電機産業には、右翼をはじめネトウヨと呼ばれるネット右翼からの抗議が殺到した。例えば、「一国民」を名乗る東京都荒川区からの「なんで、こんな嘘つきを呼ぶんですか」という文面を資料と共に送りつけるメール、神奈川県横浜市在住の匿名の人物による「日本の消費者として非常に残念であり、日本国民として怒りを感じています」といった言葉とともに慰安婦問題を捏造とする資料が送られてくる。

そんな中には「慰安婦問題に公正と客観を求める会」（神奈川県秦野市）代表からの抗議文と

一連の資料もある。

あるいは、居丈高な抗議や過激なメールが多い中、「日本と日本人が大好きな主婦」からの「突然のファックスを失礼します」という一見、丁重な抗議も寄せられている。十枚を超える資料と共に「慰安婦の嘘」を列挙し「捏造のために利用されている」小松電機産業を、日本および日本人の敵として抗議し、あるいは目を覚ますように求めている。

問題は、そうした抗議の中に「一消費者」という言葉があるように、一歩間違えば小松電機産業の製品の不買運動につながり、韓国支社コマツ・コーリアの閉鎖という事態にもなりかねないことだろう。アラブの春を呼んだジャスミン革命に象徴されるように国の趨勢までも左右するネットの時代に、小松電機産業を倒産、廃業に追い込むことなど、ちょっとした風向き次第である。

ネットやファックスの抗議ばかりではない。シンポジウム翌日には、本社前に右翼団体の街宣車が押しかけた。

「日本の恥・小松電機産業。日本人の敵・小松昭夫社長、出て来い！」

相手は前日、シンポジウムが開催されたと知って駆けつけた岡山の右翼団体である。

「社長、出て来い！」と、右翼に言われて、普通の経営者は出ていかない。だが、小松社長はちがう。

「オー、おれが社長だ！」

「ホントに社長か？」

「そうだ。オーイ中に入れ」と、街宣車を中に入れ、黒いつなぎ服を着た代表らを応接に通して、一時間ほどの意見交換を行った。マニュアル通りとは行かない展開に、右翼のほうも困惑していたようで、後日、警察の話では通常とは異なる小松社長の対応に「どうも調子が狂う」とこぼしていたそうである。

幸い、これまでのところ何も起こらなかったため事件にはならないが、島根県の一企業経営者が、元従軍慰安婦と島根県あるいは韓国と日本の間で、何らかの行動を起こすということは、すべてを受け入れる、それだけの覚悟がなければできないことである。

つまり、彼がそうするのは、真のベンチャー企業の雄として、平和の事業家として、自分がやらなければ誰がやるのかという強い使命感があるからである。

新産業創造による藍綬褒章

慰安婦一行を受け入れた小松社長（「人間自然科学研究所」理事長）の「平和」や「人間」「自然」「科学」「研究所」といった表現が、愛国的な、あるいは右翼と呼ばれる立場からは、一々進歩的ないしは左翼的で鼻につくということか。小松社長の表面的な行動だけを捉えて、問題視する。

これまでの中国、韓国との関係もあり、親中・親韓の代表のように言われているが、彼はもともと「人類の味方」ではあっても、特定の国の味方ではない。

左翼でもなければ、右翼でもない。時代が右に偏っていれば、左に見える。左に偏っていれば、右に見える。それは本社に押しかけてきた右翼への対応でもわかるように、常に仲良く＝中翼ということである。

そのことは、親中・親韓の代表のように言われる彼が、一人の日本人として、宮中で天皇陛下から藍綬褒章を受けていることでもわかるはずだ。行ったことのない者にはわからないが、そこは常識とはかけ離れた不思議な空間である。批判される通りの人間なら、日本人を代表して、宮中に参内できるはずがない。

二〇一二年秋、小松社長は経済産業省（中国経済産業局）の推薦を得て「新産業創造」による藍綬褒章を授与された。藍綬褒章自体は、そう珍しいことではない。業界にある程度の地歩を築いたベンチャー企業の経営者の中には、日本ベンチャー大賞をはじめ様々な賞・アワードを得た後、藍綬褒章の栄誉に浴する多くの人たちがいる。

だが、「新産業創造」という分野での受章となると、ほとんどいなくなる。実は、そこにこそ小松電機産業・小松社長の受章の価値もある。

新産業創造とは一つの画期的な商品が産業の一分野、新たな市場を創ったということである。業界団体「日本シャッター・ドア工業会」の中にシートシャッター部会が生まれている。発足後の十年間、小松社長が委員長になっているのも、彼以外に業界を代表する者などいなかったからである。

もう一つの「平和宮建立一〇〇周年」で「平和のための世界博物館国際ネットワーク」（ＩＮＭＰ）の推薦を得て、世界のフィランソロピスト（指導的慈善事業家）二〇人の一人に選ばれたことは、藍綬褒章が日本の中における評価であるのに対して、こちらは平和をベースにした世界の中での評価だという点に大きな価値がある。

「世界平和」という理念のもとにつくられた平和宮には、国連の常設機関である国際司法裁判所などが置かれている。高い時計台と二つの尖塔があることで知られる平和宮は、一八九九年にこの町で開催された万国平和会議で「ハーグ陸戦条約」が採択されたことから、アメリカの実業家アンドリュー・カーネギー（一八三五〜一九一九年）の資金により建設が始まり、一九一三年に完成した。

平和と司法の街として知られるオランダのハーグだが、平和宮の建設された一九世紀末から二〇世紀初頭は、平和と戦争が錯綜する時代である。アジアでは一九〇四年に日露戦争が始まり、平和宮が完成した翌年には、皮肉にも第一次世界大戦が勃発する。

水車とチューリップに代表されるオランダは、多くの日本人にとって、もっとも親しみのある西洋の国の一つである。日本と古くからの交流のあった国として知られ、鎖国時代にも長崎の出島を通じて、ヨーロッパ諸国で唯一、外交関係を維持した国である。医学をはじめとした西洋の学問・科学技術は蘭学と呼ばれ、後の開国・明治維新へとつながっていく。

だが、日本人の思いとは反対に、オランダはヨーロッパの中ではもっとも反日的な国として知られる。

第二次世界大戦中の日本軍によるオランダ人捕虜の虐待およびオランダ女性を慰安婦にした白馬事件の結果である。後の東京裁判で、オランダは捕虜虐待などの容疑で多くの軍人をＢＣ級戦犯として処罰している。

大半の日本人が知らないところで、元従軍慰安婦像が立つのは、そうした事情による。

オランダの反日感情は根強く、一九七一年、昭和天皇がオランダ訪問をした際には「ヒロヒトは犯罪者」といった言葉とともにタマゴを投げつけられ、記念のために植えた樹が引き抜かれるという嫌がらせを受けている。

一九八九年の大喪の礼にも、多くの君主国が王族を派遣した中で、オランダからは王族の出席はなかった。それも国民の反発を恐れてといった事情からである。

わずかな救いは、二〇〇〇年に今上天皇がオランダを訪問した際に、戦没者慰霊碑に献花をする映像がテレビで公開されて、昭和天皇とは反対に熱烈歓迎を受けている。以後、オランダ国民の日本皇室に対する感情が大きく変化してきていることだろう。

世界の平和事業家二〇人

二〇一四年三月、ウクライナ危機に乗じたロシアの介入およびクリミア奪還を糾弾する立場から日本を含む先進国首脳並びに欧州理事会議長、欧州委員会委員長らがオランダ・ハーグに結集し、ウクライナ支持の姿勢を再確認した、いわゆる「ハーグ宣言」を出すなど、いまもハーグは国際的な紛争を平和的に話し合う重要な場所となっている。

二〇一四年四月、日本でも発効した国際結婚後に離婚した夫婦間の子どもの扱いを定めた「ハーグ条約」もある。離婚後、子どもが海外に連れ去られるなど、元夫婦間で子どもを巡ってのトラブルが発生していることから、一九八三年に発効。日本も欧米諸国から加盟を求められていた、いわば世界標準の一つである。

あらゆる問題が世界につながる、そのオランダでの「平和宮建立一〇〇周年」で、世界のフィランソロピスト（指導的慈善事業家）二〇人の一人に選ばれることは、日本人として、また平和の事業家として、例えようのない栄誉といえる。

同時に、アンドリュー・カーネギー、アルフレッド・ノーベルらと共に、現存のビル・ゲイツ夫妻やテッド・ターナーその他、世界的に有名な彼らに伍して、小松社長が世界の二〇人に選ばれることは、ある意味、世界の不幸を象徴している。もし、小松社長に彼らほどの富と名声があるならば、世界の平和にもっと早く大きな影響力を発揮できていたはずだからである。

だが、ものごとには順序があり、タイミングがある。その点、小松電機産業の場合はシートシャッター門番、やくも水神に続く三本目の事業の柱が平和の事業化である。その平和の事業化は、出雲から日本そしてアジアから世界へという流れの中で、ようやく世界につながったという意味での一里塚である。

二〇一三年九月末、韓国・仁川経由でオランダに飛んだ小松社長は、ハーグ市庁舎で世界の二〇人と共に、自らの二五年以上に及ぶ平和活動が紹介されたパネルを目にする。

その足で、世界の二〇人の顕彰を記念した平和宮建立一〇〇周年の記念式典および晩餐会に出席。そこで脚光を浴びているのは、二〇人の主役の一人であり、多くの日本人が知らない世界の指導的慈善事業家としての小松社長である。

同時に一〇〇周年イベントでは女流彫刻家イングリッド・ロレマ女史による若き日のベルタ・フォン・ズットナー（一八四三～一九一四）をイメージした胸像の除幕式が行われている。

アルフレッド・ノーベルの秘書を務め、ノーベル平和賞の創設に多大なる影響を及ぼしたズットナーは、第一次世界大戦の勃発を前提に書かれた世界的なベストセラー小説「武器を捨てよ」

の作者であり、一九〇五年、女性で初のノーベル平和賞を受賞した。その後、空爆による人類の破滅の危機を警告する評論「空の野蛮化」を発表するなど、ヨーロッパでは「平和運動の母」として知られており、故国オーストリアの二ユーロコインに肖像が刻まれている。

カーネギー財団が発注したズットナーの胸像は、すでに平和宮に一体あるが、その胸像が彼女の晩年の姿であるのに対して、インドリッド・ロレマ女史の新作は若い時代のズットナー像である。その躍動感あふれる美に共感を覚えた小松社長は、カーネギー財団並びにロレマ女史の承諾を得て、彼女の第二号像・三号像の制作を発注。二号像は、二〇一四年六月一七日、ウィーンにある「平和ミュージアム」におけるズットナー没後一〇〇年の記念式典で除幕式が行われ、現地で半年間貸与する形で展示された。同時に、新たに創設された「ズットナー平和賞」の第一回の受賞者に、小松社長が選ばれるという栄誉に浴している。

様々な問題を巡る世界的な危機と、国家間の対立関係が高まる中、オランダ・ハーグに招かれたことで、小松昭夫社長＝人間自然科学研究所理事長の四半世紀を超える平和の事業化構想は、ようやくその全貌を知る緒《いとぐち》が見え、実現へ向けて動き出す。

日本だけではなく、世界を取り巻く状況が最悪の状況にある中だからこそ、小松社長の平和事業構想は意味を持つ。彼女の胸像づくりは、小松社長の平和の事業化の重要なプロセスの一つなのである。

だが、なぜ平和の事業化なのか。それが本書を貫くテーマである。

世界の中の福島原発事故

国際政治の世界ではG7の時代からG8を経て、近年ではG20への枠組みづくりが進められている。G20の実態は「Gゼロ」と呼ばれる、指導的国家も組織もない世界の別名である。

そうした時代の転換期を、国際政治の専門家は「創造的破壊の時代」と指摘する。経済学者シュンペーターの言葉として有名な「創造的破壊」は、経済発展の原動力について、絶えず古いものを破壊し、新しいものを創造することにより、内部から経済構造を革新する産業上の突然変異を意味する。

その言葉を世界に当てはめるのは、難局に直面した現代の「ブレークスルー」を期待してのことだが、これまでのシステムや枠組みが崩壊している中で、それに代わる新しいものが見当たらず、世界は迷走を続けている。

グローバル時代とは、他国の問題が自国に直接関わってくる、お互いに切っても切れない関係の中で生きるということである。だからこそ、他国や他民族を尊重する国際協力が重要なわけだが、現実にはTPP（環太平洋戦略的経済連携協定）に顕著なように、例えばトヨタやホンダが販売台数を増やせば、ＧＭやフォードが苦境に陥る。逆に海外から安い農産物が輸入されれば、日本の農業が壊滅状態になる。そのため、グローバル化が進めば進むほど、逆に国益にこだわって、自分たちを取り巻く世界が見えなくなる。

四方を海に囲まれた日本は、韓国・北朝鮮、中国、ロシアそしてアメリカと海を隔てて向き合ってきた。グローバル経済の時代に、お互いに切っても切れない関係でありながら、そのそれぞれが国内事情を抱えて緊張が続く。

事実、日本を取り巻く東アジアの状況は第一次世界大戦前夜に擬せられ、海外メディアから第三次世界大戦の危険性のもっとも高い地域と見なされている。

小松社長の出身地であり、小松電機産業の本社のある島根県は、核の脅威を振りまく朝鮮半島の対岸に位置し、自らも日本最大の原子力発電所を抱えている。

その島根県は、二〇〇五年二月、竹島（韓国名・独島）の領土権の早期確立を目指した活動の推進を目的とし、竹島問題についての国民世論の啓発を図るために「竹島の日」を制定。今日の東アジアにおける海域・領土をめぐる紛争の引き金となった。

「創造的破壊」と言葉にするのは簡単だが、戦略的思考が意味をなさなくなっている時代には、これまでとは異なる発想が必要となる。

戦略的思考の矛盾・限界は「戦略的」という言葉が使われるＴＰＰに限らず、いろんなところに垣間見える。

民主党政権下の二〇一一年、菅直人首相は新年の年頭所感で、国づくりの基本方針について、当時から問題となっていたTPP参加を念頭に、新たな年を「明治の開国、戦後の開国に続く『平成の開国』にしたい」と述べた。

そのわずか三カ月後、三・一一東日本大震災が起きて、福島原発で爆発事故が発生。世界に衝撃を与えた。第三の開国は思いがけない形でやってくる。

大震災と原発事故が、世界に突きつけたのは「世界は一つである」という現実である。

もう一つは、およそ二万人が犠牲になる大災害にもかかわらず、暴動・略奪が起きなかったことである。逆に被災者たちが、給水や救援物資の前で相手を気遣い、譲り合う姿がニュースで紹介され、世界に感動を与えた。

特に、原発事故の深刻さが明らかになると、誰もが思い浮かべたのは一九八六年四月に起きた旧ソ連ウクライナのチェルノブイリ原子力発電所の爆発事故である。

国際原子力機関（ＩＡＥＡ）によれば、放出された放射性物質の量は広島原爆の四〇〇倍、汚染は北半球全般に及んで、現地はいまなお深刻な状況にある。

死の灰の脅威は日本にも及んで、例えば作家の司馬遼太郎は大事故の教訓として「地球は一つなんだ」という認識を世界に植えつけた「歴史的な事件」だと書いている。

「人間というのはショックが与えられなければ、自分の思想が変わらないようにできているものです。ですから、この事件は大気というものは地球を漂流していて、人類は一つである、一つの大気を共有している、さらにいえばその生命は他の生物と同様、もろいものだという思想を全世界に広く与えたと思います」

司馬遼太郎に限らず、誰もが同様のことを感じて言葉にしている。それと同じことが二五年後の日本で起きて、またまた世界を驚かせている。

そこにはわかってはいても、時間の経過とともに、そうした不幸な事件を自分とは無縁のものにしたいという人間の業といったものが働く。そのため、ショックが思想を変えるにしろ、歴史から学ぶにしろ、自分の都合のいい時に、自分の都合のいいものだけを、自分の都合によってピックアップして受け入れる。その結果、歴史に学んだつもりが、何も学ぶことなく、同じ歴史が繰り返される。

「わかっちゃいるけどやめられない」と、歌の文句にはあるが、やめられないのは核の拡散を筆頭に、戦争、領土問題、環境汚染、金融支配など、挙げていくとキリがない。それが戦略的思考が意味をなさない世界の現状である。

一ベンチャー企業経営者が、平和の事業化を世界を舞台に繰り広げるのも、そうした地域の風と時代の荒波を肌身に感じてきた結果である。

未来を搾取する社会

福島原発事故に限らず、あらゆる問題が現代では複雑に絡み合っている。だが、三・一一東日本大震災・福島原発事故で、もう一つ忘れてはならないのは、世界がそこに地球の〝未来〟を見たということだろう。

日本はこれまでも多くの奇跡的な光景を世界に見せてきたが、東日本大震災で見せたのは、日本人の精神性の高さであった。大災害にもかかわらず、暴動・略奪が起きず、逆に被災者たちがお互いを気遣い、譲り合う姿が至る所で見られた。

そこには大災害という不幸（過去）を、不運（現在）として受け止め、理想（未来）に生かす、大自然を舞台に生きる人間としての生き方や知恵が改めて示されている。

四年後の今日、人々の記憶が薄れるままに、その精神性のメッキが剥げて、元の自分中心の生き方にもどってしまった観も見受けられる。

だが、大災害時、世界で最初に起きるのは強盗・略奪である。世界のニュースでは被害の状況と共に、必ずスーパーマーケットなどを襲撃して堂々と略奪行為に走る住民たちの姿が映し出される。

日本では起きないことが世界では共通して起きる。どちらが普遍的現象かと考えたとき、日本は例外的ということになる。また、災害時とはいえ、略奪を犯罪と考えれば、間違っているのは世界のほうである。では、どちらが好ましい社会の在り方かと言えば、略奪のないほうがいいに決まっている。

だが、略奪した彼らを責めることはできるのか。考えようによっては、彼らはちょっとだけ時間を短縮して、やがて来る〝未来〟を先取りしただけだとも言える。

「災害ユートピア」という言葉があるが、大きな災害が起きれば、どこの国であろうと、時を経ずして国際的なボランティア組織が駆けつけて、世界中から大量の救援物資や義援金が送られてくる。略奪はそうした救援物資が届く前に、たまたま店先に並んだ品物を並ばずにもらったようなものである。

残念なのは、ドアなどの器物を損壊して、明らかな略奪行為になっていることである。本来は三・一一東日本大震災で日本が示したように、協力し分け合えば、より理想的な〝未来〟を手にすることができる。

そこにこそ、世界が共有すべき正しい〝未来〟の姿もある。

だが、現実には世界の富の九九パーセントを手にしているのは、全人口の一パーセントだという信じがたい現実がある。マネー資本主義の勝者である九九パーセントの富を持つ彼らは、自由と平等、民主主義を旗印に、自由競争、自己責任をキーワードに豊かな文明生活を実現してきた。

九九パーセントの富の大半は、本来は九九パーセントの人たちと共有すべき過去と現在における搾取、さらには未来を先取りした結果得られたものだ。豊かな文明生活を送るために「先取りされた未来」とは、例えばお金や物欲の前に後回しにされた結果起きる環境問題であり、それによって知らず知らずのうちに地球という自然の健康ばかりではなく、人間の肉体もが蝕まれていく。

未来を搾取するとは、日本でいえば財政問題で深刻な「将来世代への借金のつけ回し」であり、中国では経済成長を優先した結果である大気汚染物質ＰＭ２・５に象徴される。そうした「未来を搾取する社会」から「未来に投資する社会」への転換が、二一世紀の大きなテーマとなる。

そのためには、あらゆる対立を統合し、発展へと導き昇華させる必要がある。過去を奇貨として、現在に生まれた者の役割と責任を自覚する中から、未来を語ることによってのみ、問題解決の糸口も見えてくる。

「出雲から陽が昇る」

一九四五年八月一五日、昭和天皇による玉音放送が行われ、日本が無条件降伏を宣言することにより、第二次世界大戦は幕を閉じる。この日が日本の終戦記念日である。

「終戦」という言葉を用いることで、日本は「敗戦」を認めていない、従って「反省がない」との意見もある。だが、昭和天皇の言葉の意味は、もっと深い。「二度あることは三度ある」と言われるが「三度目の正直」という言葉もある。二度の過ちを反省して、三度目はなきものにする。「終戦」の真の意味は、世界の戦争はこれで「終わりにしよう」という平和のためのメッセージである。

日本は「一億総懺悔」という反省のプロセスを経て、過去を清算する具体的な決意として軍備を捨て、平和憲法を国の基本とした。その「終戦の日」の原点に思いを馳せれば、「人類社会の戦争を終わらせる先駆けを務める国家」として、日本から世界恒久平和への道筋を示すことができるはずである。

小松社長が、オランダのハーグで、世界の二〇人の指導的慈善事業家の一人に選ばれたことは、過去四半世紀におよぶ平和活動が評価されてのことだが、今後は未来に何をなすかが問われる。それに応えるのが選ばれた者の責任と義務である。

かつて「ドン・キホーテ」と言われた小松社長は、ウィーンでのズットナー没後一〇〇年に際して、胸像の展示に合わせ「武器を捨てよ」との彼女の遺志を生かした平和事業構想と提言を発表している。

その内容は、長年温めてきた「国民国連」構想と、沖縄を建設地に想定した「平和センター」構想が中心となる。米国・ロシア・中国という三大核大国の結節点として、今日もっとも核の脅威に晒される朝鮮半島と日本列島周辺を非核化し、二一世紀に相応しい「和の文化」の発祥地とするものだ。

その世界的な流れを、過去を象徴する従軍慰安婦像から未来を指向する平和の女神像、ズットナー像という芸術作品の建立を通して始めたいという小松社長の決意表明である。

それが、唯一「創造的破壊」を可能にするブレークスルーとして、戦略・政略をはるかに超えた二一世紀に必要とされている「天略」というわけである。

日本と世界を取り巻く危機的な状況下、それを可能にするには、時と場所と一人から始める時代の申し子が必要となる。誰かがやらなければいけないことを、誰もやらない。つまりは「「自分のやるべきことが、ここに出てきた。それを自分がやれるとは、こんな幸せなことはない」という、その意味ではようやく彼の出番が来たということでもある。

小松電機産業および人間自然科学研究所（ＨＮＳ研究所）について語ることは、平和を通して世界と未来を語ることであり、それが「出雲から陽が昇る」という意味なのである。

第1章　幸せの扉happy gate門番

「人生」の重要性

「It's a Komatsu」

二〇一二年二月、創業四〇周年という節目の年を迎えるに当たって、小松電機産業は新たに「経営理念手帳」を発刊した。表紙をめくると、冒頭に「It's a Komatsu」という言葉が掲げられている。いわゆる〝小松フィロソフィー〟である。

そこには「お客様の期待に応える会社(社員)ではなく、社会そしてお客様の期待を創り出す会社(社員)であること」というフレーズとともに「社是」並びに「経営理念」、「行動指針」、「経営品質方針」が掲載されている。

小松電機産業を正しく理解し、イメージするための一助として、その内容を掲載する。

「社是」

社業を通じ、社会に歓びの輪を広げよう。

「経営理念」

おもしろ、おかしく、たのしく、ゆかいに

一、私達は人の幸せと社会の進歩に自分達の仕事が少しでも役立つことをめざします。

一、私達は一人ひとりの個性を発揮し、発展させることの出来る人の集団となることをめざします。

一、私達は現状に甘んじず、常に個人と組織の創造的向上をめざします。

「行動指針」

三方良し、後利

「経営品質方針」

一、顧客の要求を正確かつ、詳細に把握し、関係法令、基準を満足するのみならず、法律を道具として用い、社会に道理を実現する会社をめざす。
一、質の高い商品で、顧客の満足するサービスを提供する。
一、一流をめざすため教育訓練を徹底し、技術力・組織力の継続的改善を図る。

「経営理念手帳の発刊にあたって」で、小松昭夫社長は「当社は、門番、やくも水神、財団法人人間自然科学研究所の事業を通じて、共感のステージをつくり、対立・統合・発展を繰り返す『和の文化』の生まれる環境を整え、世界恒久平和のプラットフォーム構築の一翼を担うことをめざしています」と述べている。

そこには、世界が人類史始まって以来の激動期に入っており、破滅か、新たな繁栄か、その分水嶺に立っているとの認識がある。

「このような時代を背景に、中国・露国・米国の三大核大国に囲まれた日本で創業した会社には、子孫が世界の人々と共に『楽しく持続的に生きられる地球社会』をつくるために果たすべき役割を明確にした経営理念が求められています。それは企業のみならず、家庭、地域、国家、世界（国民国連）に共通する理念の基礎になるものでなければなりません」

と、小松社長は強調する。

そして、この手帳はあくまでも「原案」として作成されたものであり「この原案をもとに、勉強会を開催し、修正を加え、定期的に改訂版を出していきます」と語り、将来は社員、人間自然科学研究所メンバーはもとより、代理店以下、関連各分野に適合した手帳に枝分かれさせ、広げていくということである。

小松電機産業の社是を具体的な思想、行動規範として集成した「経営理念手帳」の特徴は、一見したところ見逃しがちだが、いわゆる門外不出とされる他の多くの「経営理念手帳」や「企業フィロソフィー」と比較したときに、明らかになる。

多くの企業の、その手の「手帳」「フィロソフィー」には、人生と仕事、経営と企業、社員および経営者の在り方については説かれていても、日本という国との関わりや世界を視野に入れたものは少ない。国際貢献、社会貢献という言葉はあっても、そこにあるのはせいぜい精神論としての古くからの教えであり、あるいはビジネス上の問題として、国際競争とともに環境問題その他、国際ルールを無視してはビジネスが成り立たないといった事情から来る経営理念ともいえる。

それに対して、小松電機産業の場合、地方の一企業のものでありながら、平和活動自体がすでに四半世紀に及ぶように「経営理念手帳」に限らず「会社案内」をはじめ、関連するあらゆる書籍、広報資料で常に世界が語られる。

根底にあるのは「社是」の「社業を通じ、社会に歓びの輪を広げよう」ということに尽きる。その「経営理念手帳」に集約される小松電機フィロソフィーは、日本の会社、企業社会にも経営モデルの変革・普及を迫るものでもある。

小松電機産業の社員教育

小松電機産業の社員は、社長の話ばかりではなく、あらゆる場面で「人間とは何か?」「人類の特性とは?」そして「自らの使命は?」といった話を聞かされ、その答えを求められる。「人間とは何か?」を突き詰めていけば、人類の特性に直面し、その中で自らの存在と使命を自覚していく。そして「自分は社会のために何をするのか、何ができるのか?」を考えることを要求される。

要するに、小松電機産業では企業人である前に一社会人であることが前提とされる。当たり前のことだが、その姿勢が真っ当であるがゆえに、いわゆる日本の企業風土における〝常識〟とは相容れない面もある。企業社会の〝常識〟は往々にして、悪しき慣習から来ることが多いからだ。「人間とは何か?」を突き詰めて考えることは、そうした常識を捨て、自分の頭で考え、イメージできる思考回路を身につけることである。それが小松電機産業の社員教育でもある。

そこでは、あらゆるものがＯＪＴ（オン・ザ・ジョブ・トレーニング）の材料となる。二〇一三年の夏、元従軍慰安婦一行を受け入れたことから、右翼の街宣車が本社に押しかけてきたときには、リーダー三人を応援に通して、情報交換を行っている。通常のマニュアルにない対応をされると、相手も調子が狂う。

右翼の街宣車も「社員教育には一番いい」とうそぶく小松社長だけに、右も左もない。中翼＝仲良くという生き方を見せるには、ちょうどいい材料というわけである。

二〇一四年二月には、島根県立美術館で開催された「第四二回在日朝鮮学生美術展」を後援、「財団法人人間自然科学研究所は在日朝鮮学生美術展を後援しています」とのメッセージの入った独自のチラシを作成して、社員をはじめ関係者に広く案内を行っている。

そこには「在日朝鮮学生美術展に寄せて」とあり「今、在日コリアンと日本人には、芸術、教養、ユーモアを入り口として、目標を『生きる目的』につなげ、恒久平和への流れを生み出すきざがけとなるチャンスがめぐってきています。『八雲立つ出雲』での在日朝鮮学生美術展が、その契機となることを願っています」と書かれている。

近隣諸国との緊張が高まる中で、朝鮮半島と日本列島の対立のエネルギーを梃子にして平和の入り口とする活動を続けてきた人間自然科学研究所の「国際文化交流事業」の一環であり、未来をひらくための共感のステージづくりでもある。

その「在日朝鮮学生美術展」の内容は、現代の日本人にはちょっとしたカルチャーショックをもたらす。

美術展について語るには、実物を見るのが一番の近道だが、美術展の案内を掲載している二月九日の「日本海新聞」では、次のように紹介されている。

「作品は極めてユニークな力作ぞろいです。子どもたちは少しも臆することなく自由に伸び伸びと表現を楽しみ、遠慮なく枠をはみ出していく作品の細部にまで魂が宿っています。見る者は圧倒され、思わず見とれてしまうでしょう」

こうコメントを寄せた島根展実行委員である仲野誠・鳥取大学准教授は「在日朝鮮人学生美術展」との関わりについて、「ウリハッキョ（朝鮮学校）を記録する会」編の雑誌「朝鮮学校のある風景」（二〇一四年一月二五日号）に「この時代に在日朝鮮人学生美術展に出会うということ」との一文を寄せている。

在日朝鮮学生美術展との出会い

今年で四二回目となる在日朝鮮学生美術展は、北海道から九州まで全国一〇カ所を巡回し開催された。山陰地方での在日朝鮮学生美術展は朝鮮学校がない鳥取県では、五年前から開催されている。二〇一四年、初めての島根県での開催となった松江は一九九九年に閉校になるまで、山陰地方唯一の山陰朝鮮初中級学校があったという縁のある場所である。

仲野准教授の同美術展との関わりは二〇〇九年の第三七回在日朝鮮学生美術展での中央審査会を見学させてもらったことからだというが、日本の教育に関わる者だからこそ、逆に新鮮な感銘を受ける。

二〇一三年夏に開催された全国朝高美術部写生合宿と朝鮮大学校で開催された第四二回在日朝鮮学生美術展の中央審査会に参加した経験から、そのエッセンスを「自分の人生のスタート地点に立つ」（あるいは「他人の価値を生きない」）ということと、「みんなで賢くなる」ことだと指摘。「この美術集団の指導をするのは子どもたちに信を置き、作品群にまっすぐに向き合う先生方だった。子どもたちはその愛に包まれながら安心して自由奔放に既成の様々な枠からはみ出して自己表現していることを筆者は実感し、驚愕した」という表現で、彼は同美術展に引きつけられていく。

「自分の人生のスタート地点に立つ」とは、彼ら朝鮮学校を取り巻く環境が多くの困難に満ちているにもかかわらず、生徒たちは「自分がしたいこと、したくないこと、自分にとって大切なこと、大切ではないこと、あるいはどうでもいいことをちゃんと認識できる知性を身につけられる」ということである。

「学美（在日朝鮮学生美術展）の生徒たちは遠慮なく自己表現をすることができる安心感に常に包まれているように見える。

いま、ここでどんな絵を描くか、どんな造形をするかということは、一見『人生』という大きな問題とは直接関係がない些細なことのようにも思えるが、自己を表現しようとする日々の細かい意思と、どんな人生を生きるかという大きな選択は連動するだろう」

と、彼は美術を「人生」と結び付ける。それは換言すれば「他人の価値を生きない」ということであり、対照的な日本の多くの学生たちに思いを馳せる。

日本ではもの心ついたときから試験による選抜を重ねて、希望の高校・大学に入学する。その目的のため、知らず知らずのうちに、テストの評価という「他人の価値」を生きることになる。青少年期に人生の意味を問おうとしても「そんなことを考えている暇があれば、一問でも多く、目の前の問題を解け」という具合に、自分の価値を封じられる。

本来であれば、美術こそが人と違っていてほめられる領域（科目）のはずだが、往々にして他人の価値を生きるように仕向けられる。美大に受かり、展覧会に入賞するためには、常に自己表現以上に、傾向と対策、要は他人の評価を先取りする能力が必要とされる。

だからこそ、同展覧会で日本の学生たちは「自分がやってきたのは美術じゃなかった」と気づかされ、大きな衝撃を受けるのだという。

朴一南・在日朝鮮学生美術展中央審査委員長も「島根展」に寄せて、次のように述べている。

「決して上手く描かそう、上手くなろうとはせず、自分の言葉で思ったことを話すように自分の表現をすることを第一とするのが学美の在り方であり、特徴でもあるようです。上手さを超える等身大の素直で素朴な表現は見る人の心に直接語りかけてきます。表現手段も平面（絵画）、立体（工作，彫刻）、アニメーション、写真、動画など多彩なのが学美の特徴であるようです」

本来、絵を描くことは対象となるものを正確に捉えるとともに、そのものの本質、いわゆる心を汲み取る必要がある。細部から全体、遠近や色の濃淡、微妙な変化が一つの世界を絶妙なバランスで構成していく。そこでは細かい計算、技術を形づくっている経験・ノウハウ、様々な知識だけでは、何かが足りない。色や形にはならない本質＝心が、人の魂に訴え、時として心を激しく揺さぶる絵を成立させる核だからだろう。

その当たり前のことが、日本の学校教育の場では無視されることが少なくない。

他人の価値を生きないことと共に、仲野准教授が指摘する同展覧会の力は「みんなで賢くなる（うまくなる）」技の存在である。

「自分ひとりではできなかったことが、仲間同士で議論し、互いの力や技を借りることによっていつの間にかできるようになっていくという共同の技がそこには存在していた」というように、学美での取り組みを「凄味」という言葉を使って「自分が能動的に関わって知を生み出している／知を更新し続けている」というダイナミズムに全員が参加していることだと語る。

「専門家が生み出した知識を一方的に受け取るのではなく、仲間たちと『ああでもない、こうでもない』と一緒に困りながら、揺れながら、探りあって新たな知識や技を生み出していく過程にこそ、信頼を伴う知識が生みだされるのではないだろうか。その『信頼』を伴った知や技法』のあり方こそが、筆者が学美に感じる『愛』の正体なのかもしれない。それは誰かに教わるのではなく、仲間とともに手探りで答えを見つけていこうとするプロセスだ。そのような行為のプロセスの中でこそ、知は魂と信頼（愛）を内包した、真意のものになるような気がする」

それは小松電機産業における仕事のやり方、社員教育に対する考え方に共通する。

小松電機産業の社員は、小松社長の話や行動にカルチャーショックのようなものを感じながら、仕事や研修などの場を通じて、確実に人間としての成長を遂げていく。

だからこそ「在日朝鮮学生美術展」は現在の日本および日本人に、大いなる反省を促し、多くのことを考えさせる。小松電機産業の平和の事業化のためには欠かせない民間外交の一環なのである。

だが、平和な日本でどうやって自分を探すのか？

栴檀は双葉より芳し

人は誰でも生まれる家、両親を事前に選んでこの世に生を受けることはないと、一般的には信じられている。「いや、実は子どもは家や親を選んで生まれてくる」と信じている人たちもいる。

いずれにしろ、この世に生命を得た個人は、家と土地との縁、国家社会との関係の中で育まれ生長する。誰にも両親がいて、両親にはその親である祖父母がいる。

一方、家を一歩出れば、外にいるのは他人ばかりである。人間社会で家の内外、自分と他人を意識することにより自分と向き合う。そうした現実に直面する中から、やがて自分は一体何者かという問いが生まれる。いわゆる自分探しである。

その自分探しは、そのまま他人探しであり、要は人間とは何かという問いかけになる。

その道は口でいうほど簡単ではない。持って生まれた才能・能力は、人それぞれ異なる。いくら頑張っても、飛躍的に伸びるというものではない。絶え間ない努力、要するに熱意や根性にも限界がある。

だが、禅の世界には「百尺竿頭進一歩（百尺竿頭に一歩を進めよ）」という言葉がある。百尺竿頭とは長い竿の先端のこと。先端に上り詰めたところを、もう一歩進めよとの公案である。その言葉は「十方刹土現全身（十方刹土に全身を現ずべし）」と続く。

その意味するところは、もう先がないというところで、さらに一歩踏み出すことができるならば、全世界に通じる身となれるというものだ。結果、世界と自己との隔てがなくなり、万物同根の境地に達する。その一歩を踏み出すことができるかどうか、厳しい選択・決断を迫られる。しかし、そこで一歩踏み出す勇気があるかないかが、進化できるかどうかの別れ道というわけである。

百尺竿頭を人生に当てはめれば、生死の境であり、世界に当てはめれば辺境など極限の地である。

小松社長は一九四四年（昭和一九年）四月、創業の地である島根県松江市八雲村（当時は八束郡岩坂村。のちに合併で八雲村となり、近年松江市に合併）で生まれた。曾祖父は岩坂村の村長、祖父は銀行の副支配人という地元の名士である。

だが、出雲電気（現・中国電力）に勤めていた父・俊郎は、一九四六年三月に退職して、家業である農業を継いだ。戦後の農地改革でわずか三反の小農家となっていたが、継がなければその農地さえ不在地主として没収されるためである。

そんな幼少時の小松家は家の格は高くても、生活は苦しかった。

「栴檀は双葉より芳し」とことわざにはあるが、小松社長も自ら振り返るように、子どものころから、人とちがっていた。

小学生のころから器用に縄をない、父が栽培した葉牡丹や生花や、山で採った筍の皮やゲンノショウコなどの薬草を売り歩いては、お金を稼いでいた。そうした幼少時の体験が、今日の小松社長の原点になっている。

当時、現金収入の道を求めて、父親はいろいろなことに手を出した。養鶏や畜産を始め、炭を焼き、縄をなった。花卉栽培の他、ビニールハウスでの栽培など、先駆的な農業にも取り組んだ。しかし、日本の高度成長の時代に、小松家の生活は一向に楽にならない。結局、生活が楽になったのは、子どもたちが高校を卒業してからだったという。

進取の気性に富んでいた父親は、正直で人をだますことはないのだが、逆にだまされることがよくあった。「そんな父親に似るのが一番の恐怖だった」という小松少年は、その父から「親孝行とは親を超えることだ」と言われて育った。

機械いじりが好きだった彼は、中学時代からラジオの部品キットを組み立てては売っていたという。ステレオや天体望遠鏡まで手づくりしたというから本格的である。

県立松江工業高校機械科に進学した彼は、アルバイトに精を出し、友人と三人でベビーベッドタンスを設計したりして小遣い稼ぎをした。そのお金で五〇ccバイクを買って高校に通ったというから、すでに高校生離れをしていた。

小松社長の生い立ちについては『魔法の経営』(三和書籍刊)に譲るが、彼の前半生最大の課題は「いかにして父親を超えるか」というものであった。

彼の「親孝行」ぶりは、八雲村という出生地、小松家そして父親の存在、貧しい生活環境、そのすべてをいわば人生の栄養・テコにして、小松電機産業を島根県を代表する企業の一つにしたという事実が物語っている。

その体験を、会社経営に当てはめると、どうなるのか？

蟹は甲羅に似せて穴を掘ると言われる。同様に「会社というものはトップの器以上にはならない」というのが一般的である。だが、小松電機産業では個人もその集合体である会社も、仕事や事業を通して自己実現さらには自己超越実現を目指すことを求められる。その結果の会社の成長・進化が追求される。

「他人と同じことをやっていたのでは面白くない」と考えていた彼は、常に時代の先を読んでいた。

一九六三年に工業高校を卒業した小松は、エンジニアを目指して、地元の上場企業佐藤造機（現・三菱農機）に就職。同社の中央研究所に配属された。

七一年三月、会社更生法を受けて、戦後三番目という倒産をする。

上場企業は倒産しないという神話がある中、潰れる三年前から、彼は「このままでは倒産する」と語っていた。当時彼の発言を聞いた仲間は「こんな大きな会社が潰れるはずがない」といって、タカをくくっていた。

倒産の原因の第一は、地元にライバルが存在しなかったこと。「井の中の蛙」として、経営の厳しさを失い、やがて時代のニーズとかけ離れていった。クボタや井関農機など、他のメーカーの後追いをするのが精一杯で、マーケットを見る余裕がない。その結果の倒産である。

倒産を予期した小松は、若手有志五名ほどを集めて、沈みゆく会社を再建するための新たなビジネスモデルを模索。実際の商材を開発した。それが、いまでは当たり前になっているゴム製クローラー（無限軌道）である。

業界では井関農機がコンバインに使用した、それと同様のものを建設用その他に応用しようとの構想だったが、そうした提案に対して、社の方針とは異なることから、まったく相手にされなかった。

若手有志の提案が議論にもならない状況を見て、小松はこの会社に将来はないと見限って、退社を決意する。

「おもしろ、おかしく、たのしく、ゆかいに」

佐藤造機での八年間、彼は後の経営に役立つ多くのことを学んだ。視野の狭さが企業の命運を分けること、現状維持指向が会社をダメにしていくこと。そして、風通しが悪く、経営陣が独善的な会社に未来はないといったことである。

特に、当時、世界にはない稲作用の二条刈りコンバインや超小型歩行型コンバインを設計、世界で初めての小型コンバインを開発した。その過程で、自然と人間そして科学技術という対立するものを、どうやって統合・発展にもっていくか。そこで正（自然）＋反（人間）＝合（科学技術）という形で、いわゆる弁証法を使わざるを得なかった。

「機械を通じて弁証法を体得した」という彼は、そこに森羅万象の原理を見て、その後のあらゆるものに対応する知恵を身につける。

佐藤造機の倒産後、二六歳の小松は会社を辞める決心を固める前に、安来にある天台宗清水寺に通って、一カ月間の休暇をとって座禅を組んだ。

「人生の生きる目的とは」について思い悩み、その答えを模索する。座っている間はわからなかったが、昭和四六年、豪雪の積もった石段を下りるときに、パッと閃いた。

未来ではっきりしているのは、死だけである。そして、多くの死に接してきた人たちの話からわかることは「誰もがその人の生きたように死んでいく。生き方は死の集大成であり、逝き方そのもの、どういう具合に死ぬかは、どういう具合に生きるかの同義語である」という結論になる。

そうした現実を受け止め、人生を生きるならば、生も死も自ずから変わってくる。

人はいつ死ぬかわからない。従って「どういうふうに生きるか」を考えるのは難しいが「どういうふうに死ぬか」を考えることはやさしい。

死から考えれば、死ぬときに「ああ、自分の人生は面白かった。楽しかった。いろんな人にお世話になって、面白い人生だった。ありがとうと感謝して死ねたら最高である」との思いに至る。

証法である。

発想の転換である。これもまた、生（正）＋死（反）＝人生（合）と考えれば、人生における弁証法である。

後に小松電機産業の経営理念となる「おもしろ、おかしく、たのしく、ゆかいに」は、そのときの思いから来ている。

四月二〇日、二七歳の誕生日を機に佐藤造機を退職した彼は死ぬときに後悔しない生き方を求めて、商売の本場・大阪に出ていく。何か事業を起こすには、世間を知り、商売を知る必要があったからである。

研究所にいた小松は、設計以外のことは何も知らない。そこで、ツテを頼って設計事務所に勤めて、まずは自分でお金を稼ぐことから始めた。

だが、設計の世界もピンからキリまである。見たこともない大型のプラントともなると、農業機械を手がけるようなわけにはいかない。

半年で設計の仕事に見切りをつけた彼は、その後の生き方を考えるため、彼の言葉では「ルンペン生活」を送った。

金もなければ、特にやることもない。小遣い稼ぎにアルバイトの図面描きをやるぐらいで、パチンコ屋に行っては暇を潰し、家で終日、寝て暮らす。気が向いたときは、事業のネタ探しを兼ねて、見本市や展示会、神社仏閣などを見て歩いた。

そんな生活を続けた後、営業を勉強するために職業安定所で紹介された小さな機械商社四柳商事に就職。四柳清社長は下水用水中ポンプを初めて国産化したメーカー出身の技術者であり、業界の草分け的な人物だった。

そこで、彼は社長の鞄持ちをしながら、モノを売るコツのようなものを覚えていった。

当時は大型の高速フェリーが急速に普及していこうという時代で、四柳商事はフェリーの横腹につける乗降ステップを手がけていた。フェリーという新しい交通手段が登場する中で、たとえ中小企業でもアイデア次第で大手に対抗できることを、四柳社長は教えてくれた。

一九七二年末、大阪で電気制御の技術を身につけた弟とともに帰郷。翌七三年二月、八雲の生家の納屋を改造した作業場で、資本金十万円と五万円の中古車を元手に「小松産業」を設立する。

天下の「松下」の信用を得る

もともとは「自分で事業を起こすことなど考えていなかった」という小松社長だが、弟と二人で始めた会社は、その後、四半世紀を経て資本金が一億円。従業員八六名。年商四二億円の企業に成長した。

小松社長は島根県の高額納税者番付に顔を出す、いわば日本を代表するベンチャー企業経営者の一人である。小松電機産業はただの優良企業でも地方の優等生企業でもない。

その確かな足跡は、中小企業研究センター賞、一九九一年のニュービジネス大賞、九二年の優秀経営者顕彰・地域社会貢献賞。九五年の科学技術庁・注目発明選定証受賞など、ベンチャー企業の優等生といった趣きがある。

だが、創業当時の小松に「これをやろう」との確固たる目標はなく、暗中模索の状態だった。どこにどんなビジネスが転がっているかわからないため、小松は県内を歩いた。

自分の目と耳と脚でマーケットを探りながら、運転資金がないため、修理業をスタート。農業用水用ポンプの修理の他、人が嫌がるような仕事も積極的に引き受けることによって実績をつけるしかない。

中でも、よその家の便所ポンプ修理はみじめで辛い仕事だった。そのため、その仕事は社長である小松しかやらなかったという。

その歩みは業界の既得権や日本社会の因習といった厚い壁を突破し、変革していく戦いの連続である。

下請け的な仕事を余儀なくされた、この時代に特筆すべきことは電気の制御盤を手がけたことで仕事の方向性が見えて、社名に「電機」を入れた小松電機産業有限会社に変更したこと、もう一つが松江松下との関係である。

小松がOM製作所の下請け仕事をしていた当時、テレビのブラウン管のアッセンブリーを樹脂で固めるプラントの自動制御を小松電機産業が請け負う。急な仕事とあって、三日間、徹夜で仕上げて試運転をすると、まさかの不具合が生じる。

真っ青になった小松は「思わず投げ出したくなった」というが、結局は休日返上による最後の踏ん張りで、何とか間に合わせて事なきを得た。この一件で、小松電機産業は天下の松下（現パナソニック）の信用を得る。

相手は日本を代表する企業である。松江松下との取引が始まって、小松電機産業の財務内容は一気に好転するなど、得るところは多い。

だが、松下の下請け仕事に慣れて二年ほどすると、担当者が他社の見積もりを持ち出して、値引きの要請を始めた。

暴利を貪っているなら話は別だが、下請けの仕事は適正な見積もりによるコストに必要な利潤をプラスしたものだ。値引き要請はその利潤を削れという話だから、要は道理に合わない。

それを、通常は「次の仕事が欲しい」ため、相手の言いなりになる。結局、その申し入れに対して五パーセント以上値引きするつもりのなかった小松は「遠慮します」と言って断った。

もしも相手の言いなりになっていたならば、今日の小松電機産業はない。世界を舞台に平和の事業化を目論む小松社長にとっては、日本の商業的な慣習よりも、ビジネス上の、いわゆる「世界標準」の観点のほうが重要である。

「そろそろ潮時だ」ということもある。これ以上、松江松下と付き合っていくと、相手のペースで仕事をしなければならなくなる。それでは他に対する広がりも波及効果もなく、永遠なる下請け・孫請け企業で終わってしまう。

小松のやり方は、縁があれば、その縁を活かす。しかし、問題点があったら、縁を切られてもいい状況を前もって、段取りしておく。その上で、相手から声がかかるように持って行くことで頼まれて入り、時期が来れば相手から切られるようにして退く。

だが、世界的な大企業とのつきあいは、小松電機産業には大きな財産になった。松江松下の仕事は技術的に難しい仕事が多い。その難しい仕事に的を絞ったことによって、技術力がついただけではなく、評価を高めることができたからである。しかも、できるだけ役所や生コン業界、冷凍庫業界など、外に広がるように相手を選んでいた。

松江松下からいくら「便利だ」「仕事ができる」と言われて、同社のグループ内での仕事の幅が広がっても意味はない。自立した会社になっていかないからである。

「出雲に小松電機産業あり」

当初、家庭用浄化槽や農業用ポンプの修理からスタートした小松電機産業は、その後、建設・電気工事関係の配電盤の製作、水道給水施設のコンピュータによる自動制御システムの開発へと、事業を拡大していった。

第二次石油ショックの一九七九年には、板金・塗装工場を新築。最新設備を導入し、配電盤・制御盤の製造一貫体制を確立する。

当時は、地方でも学校の鉄筋コンクリ化や大型ショッピングセンターの建設が盛んになったころである。一般家庭でもトイレが汲み取り式から水洗に変わる時期ということもあり、仕事はいくらでもあった。

特に島根県では、一九八二年の「くにびき国体」を控えて、各市町村でもインフラ整備の需要が一気に高まり、水道・下水施設の整備に追われていたからである。

そうした上下水道施設建設ブームの中で、小松電機産業もまた、小さな町村の水道施設の電気設備を研究、コンパクトな設備を開発した。小型でランニングコストも安いことをセールスポイントに提案するのだが、初めはどこも相手にしてくれない。

そんな流れが変わったのは、地元である八雲村での実績からであった。しかも、小松は自社のシステムの特許を「開発のためお世話になったから」と、八雲村の村長の名前を入れて申請していた。

その後、近隣の町村でも続々と小松電機のシステムが採用されるようになった。

選択と集中は、ビジネスの基本だが、同社も大きな都市ではなく、大手企業が手がけなかった人口三万人以下の市町村を相手に仕事をして、実績を積んできた。そのため、大手とは同じフィールドで競合することはなかった。

状況が変わったのは、それまで小松電機産業が市場を開拓し、独占してきた市場に「くにびき国体」に伴う公共投資が一段落した後、その反動から仕事の減った大手企業が資本の論理そのままに参入してきたことからである。

それが一九八三年に行われた大田市での水道建設プロジェクトであった。

一億二〇〇〇万円の入札プロジェクトとあって、今回は水源地である江の川ダムの建設を手がけた東芝が、一部上場企業九社を代表してやるという流れができあっていた。当時から、この手の仕事は〝談合〟で決まるのが、業界の習わしである。

事実、役所と組んだ大手九社によって、小松電機産業は入札のメンバーから、密かに外される流れになっていた。

だが、もともと大田市の水道施設は、地元業者とともに小松電機産業に任されていたことから、その動きを事前に察知した小松は、密かに巻き返しを図って、正規の入札にかけられるような設計図を提出。結局、外されたはずの入札メンバーに入ることになり、事態は紛糾する。

驚いたのは土壇場で、小松外しに失敗したと知った大手企業連合である。

掌を返すように、今度は「話し合い（談合）で、今回はやりたい」と申し入れてきた。要するに「今回は元請けは東芝にやらせてほしい」というものである。だが、元請けが東芝ということは「小松電機は、その下につけ」ということだ。

普通はそれで話はまとまるはずだが、小松社長はそれを突っ撥ねた。

「おかしい、筋が通らない。条件は一緒なのに、初めから下につけというのは、失礼だ」

前代未聞の展開に、今回はひとまず小松電機が元請けの形で受注することで一件落着となった。

小松電機が大手九社を、いわば手玉に取ったことから、「出雲に小松電機産業あり」と、業界に知らせることになったのはこのときの戦いぶりによってである。

この大田市での仕事ぶりが評価されて、小松電機産業は近隣市町村で仕事ができる環境が整っていった。現在の水道施設の心臓部は、水をコントロールする制御部分、コンピュータにつながる電気通信部分である。

小松電機産業は地方の水道業者では手がけられない、この部分にいち早く進出、小さな市町村関係では小松の独壇場だったのだ。

だが、島根県はもともと田中派の竹下登元首相の金城湯池である。小松電機産業の後塵を拝していてばかりでは面白くないということか。やがて、電気工事業界が水道事業に入ってくると、業界団体をつくって〝談合〟による小松電機外しを始めた。

当然、小松にも協力を要請してくる。

「だが、こんな理不尽でいい加減なことがいつまでも罷り通っていていいのか。悪弊を打破しないことには〝談合体質〟によって、やがて日本社会は滅びてしまう。第一、まともなベンチャーが育たない」

そう思った小松は、一九八四年、今度は地元の電気工事業界を相手にたった一人の戦いに挑む。

赤来町の水道の遠方監視装置に関して、ある設計事務所が三菱電機と結託して、一億二〇〇〇万円の予算を組んだ。赤来町の水道の現場を担当してきた小松は、役場に乗り込んで「そんなに高い金をかけるのは、水ではなく、電気を飲んでいるようなものだ」と、七〇〇〇〜八〇〇〇万でできると説明した。

「本当にそんな金額でできるのか」という役場関係者に、小松がこれまで手がけた他の市町村を例に、現場にも案内するなどして、結局、小松電機が提案した予算を組むことになった。

おさまらないのは予定のシナリオを白紙にされた電気工事業界である。何とか小松を外そうと画策するのだが、結局、その予算では大手は手を出さず、小松電機が落札する。

大田市の一件に続いて、赤来町の水道施設と、小松電機一社に二度も業界の〝秩序〟を乱され、メンツを潰された電気工事業界のほうも、そのまま引っ込んでいるわけにはいかなかったのだろう。

やがて、電気工事業者が結託して、島根県の電気工事業界全体に「以後一切、小松電機産業の配電盤は使わないように」との〝お触れ〟を出した。

当時、同社の仕事は全体の七～八割が配電盤などの電気関係、二～三割が水道の計装システムだった。〝お触れ〟を出せば、困った小松社長が頭を丸めて大手企業の軍門に下ってくると考えての仕打ちである。

常務である弟が後を継ぐというのであれば、頭を下げるつもりだった。しかし、常務が「やらない」と言ったことから、拒否して、それを次に生かす。つまり、新規事業に注力することになる。

企業倫理とコンプライアンス

小松電機産業の「経営理念手帳」は「1．経営に対する考え方、2．仕事への取り組み姿勢、3．判断の基準、4．お客様に対する姿勢、5．商品・サービスへのこだわり」から構成されている。

「1．経営に対する考え方」の最後の項目は「法律を道具として用い、社会に道理を実現する」（コンプライアンス）というものである。

「法令を守らなかった場合、それが上司からの指示であったとしても、また法令を知らなかったとしても、関与した個人の責任が問われます。そして、会社の責任も問われるのです。

しかし、社会の一員として、法令を守るだけでは不十分で、法律を道具として用い、社会に道理を実現しなければなりません。

私達は、いかなるときも『人間として何をなすべきか』という原点に立ち返り、筋の通った考働を積み重ねていくのです。そうしてこそ、後ろめたさなど微塵も感じず、正々堂々と経営に邁進することができるのです。

世界中の方々から、『あの会社は誠実だ。手本にしたい存在だ。縁を結びたい会社だ』と評価していただくことこそ、和の経営です。私達はコンプライアンスによって経営責任を果たし、社会から必要とされる会社になるのです」

「経営理念手帳」では、一般的に使われている「行動」を、より深い意味である「考働」と表記する。「考働」とは文字通り「考えて働く」ことの意味である。

あるいは「3．判断の基準」の重要な一つに「倫理観（社是・経営理念・行動指針・経営品質方針）に基づいて判断する」という項目もある。

「私達は、倫理観に基づいて判断し、考働していくのです。それは『人間としてなすべきこと』を基準に置いていくことなのです。

会社でも地域社会でも、生きていく中で、様々な問題や課題に遭遇します。それらを解決するためには、冷静に状況を把握しつつ、様々な事態を想定し、最も適切と考えられる判断を行うことが必要です。その基準となるのが倫理観です。当社の経営理念・行動指針・経営品質方針も倫理観に基づいています。『人間としてなすべきこと』という道理に基づいていれば、どんな局面でも迷うことはありません。

コンプライアンスの基本理念も、倫理観に基づいています。私達は、上辺を取り繕う、その場凌ぎをするのではなく、筋が通った判断をし、正々堂々と考働していくのです。常に倫理観に基づいて判断し、考働して、和の経営を実践する。これを我が社の文化にするのです」

言葉にするのは簡単だが、「経営理念手帳」を見ると、松下との関係や談合のエピソードは、小松電機産業がヒット商品「シートシャッター門番」を持たない時代から、すでに世界で通用する経営のあり方を貫いてきたことがよくわかる。

徳川家康の遺訓

業界の大手企業連合を向こうに回した大立ち回り劇を演じて、いくら「出雲に小松電機産業あり」との伝説をつくったとはいえ、結果は一ベンチャー企業に勝ち目はない。始めから勝負はわかっている。

だが、負けることの重要性を知らないリーダーは、肝心なところで道を間違える。日本の戦国時代を築いた織田信長と豊臣秀吉と徳川家康は、三つの異なるタイプの武将として人気がある。

現在のリーダーおよびトップについて考えるとき、好き嫌いは別にして、もっとも優れたリーダーとして、江戸三百年体制を築いた徳川家康は特別な存在である。

天才肌の戦略家である信長、下克上の時代を知恵と小才で成り上がった秀吉に対して家康には大人のイメージがある。その最大のポイントは家康が負けを知っていたことだと、小松は強調する。

織田信長の下で、三一歳の家康は武田信玄に負けて、命からがら逃げ帰る。そのときの異様な相貌を掛け軸（三方が原戦役画像）に描かせて、常に自分を戒めるために掲げていたという。その家康の「遺訓」は、人の道や企業経営者に共通する教訓として人気がある。

人の一生は重き荷を負うて、遠き道を行くが如し
急ぐべからず、不自由を常と思えば不足なし
心に望みおこらば、困窮したる時を思い出すべし
堪忍は無事のいしずえ、怒りは敵と思え
勝つことばかりを知って、負くることを知らざれば、害その身に至る
己を責めて人を責むるな
及ばざるは過ぎたるに優れり

この遺訓の中で、特に小松は「勝つことばかりを知って、負くることを知らざれば、害その身

に至る」というくだりに、負けることの重要性を見る。

徳川家康が天下を取り、三百年続く江戸幕藩体制の礎を築くことができたのは、まさに「負け」を知っていた結果である。

負けを体験することで家康は、己の限界を知る。勝つことよりも、負けることの中に多くの学びがある。だが、わかってはいても、自分の身のほど、分を知ることは難しい。企業経営に当てはめれば、成功の後にいかに多くの成功企業が失墜を余儀なくされていることか。負けの中にこそ、反省や謙虚さもある。

そのことを良く知る小松社長は、家康の遺訓を自らの体験と結びつけることによって、負けることを学ぶ。

「多くの経営者に人気がある家康は、負けることを知らない者はすべてを失うと言っている。なるほど、そうだと思っても、それを地で行く人はあまりいない。好調のとき、ほとんどの人は進むだけ進んで、立ち止まることができない。立ち止まって、さらに難しいのは退くことなんです。そこで、私はまだ失敗が許される若い時分に練習した」

と、当時を振り返る。

それが、地元電気工事業者の談合を突っぱねた結果の配電盤事業からの撤退である。

事実、売り上げの七割近くを占めていた配電盤の仕事がなくなったのだから、創業一二年目にして初めて遭遇する会社存亡の危機であった。

だが、優れた経営者は転んでもタダでは起きない。

世の中は何が幸いするかわからない。後の大ヒット商品の開発は水道計装事業による収入源があってのこととはいえ、配電盤事業を撤退することによって実現する。

それまでは注文があっても本格的に取り組めなかったシートシャッターが配電盤事業の撤退により、工場スペースが空くことで完成した。

そのシートシャッター「門番」は、現在はハッピーゲート「門番」として、工場や企業の現場から末端の市場へと、販路を広げている。

二〇一二年二月には「ものづくり日本大賞」の製品・技術開発部門で優秀賞を受賞。同年秋にはシートシャッター「ｈａｐｐｙ　ｇａｔｅ門番」システムと、クラウドとＲｕｂｙで構築した総合水管理システム「やくも水神」による、二つの新市場を創造した「新規産業功績」で藍綬褒章を受章している。

新市場を創造するとは、どういうことなのだろうか。

「シートシャッター門番」の開発

今日ではほとんどの企業や工場で使われるようになったシートシャッターだが、もともとの発想は三菱農機から持ちかけられたものである。それを小松電機産業が形にして、商品にして、市場をつくっていった。

シートシャッターはもともとビニール製のシャッターが、センサーにより車や人が近づくと、高速で自動開閉するものとして開発された。防寒・防風・防塵性などを目的に、開閉が瞬時に行われるため、開閉時の風塵に悩まされてきた工場や倉庫での使用から始まった。防風・防塵と共に、冷暖房の必要な工場・倉庫などでは省エネ効果もあるため、市場を広げてきた。

配電盤から撤退した一カ月後の八五年八月、シートシャッターを開発。全国展開を始めた八六年に六億四〇〇〇万円だった売上高は、九〇年には三二億円に達した。その功績が認められ、九一年に「ニュービジネス大賞」を受賞。当時は、全国シェアが六〇パーセントを誇っていた。いまも、国内で三割のシェアを持つ業界トップ企業である。

シートシャッターの大ヒットで一躍脚光を浴び、それとともに後の「やくも水神」につながっていく水道の計装システムのほうもうまく動き出していく。

もちろん、ここでもすべてが順風満帆にいったわけではない。

意外なところに、マーケットが眠っていて、シートシャッターは大反響を呼んだ。そこまではいいのだが、約一〇〇社に試験的に納入したシートシャッターは、間もなく、複数のユーザーから多くの苦情が寄せられる。

シートシャッター門番。1985年に開かれたハイテク展示会で

その大半は「開閉装置の故障」である。当初、想定していた使用頻度は、年間約一万回、一日四〇回だったのだが、実際の使用頻度は四〇回どころか、大手印刷工場では年間二五万回、一日一〇〇〇回も開閉していたのである。

「経営理念手帳」の「お客さまへの対応」の中には「クレームに感謝」という一項目がある。

そうしたクレームとその対応によってシートシャッターは自然な形で、ユニバーサルデザインの概念を先取りした商品に育っていく。

だが、成功の裏側には、ある有名企業がシートシャッターのカタログを無断でコピーして、小松電機産業の名前の代わりに、その企業名を入れて全国にバラまいたこともある。

小松電機産業から仕入れて、その企業名のカタログを配られたのでは、知名度や力関係で劣る小松電機産業のほうがコピー商品を出しているように誤解されてしまう。

あるいは、過去にカタログの盗用など、問題の多い企業からのＯＥＭ（相手先ブランド）生産の契約を断ったところ、勝手にコピー商品を製作・販売されたりと、地方のベンチャーゆえの悲哀もある。

ユニバーサルデザインとしてのシートシャッター

『21世紀的生活』などの著書を持つデザイン論の大家・佐野寛（元・東京学芸大学教授）は、ジャーナリスト・筑紫哲也との対話の中で「われわれはデザインの中で生まれてデザインの中で生き続ける。近代以前は、そういうデザインの多くは神様が造った自然や気候風土と密接にからんでいましたから、言ってみれば神様のデザインの中で生きてきた」と語っている。

彼がそう語るのは近代の人間中心のデザインが蔓延したことによる「持続不可能な発展」を反省し「持続可能な生活様式」のためのデザイン、教育の必要性を痛感してのことである。つまり、本来は神様に代わってデザインをするのが優れたデザイナーの仕事であり、デザインを考えることがそのまま環境を考えることであり、持続可能な生活様式に直結するものであった。

ところが、人間が文明を追求する過程で、神様のデザインを離れた結果、今日の市場に出回っている多くの商品はその特性として、矛盾を抱えているものが少なくない。状況の変化等によっては、長所が短所になるからである。

医薬品に典型的だが、薬効成分を多くすると効果も上がる反面、副作用が増えるという具合である。あるいは、自動車の場合もスピードを上げると利便性は高まるが、その一方で事故や環境汚染の増加をもたらすなど、およそあらゆるものが、そうしたプラスとマイナスの両面を共存させている。

そうした中で、シートシャッターはマイナス面の少ない、基本的にプラス面のみの珍しい商品ということになる。

「三方良し、後利」は小松電機産業の「行動指針」だが、言うまでもなく、「三方良し」とは近江商人の「売り手よし、買い手よし、世間よし」という三方善から来ている。

「経営理念手帳」には「三方良しと後利で判断する」との項目で、次のように書かれている。

「私達は、先入観や感情、利害関係によって安易な判断をするのではなく、常に三方良しと後利で判断し、考働するのです。」

三方良しと後利による判断とは、『人間としてなすべきこと』を基準とする、誰もが納得できる筋の通ったものです。例えば、自社だけが儲かるかどうかで判断したとすると、社会秩序を乱し、社会から非難されるような行動をとってしまうかもしれません。『人間としてなすべきこと』を基準に判断することがとても大切なのです。

自分も相手も、みんな（その他の関係者を含む全体）にとっても良いのが『三方良し』です。利を先に求めなくても『人間としてなすべきことを基準とすれば、利は後からついてきます。それが『後利』です。

私たちは、三方良しと後利を行動指針に、正々堂々と和の経営を実践するのです」

だが、それもいまだから言えることであって、発表後の一年はクレームの連続だった。ただ、これまで市場にはなかった商品のため、一年間の試験期間を設けたこともあり、クレームは改良のためのありがたいヒントであり、結果的にユーザーと一緒になったイノベーションの連続であり、メンテナンスのノウハウの蓄積であった。

近年はユニバーサルデザインを謳った施設や商品などが目立つようになっているのも、偶然ではない。

カリフォルニア州立大学のユニバーサルデザインセンターのロナルド・メイス所長が一九八五年に提唱したことで知られる。ユニバーサルデザインとは文化や言葉、国籍のちがい、老若男女といった差異、障害の有無、能力の程度を問わずに利用することができる施設や製品、情報等の設計デザインを言う。

また、その特徴はユーザーとメーカーそして社会が協力して作り上げる点にもある。

具体的には「安全」に配慮された自動ドア、エレベーターなどと共に、シートシャッターも典型的なユニバーサルデザインの一つである。

「ユニバーサル」とは、万人に共通するという点で普遍的だということ。それだけ市場の広がりも大きい。

そうした三方良し、ユニバーサルデザインの観点から見えてくるシートシャッターの特徴は、ユーザーと共にメーカーがシートシャッターの可能性と市場を創造していったことである。

幸せの門「happy gate門番」

現在の「happy gate門番」は「空間価値を創造」とのキャッチフレーズが用いられているが、その歩みを振り返ると、二〇〇八年五月には地球温暖化に配慮した機密性・耐久性を向上させた「門番KVシリーズ」の開発、二〇一一年六月に高速・気密・安全性の面で飛躍的に進化した「門番Gシリーズ」を発売。さらに二〇一二年にはマイナス二五度の環境下に対応する「冷凍冷蔵庫仕様」、自動開閉と制御をエアーで行う「防塵仕様」、フレーム内に制御部を内蔵することにより静粛性を高め、風に強い「門番Rシリーズ」などの新製品を次々と発表している。

中でも、門番Gシリーズ「happy gate門番」は、同社の行動指針に基づいて「ご縁のあるすべての人へ、元気と笑顔、そして幸運がもたらされるように」との思いを込め、社員一同の論議を経て命名されたものである。工場での使用ばかりではなく、屋内さらにはエンドユーザーを想定した幅広い展開が可能になる。

「空間価値を創造」とのキャッチフレーズを掲げるシートシャッター「ｈａｐｐｙ　ｇａｔｅ門番」システムは、「防虫・防塵用途などの作業環境改善だけではなく、そこで働くみなさんの意識改革に貢献します」と謳っている。

コンパクトな設計でサイズ変更・移設もラクラクできるため、生産の効率化に伴うライン変更やレイアウト変更をはじめ、空調など省エネ対策のためのパーティション間仕切りなどにも最適であり、移設時には高さも変更できる。

いまではシートの色、透明不透明、メッシュ状といった種類の他、低温用、帯電防止不燃など、多方面の用途に対応するものが用意されている。

これまで屋外型から派生して、屋内でも使われるようになる形で市場を広げていった。そのため主流は防塵対策をはじめとした工場、企業向けというイメージがある。

それに対して「ハッピーゲート門番」のほうは、屋内用で、一部屋外でも使える。ハッピーゲートは日本語では「幸せの門」である。

「今日はハッピーゲートを何回通った」と思えば、同じ門やドアだとしても、仕事のモチベーションもちがってくる。ハッピーゲートのある空間が新たな価値を創造し、そこで働く者の意識改革に貢献するというのは、物理的な効果と同時に、そうした精神的な要素も考えてのことである。

いまではシートシャッターは同業他社も生産していて、いわば世界の市場を席巻しているが、通るたびに「幸せ」を感じることができる、あるいは「幸せ」を意識させるシートシャッターは「門番」だけである。

ユニバーサルデザインとしてのシートシャッターの商品特性の一つは、あらゆる業界で使われることである。大企業から中小企業、いわゆる門やシャッターなどの仕切りがあるところは、企業だけではなく、一般家庭までが守備範囲になる。

そのプロセスそのものが、次々と進化を促し、さらに次なる市場を開拓していく。

こうした商品は、そう多くはない。しかも、一度使うと、他でも使いたくなるため、次のリピートにつながる。さらに、メンテナンスもあるため、あらゆる企業、業界と幅広い人間関係ができる。

当然、販売エリアは企業や一般家庭がある日本全国、グローバル時代の今日では世界が舞台になる。そういう商品特性を持っている。

多方面に応用されて、全国に広まり、日本からアジアそして世界にという流れから、大きな市場に成長していく。シートシャッターが新市場を創造したというのは、そうした事実を言うわけである。

特に、シートシャッターが最初に市場に登場したときは、それまでの市場に存在しなかった多くの新商品同様、完成品のようで完成品ではない。ユーザーの声を聞いて、次から次へと進化を遂げ、形を変えていく。

その在り方が、一つの商品がマーケットに投入されることで、社会のニーズを取り込む形で、企業がユーザーと協力しながら理想の商品として育て完成を目指していく。しかも、育てる価値があることから、進んで協力する形で〝共創〟するという新しい時代の典型的なビジネスモデルなのである。

ユニバーサルデザインとしての商品展開は、その厳しさを含めて「やくも水神」の場合も、さほど変わりはない。幸せの門の入り口であると同時に、それは平和のための重要なインフラだからである。

第2章　「人間自然科学研究所」と水の偉人・周藤弥兵衛

「水」の重要性

平和の中でこそ生きる日本の文化

小松電機産業の創業から今日に至る道は今日のベンチャーについて、企業について、経営者並びに事業家について、様々なことを考えさせられる。

ものごとはすべて一人から始まる。しかし、一人では何もできない。

小松昭夫は弟・光雄（専務）と二人で、ベンチャーをスタートさせたが、平和の事業化は一企業の枠を超えて、世界に直結する。一企業、一国が原点ではあっても、そこにこだわらない発想と飛躍が欠かせない。

いまの時代、まず一人が新しいことを考える。すると、誰かが「いいね」と賛同する。その数が一〇人から一〇〇人、一万人になり、新しい組織や社会ができる。それが時代が変化するときのプロセスであるというのが、常識である。

東洋思想の世界では、万物は陰陽により生ずるとされる。老子の「道徳教」には「道は一を生ず。一は二を、二は三を生ず。そして三は万物を生ず」と説かれている。一なる無限という永遠の原理・プロセスがあって、初めて陰陽を生じて、一が二となり、三は陰陽二つの交わる力のバランスにより、すべてを生じる。

東洋的な、いわば自然の弁証法である。

その初めの一人であることを考えたとき、当然ながらトップに立つリーダーの持つ役割は大きい。

例えば、日本を代表する、ある知識人は日本一の発行部数を誇る正月の新聞で「幸せについて」、もう一人の日本を代表する国際人は経済紙で「赤信号を渡らない日本人について」語っている。

幸せ、幸福論については、古今東西数多くの著作があることを思えば、答えは人それぞれ、あってないようなものだということになる。どんな幸せを思い描くかによって、答えはちがってくる。小さな幸せもあれば、大きな幸せもある。そこに欲が絡んでくると、ある人の幸せは、別の人には幸せとは程遠いものとなり、結局「返事が難しい」というのが、そのエッセイの結論である。

だが、幸せについての結論がないわけではない。「幸せとは何か？」を考えたとき、一番わかりやすい答えは「周りのために何かをする。要するに、他人を幸せにすること」ということになる。情けは人のためならずというが、自分だけ、あるいは家族だけ幸せになっても、周りから感謝されることはない。お金持ちがお金を貯めれば貯めるほど、盗まれないように鍵をかけセキュリティを完全にしないと、安心して寝ていられないようなものである。自分だけ幸せになっても他人は別に喜んでくれるわけではない。むしろ逆のことが多い。

なぜ、人のために何かをやることが、幸せに通じるかは、やってみればわかる。やれば「ありがとう」という言葉が返ってくる。

もう一人の日本を代表する国際人である元・国連事務次長は「変だぞ、日本の遵法意識」というテーマで、日本人が何の疑問も持たずに守っている規則に関するチグハグさに疑問を呈する。日本では例外はあるとはいえ、大半の人はクルマの来ない赤信号の前でポカンと立っている。その行動をバカげているというわけである。

一見、もっともらしい意見のため、堂々と天下の大新聞で活字になるわけだが、多少突っ張っている若者がいうならわかるが、日本を代表する知識人が言うことではあるまい。自分だけの利益、効率を考えていれば、サッサと渡ったほうがいいわけだが、なぜ待つのか。隣や後ろに幼い子どもがいるかもしれない、目の不自由な人がいるかもしれない。

「赤信号みんなで渡れば怖くない」という日本人の共同責任、依存体質がお笑いのネタになるぐらいで、効率優先の現代社会では不合理な行動ではある。だが、周りを見て、後に続く者のことを考える余裕があれば、安易に信号を無視はできない。

むしろ、クルマの通らない赤信号で立ち止まることは、急ぎがちな日常を反省する〝息抜き〟ないしは〝修行〟のようなものであろう。

だからこそ「ナンセンス」という指摘の反面、自分中心の外国人がそうしたところに日本人のマナーの良さ、人としての素養の高さを見て「だから、三・一一の大災害時にも、日本では略奪行為が起きないのか」と感心されることになる。

つまり、赤信号は一つの典型であり、その先にあるのは「平和で安心できる社会を実現するための貴重な第一歩」ということだ。そして、日本人の生活・行動様式は、実は平和な世の中でこそ生きるということである。その未来を見ないと、日本人の行動はただの愚か者の所業でしかない。

リーダーとトップのちがい

近年日本の政治の迷走、経済的な停滞から「現在の日本の混迷はリーダー不在を原因としている」と、様々なところで語られてきた。

安倍首相が返り咲いて、大量の保守票と高い支持率により、海外からも長期政権になりそうだとして、右傾化を不安視する一方で、日本にも久しぶりにリーダーらしい政治家が現れたと見られている。

リーダーの条件について、米フィリップスの元経営者であるジョセフ・パジールは、一九六〇年代の著書「人間回復の経済学」の中で、一、仕事の知識があり技術に習熟していること、二、創造的な行動、三、感性の叡知という三つの条件を挙げている。

リーダーを語ることは簡単だが、現実はどうなのだろうか。

明治以降の日本あるいは第二次世界大戦後の世界は優れたリーダーたちによって、築かれてきたというのが、暗黙の了解である。だが、その目標と一人から始まるという自らの立場（資質）がわかっていなければ、あるいはまちがっていたとしたら、どうなのか？

現在、問題となっている様々な不都合な真実、持続可能性が問題とされる世界の現状は、彼らのやってきたことが、明らかなまちがいだったことを示しているのではないのだろうか。

世界の現実はすでに指摘したように、世界の富の九九パーセントを人口のわずか一パーセントが独占している。まさか、彼らリーダーは世界の九九パーセントの貧困の上に成り立つ文明社会を求めていたわけではあるまい。

だが、リーダーが〝幸せ〟を求めて、ときに〝赤信号〟を無視して得た結果、多くの人たちが悲惨な目に遭う。現在の格差社会には多くの不安と不平、不満が満ちている。大げさに言えば、それが歴史が証明している近代の歴史、文明世界の真実ではないのか。

そこにあるのは、リーダーとトップの混交、取りちがえである。

企業経営および事業を考えればわかるように、リーダーとトップとは同じではない。

リーダーとは指導者であり、指揮、統率する者をいう。大きな目標を掲げ、夢を語り、目的を実現するために、自ら先頭に立つ。それに対して、トップはより実務的である必要がある。

トップとは地位を意味する。そのため、リーダーの資格のないトップがいる。反対に、幕末、明治維新に顕著なようにトップの地位に就かない多くのリーダーがいる。

また、企業におけるトップの座はゴールではない。トップに立って、その地位に相応しいリーダーとして、社員のため、会社のため、ひいては社会のために何をするかというビジョンとミッションが問題になる。

日本でのできごとを、世界を視野に入れて振り返るとき、一人のリーダーが大きく日本の運命を左右する事例の一つに、戦国時代の豊臣秀吉と、第二次世界大戦時の東条英機首相の決断がある。

リーダーがつくり出す不幸な歴史

豊臣秀吉の朝鮮の役（文録・慶長の役）は、四〇〇年後の今日、対立する韓国との関わりの中で、いまも時として話題に上がる。

一六世紀末、天下統一を果たした秀吉が朝鮮半島に侵攻した朝鮮の役で、海を渡った武将たちは戦功の証しである首級の代わりに、塩漬けした鼻や耳を日本に持ちかえった。その鼻や耳を供養のために埋葬したのが、京都にある秀吉が建立した豊国神社・方広寺近くにある耳塚（鼻塚）である。

朝鮮民衆の受難を歴史の教訓として今に伝えるものとして、近年訪れる人が多い。

昔は戦争で敵を討った後、高級将校の場合は首（頭）を「みしるし」とし、身分の低い者は耳や鼻を削いで代わりとした。戦功評価のための検分の後、怨霊や災厄を鎮めるために供養した。耳塚もその供養塔として建てられたものである。

謝罪と反省を未来に生かす文化としての終戦の儀式が、そこにはある。

秀吉の価値は戦国時代とは異なる今日、木下藤吉郎以来の出世話にあるわけではない。あるいは、政略家として乱世を生き抜いたコミュニケーション能力、才覚にあるわけでもない。

いまなお韓国との対立が続く時代に、世界と未来に目を向けるとき、当時の他国への侵攻を、どう捉えるかということこそが問題である。

日本と大陸との関係からは六六三年、大和朝廷が百済に援軍を送った白村江の戦い、その後の元寇への恐れがあった。あるいは広く世界との関係では南米からアジアへと勢力圏を拡大する当時の大国スペインと欧米の動きを思い描くとき、日本の権力者が不安と恐れと自らを鼓舞するために、先んじて大陸に打って出るという暴挙も理解できないことではない。

新井白石が『藩翰譜』で浅井長政が「太閤殿下の心は、このごろキツネに入れ替わっている」と言って、国民の厭戦感情や治安悪化などについて述べ、秀吉に斬られそうになった話を紹介している。

あるいは、巷では「愛児・鶴松の死の気晴らしのため」と噂されたほどで、当時の歴史をいくら学んだところで、真相は掴めない。あらゆる解釈が、平和な時代に生きる日本人にとっては、現実離れしたできごとだからである。従って、その感想も「良くやるな」「あまりにひどい」と思う。

自分の知らないところで、困ったリーダーを持った結果、四〇〇年以上前のことを他国から持ち出され、歴史問題、領土問題と絡めて「反省しろ」と迫られる。

その図式は、第二次世界大戦における東条英機の場合も変わらない。いずれもリーダーの役割がいかに大きいかがわかる、歴史上の不幸な事例である。

便宜上、リーダーという言葉を使っているが、彼らが真のリーダーたるに相応しいかどうかは別問題である。たまたまその時代のリーダーとしてトップに立ったわけであり、その典型的な二人の日本人から何を学ぶか。重要な教訓こそが、過去（過ち）を反省すること、そして未来を見ることである。

第二次世界大戦の最高責任者であり、A級戦犯として処刑された東条英機にはいくつかの遺書がある。その中で、終戦から三年後の一九四八年一二月、死刑執行を前に書かれた遺書には、自らの責任を「断腸の思い」との言葉で謝罪すると共に、東京裁判を「永久平和のため」と称する「勝者の裁判」であるとの疑問も述べている。

「何をいまさら」というのはたやすい。

実際に、その戦争責任のみが問われて、戦後、裁判から処刑に至る三年の間に、彼が宗教（仏教）に目覚めることによって、終戦後の世界の在り方を示した提言に目が向けられることはない。

だが、A級戦犯を排除して、いわば臭いものに蓋をしたところで、物事は解決しない。大国による〝正義〟のための戦争、権力者による〝正義〟のための制裁が、いまなお続く中で、逆にゲリラ戦とテロを呼んでいることは、戦後七〇年近い歴史が証明している。

異業種交流と「知革塾」の発足

多くの歴史上の不幸、二一世紀の世界の現実から見えてくるリーダーの条件は、一、明確な目的・ヴィジョンを持っていること、二、そこに至る手段とプロセスを示せること、三、人々を動かすモチベーション、そしてコラボレーションを演出できることということになる。

それが小松社長が目指す平和の事業化の構想並びに具体的な作業となる。シートシャッターの成功により、地方の一ベンチャーから上場そして大企業への道が見えてくる中で、結果的に小松社長が選んだ道は、創業経営者だからこそできる平和の事業家への道であった。

いわゆる経営を考えたとき、会社が大きくなることと成長することとは、同じように見えてまったく異なる。戦後、企業として成功し、世界企業になった多くの日本企業が、バブル崩壊、リーマン・ショック等の景気の変動を受けて、やがて失墜していく。

失墜する多くの企業は、会社の規模だけは大きくなっても、肝心の企業体としての成長に欠けている部分があったからだろう。

小松社長が選んだのは、大きさではなく出雲の地に相応しい日本発のベンチャーであり、成長する企業として、持続的にイノベーションを続ける道である。

時代は戦後の高度成長期でもなく、ましてや戦争の世紀と言われた二〇世紀でもない。世界ではいまだに地域の戦争や飢餓に苦しむ現実があるとはいえ、二一世紀に生きる企業は食べるためにのみ仕事を得て、ただ儲けるだけではなく、社会のため、日本そして世界のために何をやるかが問われる。

とはいえ、成功した地方のベンチャーと平和の事業家との間には、あまりに飛躍がありすぎる。かつて小松がシートシャッターの成功で脚光を浴びていたころ、同じベンチャーの雄として注目されていたソフトバンクの孫正義社長の手法は時代の流れを読んで、先回りして仕掛けていく。一方「天略」を用いる小松の場合は、順序を踏んで待つという明確なちがいがある。

特に、孫が使えるものは最大限に生かす。例えば、株の世界、インターネット、M＆Aなど、使えるものはすべて生かす。アメリカでの成功体験を日本で生かす。それを中国に持っていって生かす。結果、売上げは天文学的となり、彼の表現では「兆しか興味はない」ということになる。

一方、小松はそうした使えるものを最大限には生かさない。株や不動産には手を出さない。人間としてのいわゆる尊厳という観点から見て、順序を踏む。時代の流れを読むのではなく、過去を逆上る。それによって、小松には様々なものの因果関係が見えてくるという。

もともとベンチャーを立ち上げたとはいえ、小松家の家訓は「商売に手を出すな」「商売人とは縁組みするな」というものだ。そんな小松が就くべき職業は、本来であれば、教員か公務員、郵便局員、せいぜいが銀行マンと言ったお堅い職業のはずである。

その小松が、佐藤造機の中央研究所ならまだしも、ベンチャーを立ち上げ、ビジネスの最前線で脚光を浴びるようになっているのだから、何とはない違和感がある。

つまり、いざ儲かってみると、会社の重要な目的である利潤追求には燃えない。儲けることに対するモチベーションが明らかに、孫社長をはじめとした経営者とは異なる。

一九八一年に制定した「社是」に「社業を通じて、社会に歓びの輪を広げよう」とあるのは、彼の偽らざる思いであった。

当時、小松は大阪時代に訪問した関西設計の応接室で見た「誠技・誠商」という言葉を、額に入れて飾っていた。小松にとっては、その誠実さこそが社業を通じて社会に貢献し、世の中の人に喜んでもらうことであり、その思いを小松なりの言葉に置き換えたのが現在の社是である。

社是ができて「おもしろ、おかしく、たのしく、ゆかいに」という「経営理念」を掲げることによって「社業を通じて社会に歓びの輪を広げよう」との会社の進路が、より明確になった。

会社が軌道に乗り「シートシャッター門番」に続く「やくも水神」が小松電機を支える二本の柱になると、第三の柱として平和の事業化を掲げた「人間自然科学研究所」を、一九九四年に発足させる。

その第一歩となったのが、一九八八年四月にスタートした知革塾である。その名の通り「知でもって社会を改革する」ための塾であり、地方の再興を目標にした勉強会である。

最初のきっかけは、地域の人たちとの異業種交流から。佐藤造機の倒産に遭遇した小松は、倒産の反省から「井の中の蛙であってはいけない」との思いから、広く世間を知るために、一九八三年、県内の一〇社でスタートした島根県異業種交流会に参加する。

その八三年は、談合が常識という業界にあって、小松電機が大手企業を手玉に取り「出雲に小松電機あり」と言われた年である。その後も談合を強要し、何かと圧力をかけてくる業界と五分に渡り合ってきた小松電機だが、八五年に結局、配電盤事業からの撤退を余儀なくされる。

地方にあって、業界の既得権益と戦う一方、異業種交流により社会に目を向けるようになっていた。知革塾の開かれた八雲村の実家の納屋に手を加えた「修道塾」は、現在記念館として残っている。

「商売の神様」松下幸之助の遺志を継ぐ

知革塾は結成の翌年から、数人の講師を呼ぶ形で七年ほど続いた。

小松はシートシャッター門番の全国展開のための代理店づくりに忙しい日々を送る傍ら、地域にネットワークを形成し、新しい地域産業を起こすことによって、社会変革を行っていく、その拠点としての「協同組合テクノくにびき」を、一九八九年(平成元年)六月に設立する。

知革塾の活動の延長線上に、小松電機をはじめ、松江市、八雲村に本社を置く自動制御装置メーカー、建設業、運搬業、コンピュータソフト開発など異業種七社で「ハイテクと人間らしさの調和」をテーマに、お互いの技術・経営ノウハウを統合する新しい事業展開を目指したものである。

松江のホテルで行われた設立記念式典では、理事長を務める小松が「私は利益追求ではなく、人間としてどう生きるべきかを常々考えてきました。事業を起こして、今年で一五年。大きな転機と思い、人間らしい生き方を求めて協同組合の設立を呼びかけました。ハイテクで人間らしい生き方が損なわれてはなりません。異業種が協力してテクノロジーで現代の〝くにびき〟新しい事業を起こし、島根県の発展に少しでも役立ちたい」とあいさつ。勾玉をアレンジしたシンボルマークと「Ｈｕｍａｎ　Ｆａｃｅ　人間らしさの追求」という協同組合の統一テーマが発表された。

島根県の地方課の協力を得て、各市町村の若い行政マンが参加した他、町村商工会の若手経営者と語り合う場となった「テクノくにびき」の発足に際して制作されたＢ４判のパンフレット「Ｈｕｍａｎ　Ｆａｃｅ」には「人間らしさが見えてきた」とあり、次のように書いてある。

「それぞれ顔がちがいます。姿・形もちがいます。声もちがいます。考え方も、生き方もちがいます。ちがってあたりまえです。でもそれぞれのちがった集まりが、融合し合いながら知恵を出し合って『協同組合テクノくにびき』という真っ白いキャンバスの中に『Ｈｕｍａｎ　Ｆａｃｅ』という夢を描きます。はたしてそれがどんな夢になるのか。まだ、誰もわかりません。でも動き始めました。人間として最も大切な夢を、ただの夢に終わらせないために」

二五年前を振り返って、小松は現在の平和の事業化に関して、テクノくにびきの「Ｈｕｍａｎ　Ｆａｃｅ」というパンフレットをつくった「ここから、すべてが始まった」と語る。

小松がテクノくにびきをスタートさせた一九八九年一月は、昭和天皇が崩御し、平成が始まった年である。また、同じ年の四月、経営の神様・松下幸之助が九四歳で亡くなった。

亡くなって日も浅い、ある夜、松下幸之助が小松の夢枕に立った。夢に現れた幸之助が寝ている小松にガバッと取りついたのである。

夢とは思えない生々しさに、小松は思わず「ワーッ！」と大声を上げて飛び起きた。そのとき、彼は「松下幸之助が自分に乗り移ったのではないか」という思いにとらわれたという。

松下とは因縁浅からぬものがある。同じ電機という共通のフィールドがあり、大阪に商売の勉強に出ていったのも「商売の神様」と呼ばれた幸之助がいたからである。

彼の幸之助像は松江松下の仕事をした後、小松が事業家を目指し、社会性を意識する中で、少しずつ変化していく。同じ経営者の立場からは、松下の商法が人間の弱みを巧みに操って、経営および商売をしていると感じるようになったからである。

だが、ＰＨＰ研究所を設立し、松下政経塾を創設して、新しい時代のリーダーを要請しようとした彼の遺志は、小松としても無駄にして欲しくはない。

そんな思いにとらわれるのも、小松が不思議な夢の体験を「もしかしたら、松下幸之助は自分に後事を託したのではないか」と受け止めている。

地域再興のきっかけをつくった村長選挙

地域再興を掲げ、社会変革を目指すことでスタートした知革塾およびテクノくにびきをベースに、小松は一貫して知による変革、社会改革に正面から取り組む。

その最初の大きな取り組みが、八雲村の村長選挙への介入であった。

地元を愛するからこそ、八雲村に本社および工場を置いてきた小松電機は、山陰の片隅にいたからこそ、ベンチャー企業として注目された面もあった。だが、ベンチャーから全国へと打って出ていくに当たっては、障害も多い。地域社会特有のしがらみ、保守的な風土など、時代に取り残された要素に満ちていて、それが足かせになる。

当時の八雲村は同じ山陰でも〝本音と建前〟が徹底しており、その裏返しである中央への依存心が強く、理不尽なまでに我慢強いという日本の旧弊が残っている象徴的な地であった。

実際に、松江市のベッドタウンとして過疎化に歯止めがかかる一方、購買・消費とも松江市に流出し、地元経済は衰退の一途をたどる。そんな当時の状況を、小松は商工会の初代青年部長として「何とかしたい」と考え、様々な努力をした。

八雲村のインフラ（社会基盤）は、時代から取り残されたまま、自ら変えようとの気概も感じられない。

小松はそんな現状を何とか変えたいと、当時の村長とも話し合いの場を持った。国も村も企業も、大事なのは指導者である。しかし、腹を割って話そうにも、自ら「この現状をどうする」という明確な意思が伝わってこない。

そんな村の状況を知るにつれて、小松は「リーダーである村長を変えなければダメだ」と悟る。地域再興、社会変革を口にする以上、自分が村長になるのが一番の近道だが、自分には会社の経営と、地域を足がかりにした将来のヴィジョンがある。

そこで、彼は一九九三年五月の村長選挙に、現職を落選させるために奔走する。もし、小松をはじめ商工会青年部が動かなければ、村長は三選を目指す現職が勝利する。

村長選挙は、若手グループからの出馬要請を一度は断った島根和洋紙㈱二代目社長が、後輩の前村議が出馬すると知って、改めて出馬を決めるなど、現職と新人二人の混戦となる。

八雲村で長年続いてきた「やられたらやり返す。そのためにはカネも使う、誹謗中傷も行う。何でもやる」という地方特有の怨念選挙が罷り通っていた。その結果、村は疲弊、荒廃し、国や県からも見放され、インフラ整備が遅れる要因となっていた。

そんな怨念選挙の再燃を案じた小松は、長年続いた怨念選挙の終焉を図るために、一肌脱ぐ。地域をよく知る彼の知略並びに奇策により、二人の新人の一本化ができないまま選挙戦に突入した村長選は、現職が落選。選挙戦の後半、勝利を信じて祝勝会の準備をした前県議が惜敗。負けを覚悟して、祝勝会の準備をしていなかった二代目社長が当選するという結果になった。

戦う者たちにとっては地獄のような選挙戦となった。その年の選挙は彼らに「二度とああいう戦いはしたくない」といった〝トラウマ〟となり、怨念選挙が止む結果となる。その意味では、地域にとっては理想的な選挙戦であり、その結果は実質的に選挙を仕切った、小松のシナリオ通りとなった。

コマツ・コーリアの設立、その深謀遠慮

社会貢献を掲げる小松が、地域の問題に肩入れするのも、創業の地・八雲村が自らの出身地であるだけではなく、後の平和の事業化のため、重要な場所になることを見据えていたからである。

企業の社会的貢献に目を向ける小松は、企業が本業を離れて「社会貢献」を謳うことに疑問を呈する。儲けるだけ儲けて、余ったお金で寄付やメセナ活動など、企業は思い思いの社会貢献に取り組む。

だが、自慢の社会貢献は失われた一〇年、二〇年によるデフレ、リーマンショックなど、都合が悪くなれば、引っ込めてリストラに走るあたりに、底の浅さが見て取れる。

そんな企業を横目に、小松のその後の歩みは、自ら「日本企業の社会貢献とは何か」を、率先して展開する。

そんな一つが、一九九〇年一〇月、貿易・工場設備設計を手がける韓国企業とのシートシャッターに関する業務提携である。

韓国は大陸的気候のため冬は氷点下、夏は四〇度近い猛暑と、寒暖の差が激しい。そのため、作業環境の改善や省エネに対する関心も高く、シートシャッターの発表当初から、韓国からの問い合わせが相次いだ。一九九〇年六月、試験販売の形で大手家電と自動車メーカーに三〇台を納入すると、その後も引き合いが相次いだことから、現地企業との提携に至ったわけである。

スタート時は韓国企業が総代理店となり、販売とアフターケアを担当。一九九二年二月、現地での生産体制が整った時点で、小松はシートシャッターの製造技術と設計図面の無償提供を行った。

ビジネスの観点からは、敵に塩を送る以上の経営の常道からはあり得ない衝撃的な行為に見える。しかし、小松の中には「日本と韓国そして中国、さらには世界の国々と日本が〝縁結び〟をしなければならない」との思いを行動で示したまでのことである。

隠徳は人としての尊い行いの基本である。あるいは「情けは人の為ならず」とも言う。「急がば回れ」とも言う。何かを得るためには、別の何かを失うのが常である。

利潤を得ることを目的にシートシャッターを製造販売するのなら別だが、企業活動を通じて社会に歓びの輪を広げていくには、シートシャッターの製造販売を独り占めにするよりは、役割分担していったほうが、シートシャッターを導入する企業にとっても、従業員にとっても、社会的にも衛生・環境、省エネなど、様々な面でいい。

シートシャッターの商品特性を考えれば、一社が独占するような製品ではない。

とはいえ、小松は経営者であると同時に平和の事業家でもある。シートシャッターの無償提供は将来に対する重要な〝投資〟となる。

小松電機の韓国での展開は、二〇一〇年七月、ソウル支社の設立。二〇一一年五月には全額出資の製造子会社「KOMATSU　KOREA」を設立、韓国での本格的な生産へとつながっていく。

コマツ・コーリアの設立は、小松がかねてから提唱していた、最終ユーザーに近い場所で雇用の創出と、アフターサービスの充実のための「ガレージファクトリー構想」に基づいている。いわば、同工場が世界多拠点生産の第一号というわけである。

地域のリーダーづくりを目指した知革塾での活動を経て、小松の関心はやがて地域から日本そしてアジアから世界へと向かう。

人間自然科学研究所の設立と平和の事業化

小松電機産業では現在の本社・工場がある松江市の研究開発型企業団地「松江湖南テクノパーク」への進出を決めた一九九四年一〇月「人間自然科学研究所」（ＨＮＳ研究所）を設立する。

一人の人間としての自立を考え、企業について考えれば、その立脚点であり、拠点となる地域を考えるのは当然である。同様に、その思いを突き詰めていけば、日本からその周辺諸国そして世界へと向かうのも当然のことである。

人は一人では生きてはいけないように、日本も一国で生きていくことはできない。そう考えたとき、小松が生まれ育ち、会社のある出雲は、日本が置かれた様々な問題が集約された地域・場所であることがわかる。

小松が研究所を設立するのは、当時の日本が置かれていた産業の空洞化、社会の少子高齢化、環境問題、さらにはエネルギー、食料問題など、持続可能性が問題視される時代状況の中で、いかに「楽しく持続的に生きられる地球社会」を実現することができるか。その取り組みを始める必要性があると考えたためである。

人間自然科学研究所の特徴は、ユニークな研究所名からもわかるように、あらゆる問題を人間と自然と科学との関わりの中で、生命の本質、人類の特性から論理的に考察し、人類史的な視点で捉えることによって、持続的に「楽しく生きられる」地球社会を目指している。

同研究所が「平和・環境・健康」をテーマに掲げるのも、その前提となる必要条件だからである。「平和の事業化」の具体的なプロセスとしては、あらゆる問題を人類の特性を踏まえ、人類史的な視点に立つことにより、現実に起きている状況を把握し、分析することから始まる。

戦争に象徴される個々の争いと対立を見ている限り、問題は解決するようで、同じことの繰り返しでしかないことは、歴史を見るまでもなく、世界の現実が証明している。唯一、人類史的な観点に立てば、同じ人生も企業活動もちがって見えてくる。持続可能性という課題に対する未来への責任が自分の人生と直結するためである。

平和を口にすることはたやすい。だが、愛を語り、平和を語るということは、人類史の中に自分を置くということである。愛や平和のために、命を犠牲にした人物は枚挙に暇がない。命を犠牲にする、そこまでの覚悟があって、初めて平和を語るスタート地点に立つことができる。

そこでは、現実に起きている人間社会、国家間の対立が、お互いが関係する共通の課題であるとの認識が生まれる。共通の課題とわかれば、対立がもたらす将来の姿も見えてくる。繁栄か破滅か、二つの選択肢の中から選ぶのは、その時代を生きる者の責任である。

いまも国際連合をはじめダボス会議・賢人会議、その他、平和をめぐる国際的な枠組みによる取り組みが続いている。いずれも重要ではあるが、それは戦前から有識者の行ってきた、例えば世界政府運動の延長線上のものである。

戦前から世界政府運動並びに平和活動に奔走してきたアインシュタインをはじめ、当時の指導的立場にいた彼らは、自分たちが全力をあげて行ってきた試みを省みて「私たちは失敗した」と語っている。それが共通の認識であった。

すでに「時代のリーダーが築いてきた世界は、まちがっていたのではないか」と指摘したが、その要因は人だけが変わって、同様の試みを繰り返した結果である。時代背景、環境の変化、情報・テクノロジーの進展とともに、市民意識の高まる中で、国の在り方自体が変化していく。その変化に対応するには、本当の意味でのパラダイム転換が必要になるわけだが、言葉だけが先行して、実態は旧態依然というのが、多くの平和をめぐる枠組みによる取り組みであった。

現在の社会の特徴は、一部の国を除いて、開かれた体制下ですべてが決まっていくことを前提にしている。それは、これまでのように一部の有識者、高名な学者や経営者とともに、官僚・政治家たちが世界の進むべき道を示すのではなく、多くの国の憲法に謳われるように、国民の積極的な関わりの中で、国の重要な施策、世界への取り組みを市民が産・官・学と協力して、ともにつくりあげていく、そういう時代だということである。

人間自然科学研究所が提唱していることは、現在世界で起きているあらゆる問題、国と国、民族と民族の間の対立を広く各方面からの知恵を持ち寄ることで統合し、共感のステージをつくることによって、昇華・発展へと導く新しい枠組みづくりである。国家間の競争ではなく「共創」

へ導くためのパラダイム転換である。

そのプロセスを一つのストーリーとして描くことにより、未来を拓く「和の文化」を創造する活動が動きだす。その意味では、もっとも必要とされている活動とはいえ、具体的な作業はまだまだ先の話のようにもみえる。

一人が掲げた目標だとしても、万人が「そうだ！」と納得する。そういう目標でなければ、周りは力を貸さない。共感のステージがあって、感動から行動へ、日本から世界へ、本当の意味でのコラボレーションが始まる。そうでなければ「天略」とは言えないからである。

その難しさは、ストーリーをつなぐ〝回路〟をいかにつくるかが、ポイントとなる。肝心の回路にスイッチが入らなければ、社会と連動して、動き出さないからである。

その思考回路のスイッチを入れる手段として、同研究所では書物だけではなく、目や耳とともに五感に訴えるセミナー、イベント、講演会。あるいは、ＣＤ、ＤＶＤ、映画などあらゆるものを応用する。

要は、人間自然科学研究所はそのための事業構想、シナリオづくりを具体的な活動につなげていく「シンク＆ドゥタンク」というわけである。

同研究所設立後の一一月、松江市内のホテルでは、第一回「神在月縁むすび全国大会」が、大々的に開催された。

毎年一一月（旧暦一〇月）は「神在月」として全国から八百万の神々が集まるとされる出雲の地で、島根県地方課の協力を得て、現代の出会いの場を提供しようというもの。全国大会は企業経営者や学識者、自治体職員らで構成される実行委員会と県、県商工会連合会の主催で、約二六〇名が参加。討論や分科会を通じてネットワークづくりが行われた。

経済アナリストのピーター・タスカが「企業家精神の回復と日本の元気の回復」をテーマに講演。企業の戦略に関して、閉塞感の漂う、当時の日本市場の主導権をコストダウンで取るか、差別化で取るかといった問題を巡って「コストダウンが難しい日本企業は、商品の差別化で生き残りを図るしかない」と指摘した他、「個人も単なる社員にとどまらず、自分がほかの人間とどう違うかを主張して差別化を図るべきだ」と呼びかけた。

講演後は下村澄・ニュービジネス協議会相談役と小松を交えて「地球時代の社会の仕組みと、産・官・学の関わり、ビジネスの役割」をテーマにパネルディスカッションが行われた他、テーマを限定しない分科会（ワークショップ）が催されている。

「縁むすび全国大会」は七年ほど続いた知革塾の最後を飾るイベントでもあり「国際経済セミナー」と銘打たれた、その年のテーマは「世界を知る、地球を知る、自分を知る」というものである。

縁むすび全国大会は、その後、形を変えて、現在に至っているように、いわば一つの終わりが、次なる新しい展開のスタートとなっている。

「一村一志運動」と水の偉人

小松は新しい時代を創造するビジネスをローカルからスタートさせて、グローバルに展開していきたいと考えてきた。シートシャッターがその典型なわけだが、人間自然科学研究所もその一環であり、具体的には設立と同時に「一村一志運動」を提唱している。

かつて、大分県で始まった「一村一品運動」は地域起こしの代名詞ともなったが、一村一品運動がモノに焦点を当てて村起こしをしたのに対して、一村一志運動の場合は心、意義ある高い志を通して地域の振興を図ろうというものだ。

すでにモノの時代ではなく、心そしてそれを動かすコト（事業）の時代である。

高い理想、高い志を持った人物の発掘とその志に共鳴できる〝人材〟の養成を目指している。

特に、水と関わりの深い郷土の先人たちの偉業を伝える出版事業を手始めに、様々な事業が計画されている。その最初の成果が、今日につながる周藤弥兵衛の発掘と紹介であった。

松江市の外れに位置する日吉村は、自然の豊かな山村である。天狗山を源流とする意宇川が地域を潤し、山間に沿って点在する田畑では、その水を利用して農業を営んでいた。

だが、普段はのどかな山村も、一度、台風が襲うと、川の水は一転して流れの中央に位置する剣山の亀の首のように出っ張った岩山に邪魔されて氾濫し、田畑が流され家や人命まで奪われる。度重なる大洪水に、いつしか村は荒廃していった。

そんな村を救うには意宇川の流れを変える必要があると、松江藩にかけあった先祖（祖父）の遺志を継ぐ形で、川の流れを変える大事業に取り組んだのが、当時五六歳の周藤弥兵衛である。

日吉村の豪農の家に生まれた彼は、地方の末端の公職者として、地域と共に生きてきた。その彼が祖父の遺志を継ぐ大事業を決意するのは、一七〇二年八月、出雲地方をかすめた台風により、日吉村周辺の堤防が決壊。数百人が亡くなり、四〇〇〇軒の家が失われ、田畑が砂と泥で埋まってしまったからである。大雨による洪水被害は、翌年も続いた。

松江の殿様に直訴しても、予算が捻出できず、岩山の切開工事計画は思うように進まない。当時の状況を、彼は「希望の光が見えない地獄の様」と語っている。

村の窮状を見るに見かねた形の弥兵衛は自らの財産、生活のすべてを注ぎ込み、大洪水の要因となる川の中央に位置する剣山の岩山を切り崩し、水路をつくることを決断する。

大阪で土木技術を学んだ彼は、一七〇六年から一七四七年にかけての四二年間、硬い花崗岩（花崗閃緑岩）でできた剣山の岩山を一本のノミと金槌一つで削り、川の流れを変える大事業に取り組む。

剣山の頭部分には竜神信仰で知られる剣神社が祀られている。亀の頭の部分で蛇行する流れを直線化するには、首の部分を切開しなければならない。だが、竜神を恐れない無謀ともいえる試みとあって、村人の協力は得られない。

弥兵衛は蓄えた米を処分し、他の地方から二〇人を雇って工事を始めたが、その彼らも新川の堤防づくりには協力しても、岩山を切り崩す作業には尻込みをした。竜神の祟りを恐れてのことである。

仕方なく、彼は一人で岩山に立ち向かう。雨の日も雪の日も一人黙々と作業を進めた。三年が過ぎて、そんな弥兵衛の姿に心を打たれた村人たちが手伝うようになり、藩からの支援もあって、工事は順調に進むように見えた。

そんなある日、弥兵衛を悲劇が襲う。結婚前の娘を病気で失ったのである。人々は竜神の祟りだと噂した。娘の死を悼み、竜神の怒りを鎮めるため、仏門に入った彼は、その後も作業を続けた。「二度と大洪水のない村にしたい」との初心を貫きたいと願ってのことである。

その後一〇年、大雨に見舞われることもなく、豊作が続く村で、周藤家では悲劇が続いた。父の健康を案じて、作業を手伝っていた息子の勘六が、突然血を吐いて亡くなると、傷心の妻も寝込んだまま、帰らぬ人となる。その三年後には幼い息子・平佐衛門が急死、ついに周藤家の血が絶えてしまったのである。

家族を失い、財産を投げうち、人生を捧げた弥兵衛の本当の精進の日々が、そこから始まる。

やがて、一人槌とノミを振るう姿を見てきた若者たちが手伝うようになり、最後は村人たちとも手を結び、念願の切り通しを完成する。

大切な日々の〝行〟のように続けられた、その槌音が止んだ時、弥兵衛は九七歳になっていた。すっかり山の姿が変わり、新しい川の流れが完成するのを見届けた後、彼は一〇一歳での大往生を遂げる。

だが、弥兵衛が自らを犠牲にして、地域のために切り通しを完成させたことで、新田が開かれ地域は大きく発展する。

現地には、三〇〇年以上前に刻まれたノミの跡が残っている。そのすべてが目の前の危機に臨んで、地域のリーダーが示さなければならないリーダーシップとは何か、即ち勇気ある決断を可能にする行動力、実行力を教えている。

その行為が尊いのは、地域の利益を優先する社会貢献意識、自己犠牲を厭わず、見返りを望まない無私の精神、時代を超える価値の創造と、そのベースに自然に対する畏敬の念があってこその偉業だという点である。

「政治は結果責任だ」というが、小松が「政治家・リーダーの役割は未来責任を果たすことだ」と語るのも、周藤弥兵衛の生き様を知ってのことである。

「恩讐の彼方」をしのぐ人間自然科学研究所

郷土の偉人を顕彰する出版活動を中心とする「一村一志運動」を展開する人間自然科学研究所では、周藤弥兵衛の伝記を小説・児童文学・漫画という三部作の形で出版し、一九九五年四月に「周藤弥兵衛シンポジウム」を開催する。

「一村一志運動」は九七年には鹿島町内の佐陀川開削に生涯をかけた郷土の偉人・清原太兵衛をテーマにした小説を懸賞小説の形で全国から公募。その当選作である小説と、児童文学、マンガの三冊セットを出版し、行政とともに「清原太兵衛シンポジウム」を開催。完成披露パーティを行うことによって、次の「大梶七兵衛」「周藤弥兵衛」からなる出雲三兵衛へとつなげる。一つの終わりを始まりにするという小松ならではのやり方である。

一九九九年七月『太陽の國ＩＺＵＭＯ』を出版。一〇月には「第三回神在月縁むすび世界大会」を開催。『太陽の國ＩＺＵＭＯ』の出版により、人間研究と地域およびアジアで展開されてきた小松の平和構想の全体像と、その具体的イメージ、プロセスが示される。

二〇〇二年二月に日中英三カ国語訳『論語』を出版した他、八月には揖斐川干拓事業に全財産をかけた「治水の偉人・大梶七兵衛」の小説・児童文学・漫画を出版。周藤弥兵衛、清原太兵衛と合わせた「出雲三兵衛」の伝記シリーズが完成した。

「出雲三兵衛」の物語は、いまも色褪せることがないばかりか、三・一一東日本大震災をきっかけに、理想のリーダー像をそこに見たことから、構想も新たに執筆されたのが、二〇一四年七月から「日本水道新聞」で連載された、作家・村尾靖子作『悠久の河・周藤弥兵衛翁物語』である。連載に合わせ、水循環基本法成立後、初めての「水の日」である八月一日には、日吉村にある宮内庁管理の御陵前に建立される周藤弥兵衛翁像の建立および除幕式が行われた。

周藤弥兵衛が四二年の年月をかけて、一人で岩山に立ち向かい、ついに切り通しを完成させる物語は、菊池寛の小説『恩讐の彼方に』を思い出させる。

『恩讐の彼方に』は九州の耶馬渓にまつわる伝説を素材に、仇討ちをその人間性から否定するというメッセージの込められた菊池寛の代表作の一つである。

店の主人、中川三郎兵衛の愛妾・お弓と通じ、その関係を見咎められた市九郎は、主人を殺して、お弓と駆け落ちして行方をくらます。惚れた女のために、切り取り強盗をして暮らしていくのだが、やがてお弓の貪欲で凶悪な本性を知った彼は、一念発起して了海と名乗って諸国を行脚。豊前・耶馬渓（大分県）で洞門開鑿の大業を起こす。

そこに、了海と名乗る市九郎の存在を突き止めた主人の子・中川実之助が、父の仇を討とうと現れる。すでに逃げる気もない了海は、今生の最後に洞門開削の悲願を達成するまでの猶予を願い出る。

了海の悲願を知り、岩を削る姿を見た実之助は、やがて協力して洞門を掘る。一日も早く父の

2014年8月に開かれた周藤弥兵衛像（松江市・日吉親水公園）除幕式

敵討ちができるようにとの、実之助の協力もあり、一年半後、洞門は開通する。了海が開削に取り組んで二一年目のことである。

その瞬間、敵同士はすべてを忘れて、手を取り合って喜びあった。殺人を犯した了海が罪を悔い改めようと岩に立ち向かう姿に敵討ちを忘れて協力したことで得られた喜び。許すつもりもなく、報復を忘れている。そして、敵討ちを離れたからこそ、ともに共感と感動と喜びを味わうことができた。

そんな感激の涙にむせぶという、映画や芝居などで、広く知られた話である。

世界の「戦争平和記念館」歴訪と
小説『悼む人』

地域の再興のために始めた「一村一志運動」

と共に、人間自然科学研究所が力を入れてきたのは、その歩みを見てもわかるように、韓国をはじめとした戦争・平和記念館歴訪の旅であり、平和のためのネットワークづくりである。

もともと、小松がアジア、特にもっとも近くて遠い国「韓国」との交流の必要性を実感することになったのは、八〇年代の韓国での体験からである。

韓国の友人とタクシーに乗ったとき、相乗りしてきた一人の客が、小松が日本人だとわかると「こいつをクルマから放り出せ！」と言いがかりをつけてきた。そのときは、友人と運転手が「この人は私の大事な客だ」と言ったために、ことなきを得たが、その強烈な体験が小松に大きなショックを与えるとともに、やがて韓国をはじめとするアジア、そして世界の戦争と平和の歴史記念館を訪ねて、献花と慰霊を行い「歴史的怨念」を受け止めて、人類進化のための資源にする。いわば昇華することによって、自らの戦後責任を果たせると同時に、戦争で亡くなった人たちも生きるという行脚の旅を始める。

一九九七年六月、韓国の独立記念館を訪問。日本人として初めて献花、一〇〇万円の寄付をする。翌九八年七月には大韓赤十字を通じて朝鮮民主主義人民共和国（北朝鮮）に食糧支援を行っている。

二〇〇〇年九月、中国・山東省棗荘市・台児荘大戦記念館を訪問する。

二〇〇一年八月、当時の小泉純一郎首相の靖国神社参拝により、中国との交流が途絶える中、棗荘市・台児荘大戦記念館を再訪。献花を行った他、翌〇二年には棗荘市で制作した孔子、孟子、周藤弥兵衛、清原太兵衛の銅像の完成・出発式を神崎邦子（公明党・神崎武法元代表夫人）同席のもとで行っている。

二〇〇五年九月、中国の南京大虐殺記念館を訪問、献花する。同五年一二月には、ハワイ「アリゾナ記念館」の真珠湾攻撃記念式典に出席、献花を行う。

二〇〇七年一二月、「南京大虐殺記念館」の改築式典に招待客として参列する。

二〇〇九年九月、ロシア・ウラジオストック、ハバロフスクの「第二次世界大戦慰霊碑」を訪問、献花するなど、ざっとピックアップしただけでも、彼の行脚が単なるベンチャーの経営者とは異なることがわかる。

第二次世界大戦の日本について、小松に戦争に関与したという意味での責任はない。だが、謝罪や慰霊をするのは当事者はもちろんだが、直接関係ない者が代わりにやることに、むしろ意義がある。

二〇〇八年一月、第一四〇回直木賞を受賞した作家・天童荒太のベストセラー小説『悼む人』は、その後、映画にもなった話題作である。

作品の内容は全国を放浪し、縁もゆかりもない死者を悼む旅を続ける青年の話である。殺人現場や事故の現場で、亡くなった人を悼みながら、そこで出会った遺族や関係者の話を聞きながら、生前の被害者の人となりや思い出をたどり、心に刻み込んでいく。

青年の悼む行為を「偽善ではないのか」との疑問を投げかける人間不信の週刊誌記者、夫殺しの女、息子を見守る末期ガンの青年の母などが登場する。

青年の悼む行為を「偽善ではないのか」という周囲からの問いかけに、青年は「冥福を祈っているわけではない。僕は亡くなった人を、他の人とは代えられない唯一の存在として、覚えておきたいんです」と言って、ただひたすら悼み、自分の胸に刻んでいくため、死者が誰を愛して、誰に愛されたか、そしてどんなことで人に感謝されたかを聞いて歩く。その行為自体が、死が日常から遠ざけられている現在、読者であるわれわれに対する語りかけとなる。

作者は文藝春秋社の特設サイトで、編集者・松田哲夫との対談で、小説の構想に関連して、二〇〇一年の九・一一米国同時多発テロ事件で受けたショックについて語っている。しかも、そのショックは衝撃的な映像が全世界に流れた九・一一以上に、その後アメリカが報復的な攻撃を始めた一〇・七のほうが大きいのだという。

一〇・七とは、絶対的な正義の名のもとに行われたアフガニスタン侵攻である。

「やられたこと以上に、やり返したことに対するショックの方が、僕には大きかった。あれだけの人が死んだのに、その死をみんな本当に悼んだのだろうかと。悼む間もなくやり返し、いたずらに死者を増やした。しかも、やり返した国はキリスト教を信じている国です。キリストはそういう報復を許さないはずなのに、強い信仰を持つ国がやり返し、ほとんどの国民がそれをよしとした。反対したのは実は被害者の遺族たちだった」

普段は人権や博愛的な思想を声高に語る先進諸国も、報復を黙認した。

「日本人の中にも九・一一の被害者がいたけれど、当時の日本のリーダーたちは被害者の方の名前をそらで言うことができたでしょうか。例えば首相が被害者の方の名前を国会で一人一人読み上げて追悼することが本当に必要だったように思います。実際は、報復的行動に賛同が示されるのみで追悼的な行為はなく、国民の多くもそれをおおむね許容しました」

そんなどうにもならない絶望感の中から、やがて「ただ悼むことしかできない人間」が作家の中に下りてきたという。

どんな死者であれ等しく、永く悼み続けてくれる人、彼こそが、僕がいまこの世界において一番いてほしい人間だと信じられ、いわば僕の最も希求するヒーロー像を書いてみようと思ったのが〈悼む人〉です」

そこにあるのは、物理的な死を社会的に生かすことによって、報復のない世界、死を超えた価値を捜し求めるヒーローへの思いである。無関係の人間だからこそ、誰の死をも平等に分け隔てなく悼むことができるという死に対する真摯な姿勢である。

主人公の悼む行為が、今の時代に必要なこと、考え方を具体的な行動で示している。そのベースには彼の言葉にあるキリストのメッセージ「汝の敵を愛せよ」「左の頬を打たれたら、右の頬を差し出せ」という「報復を止めよ」との教えを現代に生かしたいとの思いがあってのことだろう。

『悼む人』の語る多くのメッセージは、人間自然科学研究所の理事長として、世界の戦争と平和の歴史記念館を訪ね歩く小松の行動に重なって見える。それは世界という大きな舞台における、過去の怨念を解消するための行脚の旅であると同時に「未来への大きな投資」だからである。

世界の水と火の聖地・八雲立つ出雲

『悼む人』の行為の先には、例えば不幸の手紙（チェーンレター）への対処の仕方がある。時折、話題になる不幸の手紙は、受け取った人が次の人に送ることによって、チェーンのようにつながっていく。終わらせるのは、簡単なことだ。

手紙への対処の仕方には二つのパターンがある。一つは、次の相手に「不幸の手紙」を書き送る。もう一つは「ごみ箱」に捨てる。前者のパターンは、自分のために他人を犠牲にすることであり、後者のパターンは他人のために自分を犠牲にすることである。

ごく一般的な前者のパターンでは不幸は永遠に繰り返される。後者のパターンでは、個人の不幸が周りを救う尊い行為となる。

地域の人たちのために、自らの犠牲を厭わない周藤弥兵衛の物語は、そのことにも通じる。小松が人間自然科学研究所の活動を通して、水の歴史を掘り起こし、地域に貢献した「三兵衛」を顕彰して八雲に、周藤弥兵衛翁の銅像を建立するのも、やがてオーストリアを経由して、日本にやってくるズットナー像とともに、平和のための重要なメッセージとなるはずだからである。

こうした小松の構想のプロセスは、もちろん企業人としての存在があってのことだが、小松が生まれ育った八雲、そして現在の世界における日本、その島根県に本社を置く企業人だからこそ、巡ってきた役割でもある。それを自らの〝使命〟と位置づけたことで、人間自然科学研究所が生まれ「未来責任」を果たすための作業を行ってきたわけである。

小説『悠久の河』の舞台である意宇川流域には、宮内庁管轄の古墳、火の発祥の神社である熊野大社、国宝・神魂《かもす》神社、縁結びで有名な八重垣神社など、古い文明の痕跡が至るところに残っている。

周藤弥兵衛が挑んだ岩山の上に鎮座する剣神社の造りは、天を指す男千木と地を指す女千木の両方があるという、全国でも非常に珍しい社として知られる。

伊勢の大遷宮が行われた二〇一三年は、出雲大社で六〇年に一度の遷宮が行われた年である。その出雲大社に祭事で使われる火をおこす火器を貸し出すのが、出雲国一の宮・熊野大社である。その火おこしの方法は、伊勢神宮が木の板と棒に縄を組み合わせた、いわばハイテクの火であるのに対して、熊野大社は木の棒と板を手でこすり合わせる、太古から伝わる極めて原始的な方法である。

そうした多くの特殊性から、この地域を「日本文明の発祥の地ではないのか」と見る専門家もいる。小松が八雲を「世界の水と火の聖地」と呼ぶのとも、無縁ではない。

古来より、水は命を、火は技術・エネルギーを意味する。

何事も「天地人」、即ち天の時・地の利・人の縁（人の和）というが、日本が世界の中で置かれた状況、日本の中の島根県出雲、そこで生まれ育った者として、そのすべてを生かすべき立場であることを意識せざるを得ない。それが、彼を「時代の申し子」にしている。

その使命感はビジネス面においても変わらない。幸せの門「シートシャッター」と同様、「やくも水神」の水のネットワークは平和のためのインフラであり、周藤弥兵衛の偉業を現代に生かす「二一世紀の治水事業」である。

多くの市場を創造する製品が広く世界に流通するためには、平和のインフラが欠かせないことから、人間自然科学研究所では未来を見据えた平和のプラットホームづくりを、事業の中で展開してきた。

そうした事業こそが、小松が考える「真のベンチャーの使命」だからでもある。

仕事とは、小松電機産業にあっては「経営理念手帳」に記されているように「志事」である。

志は高ければ高いほど、ユーザーをはじめ、周りの人々の賛同を得ることができる。

商い＝飽きない、働く＝端楽というビジネス面における日本の「和の文化」に象徴されるように、真のベンチャーそしてビジネスは矛盾のない統一性があってこその「おもしろ、おかしく、たのしく、ゆかいに」なのである。

第3章　クラウドの時代における水の情報インフラ

「経営」の重要性

水の情報インフラとローマ帝国

二〇世紀は戦争とエネルギー（石油）の時代であったと言われる。戦争は二一世紀の今も続いているが、本来あるべき二一世紀の姿は平和と水の時代である。

平和も水も命と環境に関わる世界のキーワードであり、最大のテーマだからである。

だが、現実は相変わらずの戦争が続いて平和は遠く、命とビジネスに直結する水と環境に関しても、世界中で水源を巡る紛争が起こるなど、水の争奪戦が行われている。日本も例外ではなく、北海道など全国の山林（水源地）で外国資本の買い占めが進んでいるとして、問題になったことは記憶に新しい。

同時に、台風やゲリラ豪雨、津波被害の他、福島原発での放射能汚染水対策など、あふれる水に悩まされている。

水は生命の源であると同時に、われわれの現在並びに将来の命までも左右する。

古来、水を制するものは天下を制するが、治水という言葉があるように、水を制御するプロセスの中で人間に序列をつくる。掌握（支配）する側と掌握（支配）される側で、そのために政治という字はサンズイに台からなっている。いわゆる台地に水路をつくる、そのプロセスの中で、専門知識・技術とともに人間が適材適所を得ながら、人間の特性を開花させる形で、政治的支配・体制ができてくる。

水の重要性と治水への取り組みについては、すでに取り上げてきた通りだが、治水事業が「平和のためのインフラ」であることは、メソポタミア、ギリシャ、ローマ、あるいはマヤやインカなど水の管理を巡る歴史上の遺跡からも明らかである。

水と文明を巡って、東洋史、特に中国の文明と権力構造について研究した歴史学者カール・ウィットフォーゲルは、大規模な灌漑事業と水利の活用が農業の発展に関連して、生産物等を独占的に集約する社会組織を生み出し、国家を築き上げる原動力となると論じている。

ひとたび文明が誕生すると、人口集中が起きて飲料水や食糧生産に必要な農業用水の確保が課題となる。水利権という言葉からもわかるように、水の利用は支配者の権力の源である。だが、同時に水のインフラは共同で分け合うことによる共生の文化、知恵の産物でもある。

権力による支配、つまりは戦いや争いだけではなく、本来あるべき社会としての助け合い、交流を導くなど、そのインフラは昔も今も平和のプラットホームづくりそのものである。

小松電機産業＝人間自然科学研究所が手掛けている事業の意味を明らかにするためには、広く日本の水のインフラの歴史、さらには世界の水のインフラ整備の歴史を見る必要がある。

大ヒットした古代ローマの浴場を舞台にした映画『テルマエ・ロマエ』は、浴場を巡ってのローマと日本とのちがいを見せていて、興味深い。

もともと、ローマは平和のための水インフラの整備された帝国であった。

「すべての道はローマに通じる」と言われたローマ街道の建設とともに行われたのが、上下水道の整備である。その中心となったのが、ローマ帝国の永続的な発展を「道路整備と水インフラ整備である」と説いた、当時の財務官アッピウス・クラウディウスである。

紀元前三一二年に始まった道路と水インフラの整備が、およそ一五〇〇年続くローマ帝国の繁栄の基礎となったとされる。最初のローマ街道であるイタリアへの道は、アッピウスの名前を取って「アッピア街道」と呼ばれる。

その繁栄が崩壊へと至るのも、自慢のインフラのもたらした結果でもある。

水道橋に象徴される水のインフラ整備が整ったことから、ローマ帝国の拡大とともに軍人や技術者集団が地中海周辺・大ローマ帝国に分散する。それと同時に、お膝元ローマの水のインフラ整備のためのメンテナンス予算の削減が行われ、維持管理が手薄になっていく。

ローマ市内では人口減とともに必要水量も減少。ローマ風呂における「混浴による裸のつきあい」は、キリスト教が広まる四世紀末ごろから薄れていく。

混浴の場での裸のつきあいでは、一般大衆のどちらが掌握（支配）する側で、どちらが掌握される側かという序列が自然な形でできて、いわば治まるところに治まっていく。

それを人為的にしたのが階級制度。その典型が軍隊・軍属で、彼らは軍服の襟や肩、帽子にバッチ・階級章をつけている。そして、階級を明らかにすることにより、競争原理を働かせて、そこに命よりも権威・名誉（メンツ）を優先する組織構造をつくりあげていく。

要は混浴は、支配する側にとっては、肩書が通用しないという意味で、都合が悪い。「人に肌を見せることは罪悪であり、神への冒涜」との考え方が支配的となり、七〇〇年以上続いたローマ風呂は、次々と消えていく。

度重なるローマ軍の大陸遠征の間隙を縫うように、ローマにはしばしば周辺の蛮族が侵入。水道橋がその侵入ルートとなったことから、蛮族の侵入を恐れたユスティニアヌス一世（大帝）に仕えたベルサリウス将軍が、水道橋の入り口や坑道を封鎖した。結果、ローマの水道はその機能を失う。

皮肉な結末はインフラを整備した財務官と、そのインフラを生かせない将軍によってもたらされた。時の為政者、つまりはリーダーの役割がいかに大きく国の行方を左右するかという歴史の教訓でもある。

ローマに豊富で安全な水を供給してきた水のインフラ整備の痕跡は、例えばスペイン・セゴビアの水道橋を見れば、その壮大さとともに構造上の美も知ることができる。

セゴビアは標高一〇〇〇メートルに位置するローマ時代からの要塞都市として名高い。

この要塞に水を引く世界最大級の水道橋は、全長九五八メートル、高さ二九メートル、一六六のアーチによって支えられている。水道橋は一四キロ先のブエンタ・アルタ水源から三パーセントの勾配を経て、毎秒二〇リットルの水を二〇〇〇年以上、供給し続けている。

水のインフラ事業に関わる日本の関係者は「蛇口を捻れば水が出て当たり前」という日本の恵まれた環境を、当時のローマ帝国の状況とオーバーラップさせて「日本の水インフラは未曾有の危機を迎えている」と警告する。

十返舎一九が描いた立体交差する新川

日本では、狭い国土を切り開いた棚田に見られるように、米の生産と歩調を合わせる形で、全国各地で河川をはじめとした治水・灌漑事業が行われてきた。

小松電機が郷土の水の偉人として顕彰してきた「出雲三兵衛」に類する偉業は、全国各地にある。

日本一の長さ（全長三六七キロ）を誇る信濃川は、日本アルプスを源流に長野県では犀川、千曲川の二流となり、新潟県に入って信濃川となる。

米どころ越後平野を育んだ反面、氾濫する水との闘いの歴史が繰り広げられてきた。洪水被害はいまなお止むことなく、二〇〇四年七月の集中豪雨により、信濃川に注ぐ五十嵐川の堤防が決壊して、三条市を中心に死者九名という大きな損害を被っている。

日本一の大河川である信濃川の治水工事史は、江戸時代初期から藩のレベルを超えた幕府による分水工事の歴史でもある。その典型は大河津分水という大事業だが、同構想は工事費の問題もあり、何度も頓挫して、結局、明治新政府の事業となる。

その事業も一八六九年（明治二年）に設計図ができて、掘割の長さ約九キロ、つぶれる土地約七七万坪、人夫延べ四六五万人との工事の概要が明らかになると、予算不足により工事は延期。その後も計画は立てられては流れる。

明治憲法発布後の翌一八九一年（明治二三年）、全国で自由・民権の嵐が吹く中で行われた選挙で、新潟県だけは「自由だ、民権だ」といった抽象的な論議ではなく「大河津分水計画をいかにして実現するか」が、主なテーマになったという。

日本の治水工事の歴史でも、極めて特異な例となった大河津分水計画は、最終的に一九〇七年（明治四〇年）の帝国議会で決議され、一九二二年（大正一一年）の八月に通水する。亨保年間から数えて、実に二〇〇年を超える取り組みである。

その信濃川を巡っては、江戸時代後期、大河津分水の一〇二年前に完了（通水）した新川開削が、全国に知られる大事業となっている。

新川は越後・西蒲原の低湿地帯の排水のため、信濃川から枝分かれした西川の下を底樋（逆サイフォン）でくぐり、人工的に砂丘を掘り割ってつくられた「川の上を流れる」人工の川である。

立体交差させた理由は、当時、西川が新潟の貴重な舟の運行路であり、新川が横断する形で西川を分断すれば、新潟湊への物資の輸送に差し支えるためである。とはいえ、川の下に川を通すという工事は、少し掘れば地下水が湧き出す。普通では困難な工事である。

その難工事を可能にしたのが、当時の日本にあった技術「踏み車」という優れた水車式のポンプである。新川の工事では、この踏み車を一列四〜五台、一〇列も並べて、湧き出る水を揚水した上で、底樋を建設したという。

当時の最先端にして最大規模の工事として、新川開削は『東海道中膝栗毛』で知られる戯作者・十返舎一九の『滑稽旅加羅寿』に、工事の様子が描かれている。

一八一七年（文化一四年）、ようやく幕府の許可が下りて、工事が始まった翌年六月、越後を訪れて内野に一泊した十返舎一九は挿絵（新川掘割の図）と一緒に、見物人が増えて「その近辺ににわかに酒屋、料理茶屋、旅籠、茶屋など」の店が出て、繁盛している様子を紹介している。

一八二〇年（文政三年）に一期工事が完了、新川底樋の通水式を行ったが、もともと最初の新川開発願が出されたのは、一六二七年（寛永四年）のことである。全国に知られた大工事にもかかわらず、その工事費は全額地元が負担したというあたりに、新川開削が長年の地域の悲願だったことがわかる。

その後も掘削、改修工事を繰り返し、一九五三年（昭和二八年）にできた新川右岸排水機場は、当時、東洋一の排水機場として大いに話題を呼んだ。

新川開削後、地域の悪水を集めて日本海に放出することにより、低湿地帯だった西蒲原一帯が乾田化し、米どころとして知られるようになる。地域の発展は新川の存在なしには語れないことから、新潟市の小学校の副読本にも載っている。貴重な歴史遺産にして、文化遺産、さらには近代土木遺産である。

そんな新川開削事業も、いつの間にか人々の記憶から忘れられつつあることに対する危機感から、二〇〇六年八月、地元有志が集まって発足したのが「新川掘削記念館を地元に作る会（仮称）」である。

発足の原動力となったのも「これほどの大事業の記念館が地元にない。これは許せない」という「作る会」の発起人である内野広通町自治会長・丸山幸平（元・新潟大学教授）の言葉によく表れている。

「作る会」の活動から、やがて二〇〇七年六月には、歴史研究グループ「若さの会」編集委員会による『図説・越後新川開削』が、映像資料を収録したＤＶＤ付きで発刊された。

同時に、記念館に関しても「新川まるごと博物館」構想の提案がなされ、すでに新川沿い一五〇〇坪の土地が、地主からの寄付により用意されている。

しかし、小冊子とＤＶＤは地域で制作できても、記念館「新川まるごと博物館」となると、民間では限界もある。その点、課題は県や市そして県民自身が、新川の価値を案外知らないことかもしれない。

天竜川の治水に生涯をかけた金原明善

新川同様、昔は全国で知られていた治水事業が、いまは忘れられている事例は至るところにある。そんな典型的な事例の一つが天竜川の治水工事であろう。

その激しさから「暴れ天竜」と呼ばれた天竜川の治水に生涯をかけたのが「天竜翁」こと金原明善である。

一八三二年（天保三年）六月、大地主・金原家の長男として生まれた明善は、幼少時は体が弱く、一七歳のとき激しい熱病に襲われた。このとき天竜川の水を飲んで全快したことから、彼にとって天竜川は「命の恩人」だったという。

その天竜川が氾濫して暴れる。大洪水の恐ろしさを何度も経験した明善は、寝食を忘れて水害を防ぐために奔走したのだが、自然の驚異には勝てない。一八六八年（慶応四年）五月、豪雨による大洪水で、ついに堤防が決壊。濁流に家を流され村を沈められるのを見た彼は、意を決し、この年、誕生したばかりの新政府に天竜川の治水工事の陳情に行く。

もちろん、相手にされない。浜松は徳川のお膝元、いわば旧敵である。だが、事態は意外なことから進展する。明治天皇の東京行幸が決まると、新政府は手のひらを返すように浜松、磐田一帯の復旧に着手した。天皇が日本の中心であった時代に、天皇のもとに日本が一つにまとまる、懐かしい時代の逸話である。

このときの復旧工事における功績が認められ、明善は一八六九年（明治二年）に天竜川水防掛となり、一八七三年（明治六年）には民間人で初めてという浜松県の天竜川普請総取締を任される。その後、堤防工事会社を地元につくるため、地方銀行の元となる浜松地方貸付所の他、治水を目的とする天竜川堤防会社（後に治河協力社に改称）を設立する。

天竜川の治水のため、上流の森林調査をした明善は、一八七七年（明治一〇年）、自分の全財産を献納する覚悟をもって、内務卿の大久保利通に陳情。天竜川の総合的な治水事業が進められることになる。

水のインフラ整備の一方、彼は自宅に水利学校を開いて、治水と利水の教育を行った。森と水のインフラ整備は世代を超えた大事業だからである。

だが、治水工事による堤防が完成し、水害の問題が解決の方向に動きだすと、天竜川流域の住人たちが水利権を巡って争いを始める。

天竜川の水のインフラ整備は、まだ終わっていない。「緑のダム」と言われる上流の森林整備、治山事業を行う必要がある。そんな中での住民同士の争いを見て、明善は治河協力社を解散。一八八六年（明治一九年）、たった一人で現在の龍山村の山奥にある岩穴に寝泊まりしながら、山の調査を続ける。

苗木を育てるため、雑草を焼き、根を取り除き、岩を火薬で爆破するなどして開拓した六カ所の苗園で、スギやヒノキ、三〇〇万もの苗木を育て、同時に林道を含めて六六キロの道を開いた。三年かけて育てた苗を自分で担いで登り、懸命に植林を行う彼の姿は、次第に人々の心を動かし、やがて八〇〇人もの人たちが手伝いに集まったという。こうした努力が実って「天竜美林」と呼ばれる全国に知られる森となったわけである。

その後も、県下各地で森作りの指導を行うなど、治水および治山に一生を捧げた明善は九二歳で生涯を終えた。

天竜川の淵に育った静岡県出身の政治家・太田正孝は、次のように記している。

〈明善は、風呂敷と手拭いと下駄とわらじの四品居士として、逸話を残した変人である。その風呂敷には、古下駄も公債証書も、経済策案もいっしょくたに入れ、その手拭いは、ひどく継ぎ合わせた寄せ物であり、その下駄は、ほうばの台が板のようになくなるまではきとおして、宮内省の役人の顔をしかめさせたほどのものであり、そのわらじこそは、山野を自在に歩きまわるものである。彼の本心を解しない人たちは、彼をもって大山師と罵ったものもあるが、彼が治水に治山に利水に一生をささげた功績は、永久に伝えられてよい。とくに治水のために家財をなげうってかかった大胆と熱心とは、誰がまねることが出来ようか。その家財も、文字どおりに彼のもっている一切におよんだのである。それらを列記した長い目録に目を通してみると、土地建物はもとより、仏壇も夜具も着物も食器も一切のものがかかげられ、帳面の古いもの、一本の柄杓二銭、

ざる三ケ十五銭、錐一本五厘というものまで出したのだ。――そして、水を治めた。ついで、山を治めた〉

静岡県は明治維新以降、徳川家没落の関係もあってか、軍人などで名をあげた人物は少なく、天竜翁のみが「治山治水の神さまのように世間に知れている」と言われてきた。事実、彼が最初に植林した佐久間町には明善神社が祀られ、明善の事業を引き継いでいる天竜木材が金原明善記念館をつくって顕彰している。

かつては浜松市の広報資料「のびゆく浜松」に大きなスペースを割いていた天竜翁の物語は、いまでは他の華やかな話題のかげに埋もれがちだという。その意味では、残念ながら忘れられた存在となっている。

その点、地域の偉人を掘り起こす形で、現代に蘇った「出雲三兵衛」は人間自然科学研究所の平和の事業化の一環に組み込まれたことにより、地域から日本そして世界へとつながる形で顕彰され、再評価されている。忘れられがちな郷土の偉人たちが多い中で、逆の意味で貴重な取り組みである。

東洋一のダムと大洋丸の悲劇

水の偉人は日本ばかりではない。

国土の多くが海面より低いというオランダでは、堤防が重要なものとなっている。日本でも良く知られているのは、ハンス少年が堤防から水が漏れているのを見て、自分の腕で穴を塞いで堤防の決壊を防ぎ、国を守ったという伝説である。

中国には、司馬遷の「史記」にも登場する黄河の水を治めた伝説の偉人・大禹がいる。

海外における日本人では、戦時中、日本の支配下にあった台湾で、台南県の烏山頭ダムをつくった土木技師・八田與一がいる。

第二次世界大戦後、台湾に数多く建てられていた日本の軍人や政治家の銅像は、すべて撤去された。日本が台湾を支配していた象徴であり、日本が負けたのだから、当然のことである。

だが、そんな中で烏山頭ダムと通水路を建設し、地域一帯を台湾最大の穀倉地帯に変えた八田與一の銅像だけが、地元の水利組合の人々によって再建されている。しかも、五月八日の命日には周辺の農民が集まって、彼のためのお祭りを行っているという。

日本人でも知らなかった八田與一の生涯は『台湾を愛した日本人』（古川勝三著）という一冊の本になっている。

一九二〇年（大正九年）九月に始まった工事は、一〇年の歳月と莫大な資金をつぎ込んで一〇年後の五月に竣工した。

烏山頭ダムのある人造湖・珊瑚潭の水は、クモの巣のように張りめぐらされた水路を通って、一五万ヘクタールの嘉南平原に注ぎ込まれる。堰堤長一二七三メートルのダムに一万六〇〇〇キロメートルもの給排水路は「嘉南大圳」と呼ばれてきた。

通水が開始された珊瑚潭から轟音とともに躍り出る豊かな水流が、大地を潤すのを目にした嘉南の農民は「神の恵みだ、神の与え賜う水だ」と歓喜の声を上げたという。

烏山頭ダムは東洋では唯一の湿式土堰堤であり、世界的にも例を見ない規模のため、アメリカの土木学会では、特に「八田ダム」と命名し学会誌上で世界に紹介したという。

不毛の大地として見捨てられていた広大な嘉南平原が絨毯を敷きつめたような緑の大地として蘇り、台湾最大の穀倉地帯と呼ばれるようになった。その証しとして残ったのが、彼の功績を永遠に讃えるために建立した銅像というわけである。

やがて、戦争が始まり、日本に帰った八田技師は、一九四二年（昭和一七年）五月、フィリピンの綿作灌漑調査を軍より命じられて、広島県宇品港から大洋丸に乗船した。その途上、五島列島の南、東シナ海を航行中に船はアメリカの魚雷を受けて撃沈、五六歳の生涯を閉じた。

大洋丸の悲劇は、意外な展開をたどる。終戦後の九月、妻・外代樹は東シナ海に散った夫の後を追うようにダムに身を投げたのである。

「台湾を愛した日本人」の最期は、人の一生の儚さを実感させるとともに、烏山頭ダムとともに台湾における、もう一つの大事業として名高い日月潭の水力発電事業を思い起こさせる。

日月潭の水力発電事業は、上司から台湾における水力発電用の水源調査を命じられた八田技師が、烏山頭ダムとともに水力発電の水源として報告した大事業である。その条件の良さから、官営事業として計画がスタートする。だが、巨大な建設費がネックとなり、結局、官民共同の台湾電力株式会社を設立、株式の公募により、最終的に一九三四年（昭和九年）に第一期工事が完成した。

今日、日月潭は発電所そのものよりも、風光明媚な観光地として有名になり、内外から多くの観光客が訪れる名所となっている。

どんな美談にも裏側には知りたくもない意外な真実がつきものである。同じモノでも表から見るか裏から見るかで、事情は異なる。立場が違えば、同じものが違って見えることもよくあることである。

『台湾を愛した日本人』の出版から一〇年後、二〇〇八年に出版された坂野徳隆著『台湾・日月潭に消えた故郷』は、美談の陰で抹殺された形の歴史に焦点が当てられている。テーマは「発電所に追われた民族の悲劇」である。

ダムができれば、立ち退きを迫られる住民が反対運動を展開する。日本でもよくある話である。台湾でのダム建設では、その建設の困難さ、ダムの大きさと能力、地域への貢献などが語られるばかりであった。その矛盾が一〇年後に、日月潭ダムの犠牲になった民族・サオ族の長老の「今でも、思い出すたび、頭にくる」という流暢な日本語で吐露する言葉として帰ってくるわけである。『台湾を愛した日本人』の意外な結末は、まるでダムの底に沈んだ原住民たちの怨念に耐えきれなかったできごとのようにも見える。

だが、正義や平和を掲げた戦争がいまも続くように、あらゆる命に関わるものが、権力による支配と共生による平和の両面を具有する。

そうした不幸、それによる対立を統合・発展へと導くことこそが、平和の事業化としての水の情報インフラの重要な役目なのである。

家業・企業・事業と「和の経営」とは何か？

出雲三兵衛をはじめ信濃川、天竜川などの治水の歴史、水のインフラ整備を振り返ると、地域を水害から救うのは治水技術である。そして、台湾における美談の意外な結末と、美談そのものの修正を迫る事例を回避するのは、幅広い視野を擁する経営力ということになる。

戦時中の台湾での八田は、理解ある直属上司と決断力のある総督の下で実力を発揮できた土木技師である。国外における事業の特殊性は、異なる環境、民族、社会制度、文化の中での包括的な管理が求められる。

当時の台湾で、一技術者である八田の使命は、将来的な展望に関しては、台湾のため＝日本のためという思いがすべてである。八田に罪はないが、当事者あるいは関係者が良かれと思い、当時としては万全と考えた上での事業ではあっても、後に問題となるのは経営面での不備の結果であることは、身近な歴史問題がいい例である。

リーダーとしての経営者の役割と責任は大きい。時代背景、環境の変化を念頭に、過去の事例を振り返るとき、今日の経営者は事業家であらねばならないというのが、小松の考え方であり、たどってきた道である。

経営とは何か？

組織を運営するには、個人の能力を最大限に生かす必要がある。その個人の能力を十分に発揮させる組織運営こそが、経営・マネジメントの本質である。

もともと政治学者からスタート、幅広い観点から経済を捉えた経営学者ピーター・ドラッカーは、経営について「人材、技術、資金を効果的に活用し、計画、実行、監督をしなくてはならない」と語っている。

理想的な経営・マネジメントとは、プロセスに整合性があり、破綻がないことということになる。小松が「中庸」の経営を掲げるのも、そのためである。

中国の古典・四書（大学・中庸・論語・孟子）の「中庸」には「偏らざるをこれ中といい、易《か》わらざるをこれ庸という」とある。

中心から外れることなく生きていれば、世の中、環境が変化する中でも大きく変わることなく、人の道を全うすることができる。企業も同様であり、経営とはそのことの実社会における実践である。

だからこそ、ドラッカーは「成長そのものを目標にすることはまちがいである。大きくなること自体に価値はない。よい企業になることが正しい目標である。成長そのものは虚栄でしかない」と語っている。

「企業とは何か」を考えたとき、小松社長によれば仕事には三つのレベルがあるという。企業の成り立ちを見れば、多くの企業は老舗に典型的なように、家業から始まる。家業＝生業として、文字通り生活のために必要なことをする。

では、企業とは何か。企業の「企」という字は人を止めると書くように、人を立ち止まらせるために価値あるものを創造して、固定客にしようと企てるということである。だが、衣食住が足りて、価値観が多様化している時代の中では、人を立ち止まらせるのは難しい。その移ろいやすさは半端ではない。

人々のニーズに応えたつもりでも、一つの欲求を満たすと、また次のニーズが出てきて、一つところに止まることがない。そこに価格競争、製品の差別化、付加価値と努力を重ねても、ほとんど同じことの繰り返しである。

それが事業ということになると、企業の限界を超えるために、そうした社会状況そのものの変革がテーマになる。「人心をどのようにもっていくのか」「新しい価値観に基づく社会の創造」こそが、企業のレベルを超えた「事業」というわけである。

平たく言えば、単なる儲けだけではなくて、世の中を良くするために、何か役立つことをするのが事業である。

これまで多くの企業は、その活動を企てに次ぐ企てで続けてきた。そこに利己主義と持続性、それも自分だけの＝勝ち抜くための競争が加わることによって、やがて社会のあちこちに歪みが生じ、人類の存続基盤を脅かす環境汚染やエネルギーの枯渇、そして食糧確保の問題が深刻化している。

そうした問題を是正するのが、本来の経営者即ち事業家の役割である。

小松電機の「経営理念手帳」の「経営に対する考え方」の冒頭には「全員参画の経営を実現する」とあり、以下のように書かれている。

「全員が経営に参画するためには、リーダーだけではなく全員が自分の役割と責任を自覚し、自ら高い目標を掲げ、人に言われる前に自分でどうすればよいかを考え、考働《こうどう》することが必要です」

その目指すところは「和の経営」ということになる。

小松によれば、会社経営には「邪の経営」「覇の経営」「和の経営」という三つのタイプがある。

邪の経営とはその名の通り、正当ではないやり方で、儲かりさえすれば全く手段を選ばないという経営。覇の経営とは攻めに徹して競合相手に勝って駆逐し、這い上がっていく経営である。競合に勝つためには必ず通らなければならない道とはいえ、それらの道は「企業」の宿命として、周りに敵をつくっていく。そこに企業の限界がある。その限界を超えるために、企業のレベルを超えた「事業」の必要性がある。

小松電機が目指す「和の経営」とは、生業並びに企業の先にある「事業」を経営的な側面から見た経営のことである。

「和の経営」について「経営理念手帳」には次のように書かれている。

「和の経営とは、共感のステージをつくり、対立・統合・発展を繰り返し、私益と公益の一致をめざす経営です。これこそが私達が歩んでいく経営の道です」

今日の水に恵まれた環境があるのは、水の偉人たちの犠牲と努力、それを掘り起こし顕彰し伝えてきた先人たちの尊い行為があってのことだ。地域の人たちの尽力により、水の偉人たちの治水事業は後世への遺産として、語り継がれている。その恩恵に与るわれわれが行うべきことも、感謝とともにそれを後に伝えていくことである。

それが小松電機＝人間自然科学研究所の仕事＝志事であり、事業ということである。

小松がベンチャーを立ち上げ、生業のレベルから企業経営者へ、さらに彼のいう事業家への道を歩んでいく。「和の経営」は、そのまま「天略経営」に行き着く。そのインフラ、プラットホームづくりが「やくも水神」の役割、使命ということになる。

二一世紀の治水事業としての「やくも水神」

シートシャッターの大ヒットで小松電機は一躍脚光を浴び、それとともに後の「やくも水神」につながる水道の計装システム事業もうまく展開していったが、必ずしも一足飛びに行かなかったことは、すでに見た通りである。

経営者の在り方自体が、しばらく前の時代とは必然的に異なることを要求される現在、治水の歴史、水のインフラ整備の歴史を振り返ると、モノ＝ハードによるインフラが一応整った二一世紀の水のインフラは、情報＝ソフトの時代である。そうした「モノ」に替わる情報技術を用いた水のインフラという形での平和のプラットホームづくりこそが、現代の治水事業であり、経営者並びに事業家としての小松の仕事である。

高度成長期に整備された様々な分野におけるインフラ同様、水のインフラもまた更新期を迎えている。施設そのものの老朽化、人口減による予算並びに水需要の見直しといった課題から、構造的な社会インフラの再設計・再構築が進められている。

ポイントは施設のコンパクト化、システムの簡便化、それによるサービスの向上ということである。その核となるのが、情報通信技術環境の飛躍的な発展、変化である。スマートフォンやタブレット端末の登場とともに、クラウドコンピューティングがあらゆる分野における問題解決、進化のキーワードになっている。

創業当初「小松産業」としてスタートし、後に仕事の中心となる「電機」を入れて、現在の社名になる。その小松電機産業の原点は「水」である。

最初の仕事である下水や農業用のポンプの修理と言えば体裁はいいが、下水のポンプの修理は人の嫌がる典型的な仕事である。小松の言葉では「ウンコに塗れての仕事」ということになる。そんな底辺での仕事の厳しさを知り、業界の古い体質や談合との戦いを続けながら、配分電盤の製作を経て、電電公社専用線による遠方監視装置を島根県内で手がけていく。

その最初のステップが、現在の小松電機の水のブランド「やくも水神」の前身となる、一九七七年三月のテレメーター（専用機）による遠方監視設備の製造である。

電話は便利な文明の利器だが、一昔前は、クロスバー交換機を介したダイヤル式の黒電話であった。

その後、電々公社の民営化により公衆回線が開放されて、デジタル電話とコンピュータがつながる時代になって、電話は通話の手段を超える新たな文明の利器へ進化を遂げる。

電電公社が民営化されて、一九八五年四月、日本電信電話株式会社（ＮＴＴ）が発足する際に、八雲村に本社を構えていた小松は県庁所在地・松江市と周辺七町一村の市外局番を、松江市と同じ「〇八五二」に統一しようと奔走する。

当時、一市七町一村の局番は、冒頭の「〇八五二」に、例えば八雲村では「四」、東出雲町では「五二」の局番が加わる形になっていた。それを全市外局番を「〇八五二」にして、市内（町村）を二ケタに統一。そうすることによって、一市七町一村では、市外局番を回さずに、お互いに電話ができる。できてしまえば、便利で使いやすいのだが、一年目に小松が委員会に提案したときは、誰も関心を示さなかった。

市外から松江に電話をする側はそのたびに「〇八五二」と回されなければならないのに対して、松江市の委員は、他の七町一村に電話をかける用事はほとんどないからである。委員の数は人口に比例しているため、松江市の委員が多い。八雲村は一人。玉造も一人。しかも、番号が変わることは、それまでの名刺やパンフレット等もつくりかえる必要がある。

そこで、小松は二年目には根回しをした上で、最長老の人物から提案してもらうようにした。その人物が言ったことで「早速やりましょう」という流れになり、アッという間に提案が通った。

すると、電話局から「県庁所在地周辺で、これだけの大規模な局番の変更は、全国に例がない」と、小松に相談があった。聞けば「一番の問題は電話局に苦情が来ることで、損害賠償等の問題が起きる可能性がある。そうした問題を一切、電話局に来ないようにしてもらいたい。それであれば、無料で番号を統一する」ということである。

そこで、小松は一計を案じて「嘆願書」を作成する。

「一市七町一村の局番を〇八五二に統一するようにお願いいたします。その際に起こるトラブルは一切、公社にご迷惑をかけません」という趣旨の文書を九枚用意して、各市町村、議会、組合、商工会、婦人会、青年団等の関係団体名を列挙し、代表者の署名捺印する欄を設けて、各委員に配って、一週間以内に集めたわけである。

「嘆願書をお願いしたい」と、地元の人間に言われれば、お金がかかるわけでもないためアッという間に集まる。

その嘆願書を見て、電話局の担当者は「ウワッ、すごい！」と、小松の手腕に感心したというが、番号統一のタイミングは、ちょうど八雲村にライオンズクラブ支部ができる時期に当たっていた。八雲ライオンズクラブは一九八五年九月三〇日に発足する。

地域にライオンズクラブの支部ができることは、国際的なクラブにとっては重要なお祭りであり、内外から約一千名のゲストが八雲村に集まってきた。村に適当な場所がないため、サーカスのテントを張って、大会を行った。その大会に合わせる形で、電話番号を変えたという、実に理想的な展開となったことから、後日、真藤恒・初代総裁から礼状が来た。本来、小松のほうがお礼をすべきところだが、ＮＴＴとしてはトラブルなく、大規模な番号変更ができたことで、面目が施されたということだろう。

局番統一は大いに話題になって、提案者である最長老の委員は、実情を知らない各方面から「いやー、大したもんだ」とさんざん持ち上げられたため、仕方なく「今回は小松委員のご指導により、そしてみなさまの賛同を得て、電話番号が統一されました。ありがとうございます」との礼状を、関係各方面に送ったとの後日談もある。

このとき、小松は「政治家に向いている」と言われたそうだが、それも天略に基づいた知恵の賜物である。

ＩＴ（ＩＴＣ）革命と呼ばれる時代が到来すると、小松は電々公社の民営化委員のメンバーを体験する。このとき、ユーザーの立場から大企業を見ることで、電話・通信システムの最先端の世界を知ることになる。

「この体験が私の人生に大きな影響を与えた」という小松は、デジタル無線の広がりは光ファイバーをしのぎ、スマートフォンの時代へという道筋がはっきり見えたのである。

それが、まさに電々公社民営化であり、民営化により公衆電話回線を利用した監視システムが可能となったことから「やくも水神」の誕生へと至る。

「やくも水神」は広域に分散している水処理施設やポンプ場などの稼働状態をコンピュータで、計測し、制御・監視するシステムである。

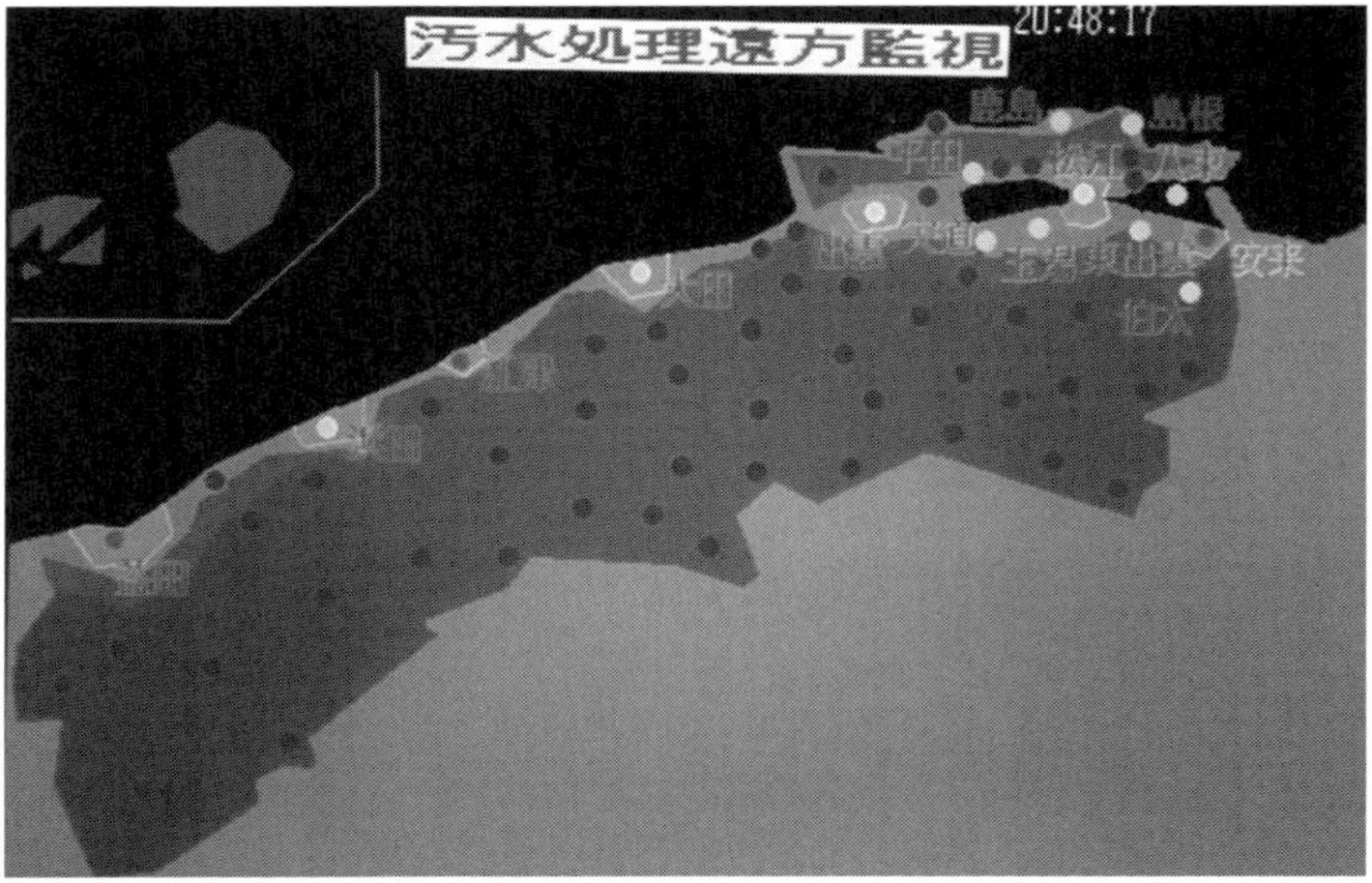

やくも水神の遠方監視システム

九二年に発表された上下水道制御・監視システム「やくも水神ＣＡＮ」は、地域に分散している浄水処理施設を通信回線ネットワークで結び、各施設の稼働状況、汚水の流量などをコンピュータで、集中的に計測し、制御・監視する。

集中管理することにより、技術者不足の解消などにもつながる。だが、それ以上に大きいのは、実態が掴めなかった排水の水質データを一般の電話回線でつながれた画面で監視、遠隔管理できる。水質汚染が進む宍道湖・中海の変化を身近に見て育った小松だからこその、画期的な製品というわけである。

いわゆる水の処理方法には、大企業が採用してきた連続式と、小松電機産業が採用してきた回分式の二方式がある。回分式というのは「池の中方式」ともいわれ、汚水と活性汚泥を「池」

である反応槽に入れて、撹拌しながら、バクテリアの働きを利用することで、窒素やリンなどの物質を除去し、水質を再生させる。

当時の主流は連続式であり、普通は化学薬品を使う。そうすれば、一見水はきれいになる。しかし、その水は農業用水には使えない。再利用できない水である。

一方の回分式は、薬品を使用しないため、副作用がない。しかも、窒素やリンをほとんど除去できるため、農業用水に利用できる。おまけに、構造が簡単なためプラントそのものが連続式の三分の一の予算ですむ。非常に安上がりな方式である。

ところが、見た目も本格的なプラントらしく、大がかりな連続式のほうが、建設費も高く、従って儲けも大きいため、大手企業は回分式などに目も向けようとしない時代が続いた。「建設費が安くて困る」という発想をする業者たちが束になって、既得権益を守ろうと、新技術の導入を妨害するためである。地元では向かうところ敵なしの「やくも水神」も、全国展開となると行政との絡みや規制など、乗り越えなければならない壁もある。

その後、一九九四年には高度処理（脱リン、脱窒素）を目的とした「ニューやくも水神」を発表。翌九五年には、さらに機能性を高めた「パッケージ水神」を発表するなど、着々と実績を積むことになる。

スマートフォン登場で一変する世界

「やくも水神」が大きく飛躍するきっかけとなったのは、政府のｅジャパン構想を受けての展開からである。

二〇〇〇年七月の沖縄サミットで採択された「ＩＴ憲章」により、当時の森喜朗首相はＩＴを世界経済の成長力と位置づけ、その活用を積極的に推進する。このとき小松電機はクラウドコンピューティングの先駆けとなるパソコンと携帯端末による水の総合管理システム「やくも水神」を開発する。

それが二〇〇〇年九月のＮＴＴドコモのＤｏＰａ網（第二世代パケット通信）とｉモード携帯に対応した「新水神」ネットワークである。二〇〇三年七月には松江発オープンソースのＲｕｂｙによるサービスを提供。Ｒｕｂｙで開発された初の業務管理アプリケーションとして、Ｒｕｂｙの開発者（まつもとゆきひろ）も開発に関与した経緯がある。

小まめな修正が効くことから、スマホ万能の時代に、真に必要とされる災害時に強く、使い勝手の良いシステムとして、全国的に注目されるようになる。日本独自のお財布ケータイの機能を利用するなど、セキュリティ面にも配慮している。

ＮＴＴドコモのＦＯＭＡ網（第三世代携帯方式）を利用して、同社の本社がある松江市と東京・立川市にあるＮＴＴドコモのデータセンターに情報を集約。上下水道施設の遠隔監視を実現し、通常時の管理だけではなく、災害に備えたセキュリティ体制を構築している。

こうした二〇〇〇年のＮＴＴドコモとのコラボ、二〇〇三年の松江発コンピュータ言語Ｒｕｂｙとの出合いが、「やくも水神」の展開の大きな推進力となる。

従来、中小規模の下水道施設管理にはＮＴＴの専用回線を使ったテレメーター（遠隔計測装置）による中央監視システム、一般公衆回線を使った音声・ファクシミリ通報装置が多用されていた。しかし、地震などの災害が発生すると、通話の制限、停電による回線のパンク、通信機からの誘導雷といった脆弱性など致命的な欠陥を抱えていたのに対して、実際に二〇〇〇年の鳥取西部地震、二〇〇三年の宮城県北部地震といった大災害では「やくも水神」の緊急時の安定性および信頼性が実証されている。

特に二〇〇四年の新潟県中越地震では、同システムを導入していた小千谷市では停電や電話回線が不通となる状況下、施設からの警報メールを支障なく通報したことから「災害に強いシステム」として注目されることになる。

これまでのような中央監視システムや専用回線を必要としない同システムは、多くの自治体でのコスト削減メリットが評価されて、採用が急増する。

マンホールポンプの管理から始まった「やくも水神」だが、その後も消雪施設制御・管理システムなどにも広く応用されている。様々な施設の効率的な維持管理を、既存システムを大幅に変更することなく、短期間で対応できる。各自治体の担当者は、口を揃えて、いままでのように直接、現場に行かなくていいメリットを強調する。

三・一一東日本大震災、福島原発事故は、被災地の自治体や企業ばかりでなく、計画停電その他、遠く離れた地域の暮らしや、全国の自治体に様々な影響を及ぼした。救援物資の調達・輸送、応援職員の派遣、被災者の受け入れといった具体的な対応ばかりでなく、同様の災害や緊急事態に対するシステム整備の必要性を痛感させることになる。

二〇〇一年に「やくも水神」を導入していた東京都町田市では、汚水、雨水のマンホールポンプを三二カ所設置し、そのうちの二五カ所が庁内のパソコンや携帯電話で遠隔監視・制御ができるようになっていた。

三・一一後の計画停電が実施された際に、処理装置が働かずに汚水があふれるのを回避するため、実施時間帯には「水の使用を控えるように」とのチラシ配布などを行って、万一の溢水《いっすい》に備えたのだが、ここで力を発揮したのが「やくも水神」のネットワークシステムである。

事前にマンホールポンプの制御盤を活用することにより、流入量の多い施設を中心に庁舎内のパソコンから遠隔制御して、浄化槽内の汚水をあらかじめ圧送しておく措置を取ることで、溢水という事態を回避することができたわけである。

二〇一〇年六月に発表された現在の総合システム「やくも水神Ｇシリーズ」は上水・下水に分

けられたライン管理から、iPhone、アンドロイド携帯やiPadなどタブレット型端末を利用、グーグルマップを採用することによって、域内にある上下水道すべてを一つの地図上で一元的に管理する、水のエリア管理を可能にしている。

担当職員が多機能モバイル端末で、バルブの位置を表示したり、撮影した写真やメンテナンスデータをシステム上で共有することもできるなど、メリットは大きい。

維持管理コストの革命的な削減につながるだけではない。スマホの登場はビジネスばかりか、国の命運まで左右するなど、世界は一変しつつある。その拡がりの先には全国はもとより、世界規模で二一世紀の新しい産業を生み出すプラットホームづくりがある。それを可能にするのも、産・官・学そして市民、ユーザーとのコラボが鍵となる。

二〇一三年一〇月には、クラウド型監視の弱点であったリアルタイム性を実現。業界初となるクラウド型リアルタイム監視サービスを開始。災害に強くローコストとの利点をセールスポイントにしている。

さらに、関連オプションとして、二〇一四年には既存の水関連施設に設置できるローコストで安定した放射線監視システムを提供するなど、いま正にその真価を問われる時期を迎えている。

これまでに三六〇以上の自治体、八〇〇〇施設で導入されており、海外展開でも中国、韓国などを視野に、一万施設、二万施設という次なるステージに向けて、ビジネスパートナーとの協業を含め、さらなる技術開発が続いている。

世界を視野に、小松は「地域の特性を生かしたビジネスモデルは、広域性とクロスオーバーという発想から、水だけではなく、産業の多次元化が進む農業その他あらゆる分野における新しい流れを生み出す原動力になる」と、強調する。

二〇一五年四月、ドイツで行われた産業見本市「ハノーバーメッセ」で、ドイツが政府と産業界、研究機関が一体となって進めている「第四の産業革命」が話題になっている。

ちなみに、第一の産業革命は蒸気機関による機械化、第二の産業革命は電力、第三の産業革命は電子技術による生産の自動化である。そして、ＩＴ全盛の現在、第四の産業革命がＩＴ技術・インターネットとＡＩ（人工知能）を使って、生産から販売・サービスを自動化し、企業と工場、販売店などを結ぶ巨大なネットワークを作り上げようという動きである。

日本関連では日本とドイツの企業が共同で開発した、インターネットを通じて、世界のどこからでも操作できる工作機械が出展されているが、その原点は、二〇〇〇年九月の沖縄ＩＴサミットにおける森首相の政治家としての手腕にある。

「森首相がわざとかどうかはさておき、ＩＴ（イット）と言った。そのイットによって、ＩＴは俄然注目された。その一言から、すべては始まった」と、小松は語る。

小松電機から全国に配送される同社の段ボールには、同社の全国展開がｅジャパン構想から始まったことと山陰の「島根からお届けします」と書かれている。そこに小松電機の原点がある。

三十年間、変わることなく伝えられるメッセージは、一生懸命、全国の相手に届けるものであると同時に、自分の生まれた地域で一生懸命に仕事する、その原点を忘れないためのものでもある。

何のために自分はそこに生まれたのか、何のために自分は生きるのかを確立する。仕事を通じて、生きることが、そのまま「志事」になることによって、つまりは究極の目的のために生きることができるからである。

そして、ＩＴの時代を追い風に、ケータイからスマートフォンそしてクラウドコンピューティングへと展開していったわけだが、「クラウド」の先駆けとなるインターネット管理制御「やくも水神」システムの登場は、グーグルのエリック・シュミトＣＥＯが「クラウド」を発表する六年ほど前のことである。

メルケル首相が力説する第四の産業革命を、まさに先取りするものとして、世界に羽ばたく日を待っている。

クラウドで結ぶネットワークとコラボの時代

遠隔監視機能を用いて、地域内にある上下水道すべてを一つの地図上で一元的に管理することにより、産・官・学そしてユーザーが広域のヒューマンネットワークで結ばれる。

従来は交流のなかった近隣の事業体同士、民間企業とのコラボレーションの機会が生まれるというのが「やくも水神ネットワーク」の特徴でもある。

コンピュータ制御による「やくも水神」は、その頭脳であるＯＳをマイクロソフトのウィンドウズに対抗する形で登場したリナックスを使っている。よく知られているように、リナックスの強みはＯＳ＝基本ソフトを無料にしたことである。

無料にして公開したことで、利用者が協力しながら、より使いやすいＯＳをつくり上げていく。ソフトの開発にかかる大量の資金と人員、時間を節約できる二一世紀の典型的なビジネスモデルとして成功している。

これまでの設備はハードでもソフトでも、導入した時点が最高の状態で、その後、アッという間に劣化し陳腐化するという宿命を負っている。その点、いち早くクラウドコンピューティングを取り入れ、業務用アプリにＲｕｂｙを採用することで「やくも水神」ではサーバー上のソフトウェアを定期的に更新していくことが、簡単にできる。そのため、導入した時点から新たなデータが蓄積されるとともに、修正が加えられるという形で進化を遂げている。

一〇年前にｉモードの携帯電話で導入した顧客も、スマートフォンを使えば最新のシステムが使える。

古くならないためには、永遠の進化を続ける。それが、新しい文化の創出につながる。

例えば、一九九五年に「やくも水神」を、当初は下水用に導入した兵庫県の多可町（中町）のケースは、典型的な例である。

三町合併で誕生した兵庫県多可町は「敬老の日」発祥の地として知られる。水のきれいなところとして、歌会始用の和紙を作っている。導入後、使っている過程で、地域の実情を踏まえたいろいろな相談やクレーム、アドバイスが寄せられてくる。

「もっとこういうふうにできないか」「こういうことはできないか」「ここはこうしたほうがいい」といった具合である。「やくも水神」は基本的に、そうした意見をもとに、無料で改良を重ねてできあがっていったシステムである。

多可町のシステムは三・一一東日本大震災後、ベテランの担当者が岩手県大船渡市に応援のため派遣されていた不在中にも威力を発揮する。二〇一一年五月に発生した大雨災害で、水源地の水質の濁度が急上昇したときのこと。七五〇キロ離れた町に引き返そうにも、鉄道や飛行機を乗り継いでもどってから指示を出すのでは、遅すぎる。

担当者は緊急事態に対応するため「やくも水神」のクラウド遠隔監視機能を使って、岩手にいながら施設の状況を確認。町内にいる職員に電話で指示することで、無事に難局を乗り切っている。

同じく三町合併で誕生した兵庫県の美方郡香美町では、もともと大手企業が手がけてきたテレメーター方式のシステムを導入する計画が進んでいた。そのため、町の水道施設の管理指令室には大きな装置がズラーッと並んでいる。その一角に小さな「やくも水神」のシステムが組み込まれる形になっており、指令室のデスクには使わないテレメーターがそのまま置かれている。

大手の手がける水道システムを入れる予定でいたため、設備は「やくも水神」仕様ではなく、その分、大型になっている。最初から「やくも水神」のシステムであれば、三分の一の大きさですむ。

なぜ、そんなことになったのかは、三町合併の途中で、「やくも水神」の存在を知った町側が、急遽、同システムを導入することにしたためである。

途中で予定を変更するのも、三町合併時だからできたことかも知れないが、途中からでも「やくも水神」にしたほうが、使い勝手がいい。ランニングコスト・メンテナンス面でも、十分にそれまでのマイナスを取り戻せるということでの決断である。

水道行政の現場では、次々と起こる災害や想定外の事態に、「やくも水神」を使って対応する。そこに不備があれば、さらに改良を加える。その意味では、町の水道担当者も「やくも水神」の重要な開発者の一人というわけである。

メーカー、町役場、メンテナンス業者が、もともとは利害が対立する立場から、システムの不備や課題を改良という形で統合・発展に持っていく形でコラボする。そこにあるのは、単なる敵愾心、対抗意識ではない。水のインフラ、平和のプラットホームづくりへの協働（コラボレーション）作業である。そこに日の丸を背負ったベンチャーとしてのミッションがあり、絶え間ないイノベーションの追求がある。

国土交通省のホームページには、兵庫県多可町が小規模都市のモデルとして、中規模都市の長崎市とともに、ＩＣＴ（情報通信技術）導入による広域監視の先進事例として紹介されている。

そうした「やくも水神」の在り方もまた、典型的なユバーサルデザインということになる。その使命は次の世代にバトンタッチしていくことであり、産・官・学そしてユーザーが協力して平和のプラットホームをつくることである。

シチズンパワーの時代のコラボレーション

地域の特性を生かした行政と企業、大学の研究機関そして市民が協力する形で、一つの事業を展開していく。広域管理の必要性も生まれることから、水のインフラに関するビジネスモデルは「広域性とクロスオーバーという発想によって、世界に向かって新しい産業になりうると確信している」と、小松は強調する。

二〇一三年一月、スイスで行われたダボス会議（世界経済フォーラム）におけるＮＨＫセッションでのテーマは「シチズンパワー」。スマホの普及が生活を変えるばかりでなく、行政と市民の在り方をも変えつつある時代である。

「クローズアップ現代」のキャスターを務める国谷裕子の司会で「市民の力を借りて、行政サービスの向上や行政では手の届かない問題などを解決するシチズンパワーの動き」について討議されている。

ＩＴを利用したＮＰＯの動きや市民の社会参加など、いわゆる「Ｗｅｂ２・０」同様、行政そのものもバージョンアップして、発信者と受信者が固定されていたネットワークを、相互に交流する幅広いものにしようとの「ガバメント２・０」や「新しい公共」、「共助社会づくり」といった考えの下、行政と市民が協働する新しいサービスや就労モデルなどの試みが、日本でも進められている。

そこではお互いの境界を越えた行政と企業、市民とのコラボレーションが不可欠となる。「やくも水神」のビジネスモデルは、そうした「協働（コラボレーション）作業」の成果ということである。

新しい時代を背景に、クラウドおよび業務アプリＲｕｂｙによって、社会的にオープンにすることで、一ベンチャーがつくり上げたシステムがパブリックなものになる。それを「共有の国家財産にしたい」というのが、小松の考えである。

ミッションとイノベーションとともに語られる、今日の時代のキーワードは「コラボレーション」である。

その「コラボレーション」とは英語の辞書を見れば明らかなように、一般的に使われる「協力、合作」とあるが、本来の意味はそこにはない。その協力の内容は「(味方を裏切って敵に)協力すること」、「(占領軍・敵国への)協力」である。

それがなぜ時代のキーワードになるのかは、そこでの協力は裏切りのようではあっても、終戦・平和といった崇高な目的があれば、人類への誇るべき貢献となるからである。

日本では「技術革新」と訳されるイノベーションは、本来は「創造的破壊」の言葉で有名な経済学者シュンペーターが「景気循環論」の中で用いた言葉である。元になった動詞(innovate)は「刷新する」つまりは新生面を開く、変化の創造を意味する。

ピーター・ドラッカーは、マネジメントを論じる中で、常に自己実現、社会貢献といった形の「価値」をクローズアップした。

欧米でもドラッカーの前には、一九世紀の英国ビクトリア朝時代に社会・歴史学者のカーライルが「経営騎士道の精神」(Captains of Industry)を唱えている。今より大きな格差社会だった時代に、営利至上主義の弊害を排し、人間愛をベースにした「経営騎士道」を産業界のリーダーは持つべきだとの主張である。

近年の注目すべき変化の一つに、例えばIT革命のフロントランナーだったマイクロソフトのビル・ゲイツが、今日の資本主義経済を支配してきた市場原理主義、マネー資本主義に代わる

「創造的資本主義」について語るようになったことがある。

華々しい成功の裏側にある世界の貧困に目を向け、慈善活動に力を入れるようになった彼が、行き詰まった資本主義に代わる新しい資本主義の必要性を訴えたものである。ビル・ゲイツは、小松とともにオランダ・ハーグの平和宮一〇〇周年記念事業で、世界の平和に貢献した二〇人の一人に選ばれている。

人間には自分の利益を探究する力と他者を思いやる力があることを重視することで、自由経済や資本主義のマイナスを補うために、企業は「利潤」と共に社会的価値の創造に対する「評価」を掲げる必要があるとの考え方である。

何のことはない。日本には古くからある日本型資本主義とも言える渋沢栄一の「論語と算盤」という倫理と経済を両立させる考え方、あるいは二宮尊徳の「道徳なき経済は犯罪である」といった道徳と経済の融合を説く考え方など、常に「世のため人のため」が前提としてある。

江戸時代半ばには農家の次男として生まれ、京都の商家での丁稚奉公から、やがて「石門心学」によって、あるべき人の道を説いた石田梅岩もいる。「神・儒・仏」の教えに従い、道理の教学「石門心学」として商人の道つまりは人の道を説いた。教えの中心は、日本の商人の道「正直・倹約・勤勉」を基礎にしたものである。

女性書家の成澤秀麗氏から一冊の本『本心　小説「石門心学」』（清水雅洋著）を贈られた小松

は、大いに啓発され、その後の会社経営の参考になったという。

現実のビジネス社会では明らかに矛盾し、対立するものの両立を、世界の指導的立場にある人物が説くのは、なぜなのか。

マズローの欲求の五段階説と自己超越実現

「人間とは何か?」を改めて考えると、様々な定義がなされている。生物学上は種族としての人類=ホモ・サピエンス(知性人)である。

だが、難しく考えなければ、誰もが両親から生まれて、通常は社会人になると、家庭を持って子どもと生活する。日本人として生まれ、社会人として生きる。企業人であると同時に家庭人でもある。

家庭を持つということは、自分も両親から生まれたように、次の世代へとつないでいく。国籍を持ち、社会人として自由に生きられると同時に、その自由は日本人としての責任、社会人としての責任、親としての責任、要するに人としての責任との関わりの中で保証されるものである。

その意味では人も企業も一緒である。あるいは、動物その他、あらゆる生物は自分の命を次の世代に伝えていくという共通の使命を生きている。この次世代へとつなぐ「持続性」こそが、最低限の務めになる。それが責任を果たすことである。

先に「人類史的な観点」という言葉を用いたのもそのためであり、要は責任の果たし方を考えれば、自分勝手には生きられないということになる。あるいは自分勝手に生きることが、単なる「自己中」を超えて、地球や人類の存続に不都合ではない限りでの、矛盾のない生き方になるということである。

ある程度、その道を究め、世間に認められる人間のレベルになると、求めるものは一つしかない。結局、人間は何で生かされているのか。何で人間は精神性が上がるのか。何で人間は美を、愛を感じることができるのかということである。

人間の持つ基本的な欲求について、アメリカの心理学者アブラハム・マズロー博士はその動機を五段階に分類している。①生理的欲求は生きていくための基本的・本能的な欲求である。②安全の欲求は安全・安心な暮らしがしたいという欲求。③社会的欲求は集団や仲間を求める欲求である。④尊厳の欲求は他者から認められたい、尊敬されたいという欲求。以上の四段階の欲求が満たされた後の⑤自己実現の欲求は、自分の存在意義を実現したいという欲求である。

マズロー博士は、晩年にこの自己実現の欲求の上に、さらに「自己超越実現の欲求」を付け加えている。自分の信じる使命を実現するためには、命を賭けても惜しくないという形で示される。

では、命より大切なものは何か。

衣食住を得る、地域社会で生きる、社会人として働く、人から認められる存在になる、自分の人生における使命を実現する。そのすべてのレベルにおいて、自分の好きなことをやりたいようにやる自由はある。ただし、そこには常に責任がついて回る。重要なことは、そのすべてのレベルにおいて、責任を果たすことである。

われわれの住む地球は傷つきやすく、世界は理想とはほど遠い状態にある。現代に生きる人間の使命とは、次世代にいまの地球そして世界をよりよい姿で、つまりは「持続性」を前提とした状態でバトンタッチしていくことである。

無人島で、一人暮らすハメになったとき、どうするか。現在の日本の最高額紙幣に登場する福沢諭吉は、次のように述べている。

「道徳とは、人と人の相対して後の沙汰なり。例えばここに難破して無人の孤島にただ一人上陸したる者あらんに、其人の為には、即日より道徳の心がけ一切無用なりと知るべし」

無人島のモノには所有権などないため、盗みにはならない。好き勝手にしていいというのだが、そこには明らかに人類史的な観点と地球レベルの発想が欠落している。

だが、彼は子どものころから迷信を斥け、無神無仏の立場を貫いた典型的な合理主義者である。つまりは、自分が生きていない時代には、責任を持たないということを、正直に宣言しているわけである。

二〇世紀が戦争の時代と言われ、二一世紀の現在の世界を見渡すとき、水を汚せば世界の海に満ちて、空気を汚せば地球全体を覆うことは、科学を学ばなくてもわかる道理である。不幸なのは、そんなことさえわからない自分本位の指導者たちから、次の世代を任される立場の者である。

日本は国民国家である。主権は国民にある。その国民は自らの命と安全を国家に託している。そう考えれば、水＝命＝国家ということになる。

水の情報インフラは、すでに見てきたように、権力維持装置である。同時に、フードテロが身近な問題になる時代には、テロの恐怖と表裏一体の関係となる。そこでは平和のプラットホームとして、水の情報インフラが権力の暴走を監視する装置並びにテロから地域を守る安全維持装置にもなる。

水の情報インフラの先には持続可能性という、もう一つの現代のキーワードがある。

グローバリズムの嵐が吹き荒れ、世界が荒廃する中で取り組むべき仕事は、究極はこの地球、世界をより完全なものに近づけること、それが霊長類ホモ・サピエンスと言われる人間のやるべき仕事である。より完全な姿とは「生きとし生けるものが、この世で楽しく愉快に天寿を全うできるような社会」であり、そうした社会を実現するために関わることが、重要な仕事になる。

水の偉人たちが教えていることは、社会、地域、国家、世界の中における自らの役割を当然のこととして果たす、利己を超越した真の利他の在り方なのである。

第4章　一五年目の「太陽の國IZUMO」

「思想」の重要性

地球の一日の始まり

小松電機産業本社がある島根県松江市には、汽水湖として知られる宍道湖がある。松江湖南テクノパークにある本社は、宍道湖を見下ろす高台に位置する。その宍道湖は湖畔に立って見れば大海のようでもある。

自然は多くの恵みと様々なことを、われわれに教えている。

汽水湖とは川の水と海の塩水が入り交じった湖のこと。宍道湖には山からの水（真水）と海につながる海水（塩水）が入り交じることによって、多くの生き物が集まる。シジミやスズキ、テナガエビ、ウナギなどの「宍道湖七珍」はその豊かさの現れである。

渚には繰り返し小さな波が打ち寄せる。その先には中海を経由して、日本海が広がる。その海は世界につながっている。

海洋国家・日本は、四方を海に囲まれた極東の島国である。

そんな世界の中での立ち位置から見えてくるのは、グローバル化の時代の本当の意味である。松江は、その昔、日本海側が大陸に面するという意味での「表日本」であった。つまりは、海は外界と日本を隔てているようにも見えるが、実際には外界をつなぐものでもある。

今日のトヨタ自動車の成功は「日本は海に囲まれた国ではない。海に向かって、世界に開かれた国だ」という発想から来ている。

島根県松江もまた、極東にある日本の一地方ではない。グローバルの時代における地方創生とは、世界における地方創生であり、そこに日本そして出雲の出番もある。

対岸に緊張の火種は尽きないが、グローバル化の時代、日本とアジア、ロシアとアメリカ、どの国も世界は一国では生きられない。

空や海に国境線を引けたとしても大した意味はない。空気も水も、鳥も魚も自由に行き来する。その先には、地球そして宇宙が広がっている。

「人間とは何か？」については、これまでも述べてきたが「星の子」というのは、フランスの天文物理学者ユベール・リーブスである。

「私たちはサルやバクテリアの子孫だが、また星や銀河の子孫でもある。私たちの体を構成する物質は、かつて宇宙を作り上げた物質にほかならない。私たちはまさしく星の子なのだ」という、当たり前の事実を、どれだけの大人が理解し、意識しているだろうか。

ＳＦ作家のアーサー・クラークは「この惑星を〈地球〉と呼ぶのはなんと不似合いなことだろう。誰の目にも〈水球〉であるのは明らかなのに……」と語っている。

アーサー・クラークの言葉を紹介しながら、地球を一つの生命体として見る、いわゆる「ガイア仮説」で有名なＪ・Ｅ・ラヴロックは「水球としてのガイア」を、以下のように描いている。

〈地球の表面のほぼ四分の三近くが海におおわれている。宇宙空間から撮ったすばらしい写真を見ると、われわれの惑星が、ところどころにやわらかな雲をまとわりつかせ、白銀の極冠をかぶったサファイアブルーの球体に写っているのはそのためである。わが母星の美しさは、豊かな水の衣を持たない生命なき隣人たち、火星や金星のしずんだ単調さと好対照をなしている〉

人間は「星の子である」ということは、この美しい水の惑星に暮らすわれわれ人類の未来が、地球の未来にかかっているということだ。

だが、その水の惑星である地球の身近な現実は、意外なところで破綻を見せている。

われわれの暮らしている日本そして世界の一日は、人の死を基準にすると、次のようにして始まる。

「九〇人以上が自死しないと、この国の一日は終わらない」と、自殺予防に奔走するNPO法人が事態の深刻さを訴えている。新しい一日は前日に九〇人以上の人が自殺してから始まるということである。

一人の死は悲劇だが、万人の死は統計的数値と言われる。個人の死が統計的数字になると、死の持つ意味も変化する。

死をめぐる現実は、一人の殺人と戦争の大量殺戮との関係と同様である。一人の死は悲劇として、一人より二人、二人より三人と、その数が増えていくことが、そのまま悲劇の大きさにつながっていくのだが、なぜかある数値・数量を超えると、悲しみは逆に薄れていく。

世界の現状に目を向ければ、例えば一日の餓死者は四万人と言われている。われわれが新しく迎える一日は、前の日に世界で四万人が餓死してからスタートする。一日に四万人ということは、年間に一四六〇万人が餓死するということである。

その数字が多いのか少ないのかはわからないが、一人の死も統計的数値も同じ死である。そんな感覚さえ麻痺させる地球の一日の始まり方を考えるとき、改めて「人間とは何か？」が問われる。そこでは「人類史的な視点」に立つことの重要性が突きつけられる。

新しい時代の資本主義

二一世紀は「水の時代」と言われ、実際に水を巡る様々な危機が問題になっている。

地球の危機を環境破壊を通して世界に警告したのが、一九六二年に出版されたレーチェル・カーソンの『沈黙する世界』である。あるいはローマクラブが一九七二年に発表した西洋文明の危機に関する報告書『成長の限界』である。

五〇年後の今日、世界の状況は警告された通りの道を突っ走っている。

破滅の淵に立って、その絶望の深さを知る以外に、人類が引き返すことはないのかもしれない。それでも、やがて来る未来にわずかな光明を見たいという人々の意思が、最後の希望である。

人としての真の自立は、他人の自立をも尊重する。自立の大切さを信じる人の数が増えるに従って、他人の自立や選択を大切にする人たちの数が増えるようになる。

その背景には、これまでの考え方、行動様式に対する潜在的な居心地の悪さのようなものがあり、そこから来る反省がある。自分を大事に懸命に生きてきたつもりが、気がついてみれば生きづらい現実に直面している。いわゆるマズローの言う自己実現を追求していった結果、あらゆるモノが矛盾に陥り、限界を迎える。それがいまの時代である。

グローバル化の時代における資本主義もそんな典型的な一例であろう。

〈社会秩序として、そして信条としての資本主義は「自由かつ公平な社会において個人の自由と平等を実現してくれるのは、経済の進歩である」と考える。マルクス主義は、私的利潤をあきらめることによって自由かつ公平な社会が実現されると説く。だが資本主義は、社会行動を律する最高規範として私的利潤をとらえ、これを追求することによって自由かつ公平な社会が実現されると説いている〉

こう、ドラッカーはアダム・スミス以来の「見えざる手」と、その土台となる「正義の法」をベースとする本来の資本主義の理想型を語り、現在の欧米主導型の自由社会を前提とする現代の資本主義を、次の三つに分けている。

1. アメリカ型の株主主権モデルであるマネー資本主義
2. 会社主義モデルの日本型資本主義

3．社会市場経済モデルのドイツ型資本主義

三つの資本主義はさらに市場性が強い社会を背景にした「アメリカ型」と組織性が強い社会を背景にした「日本・ドイツ型」という分け方ができる。

アメリカ型ではなく「日本・ドイツ型」の資本主義に、自由社会の未来があることは、これまでも控えめに指摘してきたことである。

だが、そこでも資本主義、グローバリズムに限らず、あらゆる分野で力を持つ勢力・集団の意向が全体を支配してゆく。その一方で排除されていくのが、彼らにとって都合の良くないもう一つの選択ということになる。

現代の資本主義が「マネー資本主義」と称されるように〝カネ〟を御祭神とする一神教的なルールに大きく依存する中で、石油をはじめエネルギー、金融、それらに起因する戦争、暴力が世界を覆い尽くしている。

二〇世紀の世界をリードし、ある意味、自由で明るい物質文明を謳歌してきた先進国が、二一世紀突入後、早々にして見せた社会的な信用の崩壊、自由経済体制の破綻が、そうした実態をよく物語っている。

永遠に続くように見えた繁栄も、バブル経済の崩壊とともに暗転。その問題点があらゆる分野で見られるようになり、危機的な状況にある。それは日本に限らない。

二〇〇七年の米国サブプライムローン危機、〇八年のリーマン・ブラザーズの破綻に象徴される近年の世界恐慌危機の震源地は、アメリカからやがてEUに移り、ギリシャ、アイルランド、ポルトガルなどの債務危機をもたらした。

そこからわかることは、結局、問題は資本主義あるいはグローバル化そのものにあるのではなく、私利私欲に追われる人間の欲求を、いかに社会全般の幸福や地球の持続可能性に向けて変えていくことができるかどうかである。

グローバル化の始まった二〇世紀初頭、欧米諸国は福祉国家の目標を掲げ始めた。社会の繁栄や正義ある秩序を作り上げるために、税金を使って富を配分し、富めるものが社会の底辺にある人たちを助けるようにするという原則である。

福祉とは辞書にあるように「多くの人々の幸福」のことである。

その後一〇〇年、地球上で起きている様々な危機は、これまで理想とし追求してきたシステムが破綻していることを示している。

本当に自分を大事にするならば、それはあり得ない現実であることに気がつかないかぎり、何も変わることはない。自然界を見ても本能に忠実な動物の行動様式は、人間とは明らかに異なり自然=地球にやさしい。

持続可能な生き方を追求していけば、実はグローバル化もちがった展開を見せていく。

マネー資本主義の限界が露呈されることによって、グローバルな時代の行動基準が、大きく転換する可能性があるからである。

そこに解決のためのヒントがあり、結果、新しい自分に出会うことになる。

アクエリアン革命と「透明の知性」

「人間は考える葦である」とは、一七世紀のフランスの思想家であり、科学者のブレーズ・パスカルの有名な言葉である。

思想が他の生物と人間を分けることを端的に表現したものだが、その言葉の由来について、遺稿集『パンセ』（新潮文庫）には、次のように書かれている。

〈人間は、自然のうちで最も弱い一本の葦にすぎない。しかしそれは考える葦である。これをおしつぶすのに宇宙全体が武装する必要はない。一つの蒸気、一つの水滴もこれを殺すのに十分である。しかし宇宙がこれをおしつぶすとしても、そのとき人間は、人間を殺すこのものよりも、崇高であろう。なぜなら人間は、自分の死ぬことを、それから宇宙の自分よりずっと勝っていることを知っているからである。宇宙は何も知らない。だから我々のあらゆる尊厳は考えるということにある。我々が立ち上がらなければならないのはそこからであって、我々の満たすことのできない空間や時間からではない〉

「宇宙は何も知らない」かどうかはともかく、人間を語るのに、彼が宇宙と蒸気、水の一滴を持ち出すのは、人間の想像力、つまりは思想の重要性を語るためである。その大きさ、思想の重要性を彼は「空間によって宇宙は私を一点であるかのように包み込む。思惟によって私は宇宙を包容する」と語る。

「裸のサル」と言われる人類は、他の動物たちのように外敵から身を守る毛皮もなく、敵と戦うための牙もない。その人類は自らの弱さを、火を使い、道具を持つといった知恵により克服し、地球上の多くの種が淘汰されていく中で、一見、隆盛を誇っている。

序章で、ショックがなければ人間は思想を変えることはないといった言葉を紹介しているが、その難しさを『アクエリアン革命』の著者マリリン・ファーガソンは新大陸への航海に例える。〈自分の考え方が転換するのは海を渡って新大陸に到着するのに似ている。新大陸をめざす者は、親しい友人や家族を説得してともに旅立とうとするかもしれないが、結局、旅の決意をするのは本人である。むしろ旧世界の住民は、なぜ好き好んで危険な旅に出たのか、家族や友人はどうして引き止めなかったのか、といぶかる。住みなれた土地の方がよいだろうに、親しい者の近くの方がよいだろうに、と〉

一九七三年、アメリカで出版された『頭脳革命』でベストセラー作家となったファーガソンは、日本でも八一年に出版されて話題になった『アクエリアン革命』の著者として知られる。

書名は一二星座の一つ「水瓶座（アクエリアス）」から来ている。彼女は水瓶座が持つ一般的なイメージを借りて「闇と暴力と混沌に満ちた世界ではなしに、透き通った愛と光にあふれた世界、精神の解放が水瓶座の世界なのである」と語る。

その水瓶座を古来から人間の渇きを癒やし、よどみのない心の流れを約束してくれるものとして、新時代に相応しいシンボルとした。

新しい社会や文化、つまりは変化を起こそうとする静かで透明な動きが大きなうねりとなって進行している。「八〇年代を変革する透明の知性」というキャッチフレーズとともに出版された『アクエリアン革命』は、古い社会の規範から脱して新しい考え方に目覚めた「透明の知性」を身に着けた人々、集団がアメリカ社会で急増している、その明確な事実から目に見えない兆しまでを取り上げながら、変革の動きとベースとなる考え方を明らかにしたものである。

だが、人間としての変革が難しいのは、思想同様、人を旧世界から引き離す難しさである。変革につれて一番大きく変わるのが、人間関係だからである。

その厳しさを彼女は生と死になぞらえて「変革を経験する者は生と死を経験する。旧来の慣習の死であり、新しい自己の生である」と指摘する。

彼女に言わせれば、競争や管理、攻撃、客観性などという行動原理も社会がわれわれに押しつけたものであり、現実の人間の在り方にそぐわないばかりか〝幸せ〟や〝親しさ〟という概念さえ型にはまったお仕着せである場合がある。そこには「にせの男らしさ」といった既存の文化の仕掛けた罠もあると、新時代の人間の結びつきを次のように語る。
〈女性が自己に目覚め、自分の果たすべきことに気がつきはじめると同時に、男性も情感の豊かな人間関係の貴さに気がつきはじめた。男性はフィーリングや直観を大切にしはじめ、女性は自主性を重んじ、あるものを極めるということにも関心をもつようになってきた。こうして男女の差別が小さくなるにつれ、新しい男女関係が成立する。

自己に目覚めるということは、自分の内にある男女両性について自覚することでもある。人間は依頼心と独立心をもち、やさしさと力強さをもっている。もしこうした才能をすべて開花させることができれば、もはや他人のなかに自分にない部分を求めなくてもよいことになる。いままでのわれわれの文化は、自分のなかの欠けたものを他に探し求める行為を愛とよんできた〉

『アクエリアン革命』の中で展開される新時代の人間の結びつきは、旧来の人間関係、家庭に対する組織・集団という概念を超えている。そこにあるのは、地球規模で成立する新しい考え方である。

〈苦しんでいるすべての子供は自分たちの子供だと考えるなら、問題そのものが変革する。自分たちの文化、社会の慣習、社会階層といったものは、世界に通用するものではなく、人類全体にとっては取るにたらないものだと知るとき、われわれの仲間が増える〉

すでに流動的な社会の中で、新しいタイプの家族が出現しつつあり、アメリカ家政学協会は、一九七九年に家族の定義を次のように改めたという。

〈二名以上の人間がもちものを分かち合い責任を分担し合い、共通の価値観と目標をもち、長期にわたって他者に責任を有すること。家族は、家の環境をもち、血縁、法的関係、養子縁組、結婚にかかわりなくつながりをもち、責任を分担する〉

そこでの個人は、これまでの人間関係、集団の概念を超えた存在として他者のすべてにつながる。

〈人間は全体の一部というよりは別々の存在だと思い込んでいる、とアインシュタインはいった。この錯覚のために、われわれは身のまわりの数名の人間しか愛情をもてないのだという〉

彼女はアインシュタインの言葉の後に「真理を見た」というドストエフスキーの「もっとも肝要なのは愛なのだ」という言葉を引きながら、持論を展開する。

〈いまやこの愛と友愛の精神は、人間の存続のために必要になってきた。かつてイエス・キリストも愛を教えた。人間としての情愛がなければ、人は病にかかり、恐怖心にとらわれ、〝敵〟を攻撃しはじめる。愛の力がないとき、世界は混乱する。〝透明の知性〟をもった者の連帯も、この愛の精神を高めようとする。この不確実な世界のなかで、われわれは、互いの光明になろうとしている〉

二一世紀の思想を形成する「透明の知性」とは、持続可能な地球のために不可欠な、自己を超越することによって得られる真の知性である。

日本では東北の詩人・宮沢賢治の作品を貫くテーマの根底に流れる思想と共通する。

〈世界がぜんたい幸福にならないうちは個人の幸福はあり得ない
自我の意識は個人から集団社会宇宙と次第に進化する
この方向は古い聖者の踏みまた教へた道ではないか
新たな時代は世界が一の意識になり生物となる方向にある
正しく強く生きるとは銀河系を自らの中に意識してこれに応じて行くことである〉

こう「農民芸術概論綱要」に書き記した宮沢賢治の作品舞台は数多いが、その一つはイギリス海岸である。故郷の川の水から、あるいは石ころの目立つ河原から、海を思う想像力が自分一人の存在を世界のすべての一人と共通する存在にする。

「太陽の國IZUMO」構想

近年、日本は貧富の格差が非常に少ない国だと、日本を知る外国人の間では有名であった。日本人自身「一億総中流」と言われて、そのつもりでいた。その中身はそれぞれちがっていても、国民の大多数が「中流」と信じることができた時代は、なかなか幸せなことである。

日本の国際化は、そのまま日本の良さを「国際標準」を導入していく過程で、結果的に失うことだと、いまになればよくわかる。少しずつ安全が失われ、格差が社会問題となっていく。「江戸時代がそもそも身分制度の厳しい格差社会だった」という指摘もあるが、近年、問題視される格差は、アメリカに追いつけ追い越せと経済成長を目指した日本が、構造改革の名のもとに社会改革を進めてきたころからであろう。国営企業の民営化、年金、健康保険などの福祉、税金、教育などの制度改革、いま日本で進行中の改革は、アメリカの後追いのようなものである。

そのアメリカあるいは構造改革の掛け声のもとに社会政策を変えてきた国の現状は、理想とは程遠い格差社会そのものである。

戦後の歴史を振り返ってみれば、敗戦国であった日本は経済復興を第一に、官民あげて企業に協力し、大量生産・大量消費という物質万能主義の道を突っ走り、世界が驚くばかりの経済大国として蘇った。戦前から戦中における「飢餓と殺戮の社会」から、戦後、モノのあふれた豊かな社会を実現し、世界の先進国の仲間入りを果たした。

その先に「天寿が全うでき、楽しく愉快に生きられる地球社会」というユートピアがあると信じて、なおも大量生産・大量消費が前提の物質万能主義＝拝金主義の道を突き進んできた。

「太陽の國ＩＺＵＭＯ」構想は一九八八年、小松が知革塾の結成を経て、八九年の協同組合テクノくにびきの設立に当たって、打ち出されている。日本の高度成長期に事業を立ち上げた事業家として、新しい時代の資本主義、二一世紀の思想を展開したものである。

一九九九年に出版された『太陽の國IZUMO』の第一章「太陽の國出雲（地球ユートピアモデル事業）の目的」には、小松の平和事業にかける思いが次のように記されている。

〈民族や宗教、地域や国家間の衝突・紛争、環境・食糧・エネルギー問題、極端なマネー至上主義経済、そして人心の荒廃――。

二一世紀を目前にして、人類は国内では解決不可能で、国家間さらには地球規模で取り組まなければ解決できない様々な危機に直面しています。人類全体の存亡にかかわるこれらの危機を克服し、次の時代を担う子供たちに、豊かで生きがいのある二一世紀社会のフィールドを提供することは、子供に対する、今を生きる人間の最大の義務と責任です。

「天寿が全うでき、楽しく愉快に生きられる地球社会の創造」

この人類究極の目的に向かって、応分の役割を担うことが、二一世紀において「共生できる人間の条件」であると考えます。〉

読む者一人一人に決断を迫るかのような問い掛けは、一五年後の今日、少しは人々の心に浸透するようになっている。そこで説かれている〝危機〟がより鮮明になった結果である。

第一章には、その目指すべき道も示されている。

〈二〇世紀、飢餓と殺戮の恐怖を克服するため資本主義経済の仕組みが構築され、科学・技術が急速に進歩し、その間いくたびかの世界規模の戦争を経て、今日の物質的に豊かな社会が築き上げられました。

ところが、とくに日本では、飢餓と殺戮を克服した後も同じ枠組みが続いたため、平和の中で大量生産・大量廃棄の傾向が強まり、今や自然の摂理と著しく乖離した社会になっています。「物づくりとその普及のための社会の枠組みづくり、事おこし、物づくり」への転換なくしては、二一世紀の地球社会は存続不可能であることが、誰の目にも明らかに認識されるに至りました。

このパラダイムシフトを推し進めるため、今までの経過・現状認識と目的を共有し、歴史的・地政学的な背景に照らす中から使命感が生まれる、新たな事業を起こす必要があります。

事業のプロセスに感動を蘇らせ、「自己本位から他者への思いやりと共生へ」「利己主義から利他主義へ」と人間の心の進化を促し、人類究極の目的に向かって自己発展していく「場」と「仕組み」を、出雲の地につくることによって、全国、世界へ「人物」を輩出していく——。〉

大量生産・大量消費の「物づくり」を「楽しく愉快に生きられる人づくりのための事おこしと物づくり」へと転換しなければならない。二一世紀の「事おこし、物づくり」のプロセスの中に感動を蘇らせ、「自己本位から他者への思いやりと共生」「利己主義から利他主義」へと人間の心の進化を促す施策が、いま求められている「パラダイム転換」というわけである。

それはこれまでのようなやり方が力にならない時代ということである。あらゆる対立を正しく認識し、受け止めることによって統合し、将来的な発展へと導いていく。かつて、融合・フュージョンという言葉で語られた社会的な流行現象が、今日ではコラボレーション（協働）という時代のキーワードになっていることも、すでに指摘した通りである。

同構想の基本的コンセプトについて、小松は次のように語っている。

〈私のこれからの人生は、新しい経営のモデルをつくるべく、これまでの成功体験を分析するとともに論理的にシステム化し、国際的な視野をベースにして、大きな夢を持っている人にはそれが具現化でき、持っていない人にはそれが生まれるような仕組みと体制づくりを目指したい。つまり、将来に希望がわき、自ら定めた人生の目標に向かって一人一人の社員が楽しく愉快に生きていける企業づくりです。

この考え方を地域から全国へ、さらに世界に広げて、これに共感していただける人たちが役割分担できるネットワークを構築していく。〉

「太陽」とはリーダーとなる起業家のこと。明治・大正・昭和の大事業家たちが多くの企業家＝リーダーを育てたように、小松も「リーダーたるべき人間を育て、集まる場を創造したい」と考えたわけである。

その先には「人間が本来あるべき姿、面白おかしく、楽しく、愉快に生きることができる企業、社会づくり、そういった理想に賛同する人々の輪をつくりたい」という思いとともに、日本から広く世界へとつながっていく動きがある。

飢餓と殺戮の終わった世界の住人としての視点から「二一世紀の思想」として構想されたのが、人間自然科学研究所の「太陽の國ＩＺＵＭＯ」であるが、その背景となる小松の経営哲学並びに彼の経営者＝事業家としての生き方をビジネス書の形で、二〇〇一年に著したのが『魔法の経営』である。

「魔法の経営」一五年目の真実

一九九六年九月、島根県警察本部で行われた小松の講演が「第一〇回・島根県警察トップセミナー」に紹介されている。テーマは「衣食住足った後の警察の役割」である。

講演内容は「本当の生活大国とは」という話から、警察の役割を知革塾やマズローの五段階説を紹介しながら、自己実現並びに奉仕の意味を語り、本当の国際化について人類共通の目的を目指し、権力の責任を自覚する中から実現するようにと、説いている。

そこでの思想の重要性を、例えば人類の危機察知能力と関連する食と免疫力の関係から語る。「奉仕は人のためにするのではなく、自分のためにするものである。それは、このままの状況が続いたら危ないという危機察知能力から出てきたものだ」と、Ｏ－１５７をはじめとする様々なウイルスに頻繁に冒されるようになったことに対して、現在の日本人のものの考え方、食生活などに基本的な誤りがあり、そのため免疫力が低下していると説く。

実例として、彼は当時、アメリカのボストンでのマクロビオティック・セミナーに出席して、そこでガンを克服する食事法、ものの見方、考え方などを学んできた体験談を紹介している。指導者である久司道夫が刑務所や小中学校などで、問題を起こす凶暴な者たちを更生させるために、日本古来の穀物を中心とした食事形態にしたところ、彼らがだんだん変わっていったのである。

欧米の肉食文化に対して、日本では徳川時代に、五代将軍・綱吉が「生類哀れみの令」を出して、肉食を禁じたことでも知られるが、人類史上例がない三〇〇年の平和が続いたのも、伝統的な日本食が大いに貢献していると言われている。

「奉仕というのは、このような研究をいうのです。人間好きなことをやっていい。ただし、きちんとした考え方に基づいてやる。労働と奉仕を分けてやる必要はありません。飯のタネで、かつそれが良い社会を作ることにつながっていて、お金は相手のほうから取っておいてくれということになれば、それが一番ハッピーな人生であります」

「ドン・キホーテ」と言われた小松だが、その発言の妥当性は一八年後の今日、改めて聞いてみれば、よくわかるのではないだろうか。

そのマクロビオティックはいまでは、健康・美容食の基本として、すっかり日本に定着している。

あるいは、国際化については、以下のように述べている。

〈これからは外国人の方がたくさん日本に入って来られます。今、日本は地球上でも類例の無い豊かな生活をしていますが、対岸の朝鮮半島や中国で何らかの問題が起きるのは時間の問題です。それに対して日本はどう役割を果たすのか。逃げることは許されません〉

〈韓国に行きますと、独立記念館というのがあり、日本の戦前、戦中にかけていろいろな行為を再現した人形や日韓の教科書などが多数展示されております。これは日本の閣僚の暴言や教科書問題が発端となり、国民総参加で寄付が募られて建てられたのです。ここには日本の観光客や使節は、ほとんど行っていませんが、私の会社からは約五〇人の社員が何回かに分けて勉強に行かせていただいております。また日本では報道されておりませんが、中国でも南京大虐殺や細菌部隊の残虐行為を展示する施設が主要都市に次々と建設されております〉

そうした現状を踏まえて、小松は「まず相手の国民から信頼され、パートナーとして認められるような日本の国民をどうやって作るかというのが、最大の眼目です。そして片方で、何か起きた時の対応を真剣に議論する必要があります」と語り、次のように訴える。

〈私はこれから日本の歴史始まって以来の、大きな災難が国の中から起きてくると思います。ローマは蛮族によって滅びたのではなく、国の中から滅びたのです。治安を守るということは大変重要なことですが、それと同時に、そういうことが起こらないような、楽しく愉快に暮らせるような国家や地域を作るためにはどうすればいいのか。これを立場を越えて議論し、そして明確な共通の目的を作らなければなりません〉

それが「日本だけではなく世界人類共通の目的になるもの」であればこそ、世界は一つにまとまるという意味で、究極の防衛につながる。

小松が開催してきた「縁結び世界大会」その他、今日に引き継がれてきた人間自然科学研究所を通した数々の事業の根本にある思想である。

今日の日本の状況は彼の指摘した通りである。

近年の韓国・中国との緊張が高まる中で、昔を知る関係者は「あんたの言う通りになっている」と、小松の慧眼に感服する。かつては非現実的な「大ぼら」や「大言壮語」が、いつの間にか目の前の現実になっているからである。

それが「太陽の國IZUMO」構想並びに小松の経営哲学と事業家としての生き様を描いた『魔法の経営』から見て取れる一五年後の真実である。

だが、ピンチはチャンスである。ビジネス同様、クレームや問題の所在が明確になれば、打開策もまた探ることができる。

小松が「単なる景気対策の次元にとどまらない、人間復活を目的とした歴史の評価に耐える行動を起こすときにきている」と、地球ユートピアモデル事業を掲げ、多くの人々の参加を募っては、様々な仕掛けを展開するのも、そのためである。

「繁栄の極みに衰退の芽は生じ、衰退の極みに繁栄の芽は生じる」と、中国の諺にはある。小松にとって、現在の危機は将来の繁栄と平和の礎を築くための、またとないチャンスというわけである。

健全な資本主義を支える「見えない資本」

変革の潮流は世界を取り巻く様々な分野に影響を及ぼしている。インターネット革命、スマホ革命などの動きはもっともわかりやすい現象だが、いずれも人々の予想を超える形で、まるで世界的な〝大きな企み〟が隠されていたかのようである。その意味では「アクエリアン革命」は、現在も進行中だということになる。

当時のアメリカでの動きに関して、同書の監訳者である堺屋太一は、価値観の多様化と言われている時代に、なお多様化とはほど遠い日本社会の現実を見れば「ファーガソンの期待するような『アクエリアン革命』が、この国で起こることは容易ではないような気がする」との個人的な見解を述べている。

もちろん、八〇年代が日本においても偉大な変革の時期であると指摘した上でのことであり、価値観やサービス面などの変革の兆しを、専門の経済学的側面から捉えている。

ややスピリチュアルな印象も受けるファーガソンの『アクエリアン革命』の主張とは異なる現実的な観点から、彼は日本の将来的な変革の兆しを論じている。

その後、アメリカでは「市民の英知が社会を変える力になる」と信じる時代の風を受けて、オバマ大統領が「チェンジ!」を掲げて登場し、さらに再選を果たしている。日本でも自民党政権に代わって民主党政権が誕生したが、アメリカ、中国、韓国などとの関係をこじらせ、三・一一の復興処理の不手際など、結局、盤石な自民党政権への回帰を促している。それでも、現代の産業革命とも言えるIT化とともに、世界の政治・経済・社会は確実に変わりつつある。

世の中の大きな流れとして、NHKの「クローズアップ現代」そしてダボス会議で提案されたガバメント2・0などのシチズンパワーについては、すでに紹介したが、M・ファーガソンの「アクエリアン革命」は、その動きをはるか前の八〇年代に、すくい取ったものとも言える。

その後の変化の一つは、日本でも介護や福祉などの分野に顕著なように、公共サービスは政府・自治体といった官の仕事だという従来の一般的な常識が覆されて、民間が積極的に関与することで大きく様変わりしている。その中心になるのが、産・官・学とともに市民と一緒になって新しい公共サービスを展開する真のベンチャーの存在である。

小松の平和の事業化は、二〇世紀の負の遺産を解消すると同時に、二一世紀という新しい世紀に本来、産・官・学はもちろん、国境を超えて取り組むべき市民レベルのテーマである。かつては、そうした取り組みがドン・キホーテと言われ、なかなか理解されなかったのだが、だからこそ誰かがやらなければならないこととして、幾多の困難に遭遇する中で、確実に前進を続け、出雲から世界へと展開していったわけである。

二宮尊徳の生き方を表す名言に「一家を廃して万家を興す」「一円融合」という日本型資本主義の根底に流れる報徳思想がある。家・屋敷などの私財をなげうって、農政改革や地域の復興に取り組んだ。

「やくも水神」による現代の治水事業を展開し、平和の事業化を推進する小松にとって、周藤弥兵衛をはじめ、信濃川・新川、天竜川などの治水工事に携わった偉人たちは、貴重な先達である。

彼らはいずれも、自らの生涯および全財産を捧げて、その偉業を達成した。つまりは、生涯と全財産を犠牲にしたからこそ、達成できた事業である。その犠牲の上に、栄光も刻まれている。

明治維新の際には、士農工商の身分制度が廃止されるなど、それまでの特権階級の多くが犠牲になることによって、新しい時代に対応していった。あるいは、戦後、日本の再出発に当たって、戦前・戦中の支配層が公職追放された他、農地解放、財閥解体など、それまでの既得権益層が自らの地位と名誉と財産などを奪われている。

世の中の変化は、常にそうした犠牲の上に成立している。その犠牲を、新しい時代のための原動力と考えれば、それらは尊い行為として歴史に刻まれる。

力のある者、強い者、豊かな者が他人の立場に立って、力のない者、弱い者、貧しい者の力になる。中には、不本意なままではあっても、結果的に道を譲ることによって、世の中の変革は行われてきた。

三・一一以後、よく日本人の精神性の高さ、素養の高さが話題になっているが、もともと農耕民族特有のともに助け合う公共的な意識が強い。仕事自体が自分のためでもあるが、それ以上に働く＝端楽（傍楽）ことによって、端（傍）を楽にするという考え方である。

日本では企業が社是や企業理念で、堂々と「世のため、人のため」と謳っている。古くから「三方善し」が商売の鉄則であり、あらゆる企業が「社会貢献」を当然のこととして事業を展開してきた。

にもかかわらず、戦後の日本は欧米社会の一員となることによって、企業も一般市民も行政はもちろん、企業が掲げる「世のため、人のため」を額面通りには受け取れない、そんな時代を生きている。

その点、ガバメント2・0といった動きがアメリカから起こってきていることは、興味深い。アメリカを引っ張ってきた民主主義、それを支えてきた資本主義そのものの矛盾、限界に直面する中から、新たな民主主義そして資本主義の再構築がなされつつある。

それが持続可能な社会づくりにつながる。

民主主義の原則とは「社会の変革に参加すること」であり、現在はそれがインターネットで可能になる。そこでの資本主義とは現場＝労働者に報い、企業も儲かる、それが健全な資本主義である。要するに「人の道」に沿ったものであり、企業の目的に、堂々と「社会貢献」を掲げてきた本来の日本的経営にオーバーラップする。

ＩＴ化、クラウド・スマホ革命は、近年の合理化、効率化、情報化などの中で失われてきた、かつて日本にあった古くからの企業文化がバージョンアップすることによって、復活するキッカケにもなる。

「モッタイナイ」というエコロジー、「おもてなし」というサービスに象徴されているように、日本型資本主義には目には「見えない資本」が大きな要素をなしてきた。

ビジネスを潤滑にする人間関係、世間的な信用・信頼、企業文化、ブランドイメージなど、実は目に見えない資本を大事にする日本の企業文化こそが、新しい時代の資本主義をリードする可能性がある。

「東大ものづくり経営研究センター長」の藤井隆宏・東大教授は、ものづくりの現場から「成長は現場から起こり、現場にこそ本当の知見がある」と指摘しているが、自分の足元をしっかり見ることで、技術・ノウハウ等の価値を生かすためのＩＴの活用と、それによる成長の可能性が生まれる。現場にも報い、企業も儲かるのが健全な資本主義になる。

それが、次なるステージである「見えない資本」を生かす、いわゆる資本主義２・０にバージョンアップした、本来の資本主義というわけである。

「脳を耕す」脳カルチャーの時代

『アクエリアン革命』が出版された八〇年代は、ロケット博士こと糸川英夫によれば、脳並びに心の科学の時代である。彼は「一九六〇年代が半導体、七〇年代が遺伝子工学の時代だとすれば、八〇年代は脳の科学・心の科学の時代と言える」と語っている。

半導体もバイオも脳も、今日に続く重要な科学だが、当時、ノーベル賞科学者の研究テーマに脳や心の科学の占める割合が非常に多く、その集大成となるのが英国で出版された『ザ・ヒューマン・ブレイン（人間の脳）』という本である。

そこに一人のてんかん女性患者の話が紹介されている。医師はてんかんの発作が起きないようにするため、彼女の左脳と右脳をつなぐ脳梁というブリッジ（橋）を真ん中で切断した。その結果、予想外のことが起きたのである。

彼女は、頭で考えることと、実際の手の動きとはちがってしまう、いわば二つの心を持った人間になった。そんな彼女の悩みは、朝起きて服を選ぶときに「今日はピンクの服を着ていこう」と頭の中で決心しても、手のほうはブルーの服をつかんでしまう。自分の思ったところに手がいかない。

そのため、彼女は左手が本棚から自分が欲しいと思わない本を掴んだりすると、右手で左手をピシャリとたたいて「あんたダメ。こっちだと言ったじゃないの！」と、左手を叱るのだという。

〈彼女を実験台にした研究から、科学者たちは左脳の中に外部からの情報を統合、判断するメカニズムがあると結論を出す。つまり、左脳に一種の情報センターがあって、外から情報や刺激が入ってくると、ここに全部集中し、どういう行動をすべきかという判断がくだされる〉

彼女のバラバラの心を外部回路でつないでやると、ちゃんとした行動が取れるようになったことから、やがて脳の研究が進むにつれて、今度は右脳の働きが注目されるようになって、今日に至るわけである。

それでも、脳はいまだ十分に活用されていない。

現代は脳を耕す・脳カルチャーの時代である。文化を意味するカルチャーは英語の「耕す」から来ている。耕作を意味するカルチャー（文化）とは、土地ごとに自然条件、歴史や伝統を踏まえながらつくることを楽しむことである。

そこでは工業やビジネスに顕著な生産性や経済性、効率性は二の次にならざるを得ない。農業が文化、工業が文明となじみがいいのは、両者のちがいによる。

これまで人類は耕す文化により、土を耕して農業を起こし、さらに地層深く掘って鉱物を取り出すことによって、物質的に豊かな文明社会を築いてきた。その手法が地球の有限性の前に、もはや行き詰まってきている。そうした状況を乗り越えるには、どうしたらいいのか。

持続可能性が問題となり、持続可能性をテーマにしたところから出てきたのが、現代のキーワードとしての脳カルチャー＝脳を耕す文化である。脳を耕すとは、要は頭（左脳・右脳）を使うことであり、人類がこれまで生き延びてきた知識と知恵をさらにバージョンアップすることである。

脳カルチャーは、土地を耕して作物を育む楽しさ、収穫する楽しさと共通するものがある。

特に、これまで現代文明の推進役となってきたのは、知識（思考と論理）偏重の左脳を耕す文化である。右脳は知覚・感性を司り、五感が研ぎ澄まされることによって、左脳の知識で考える限界を直観的に超越する。近年の幼児教育の現場や能力開発の世界で、右脳教育が重視される理由である。

「右脳の時代」とは左脳に比して、活用されてこなかった右脳が注目される時代のことである。そこでは、美しい感性、つまりは新しい発想を生み出す根底に美意識が必要とされ、より一層の右脳を耕す脳カルチャーが求められる。

ビジネス世界で、次々と大きな仕事にチャレンジを続けるソフトバンクの孫正義は、働く上での「極意」の一つに「脳がちぎれるまで考えよ」との信条を持っている。

アメリカに留学した一九歳当時「一日五分で一つ発明する」ノルマを自らに課した彼は、一年間で二五〇件ほど、特許出願できるようなアイデアを生み出した。そのうちの一つが音声付きの多言語翻訳機で、試作機までつくって一億七〇〇〇万円を稼いだ。脳がちぎれるまで考えた結果である。

あるいは、京セラの創業者である稲盛和夫は、自らの人生哲学を「人生・仕事の結果＝考え方×熱意×能力」と言い表す。「平均的な能力しか持たない人間が偉大なことをなしうる方法はないだろうか」という問いに、自らの体験を通じて得た答えである。

能力に比して、熱意と考え方は自分次第である要素が大きいだけに、孫の脳がちぎれるまで考えるのと同様、脳を耕す努力そのものとなる。

考え方に関しても、世をすね、世を恨み、まともな生き方を否定するような考え方をすれば、すべてに負荷がかかるだけではなく、能力や熱意が大きければ大きいほど、マイナスも大きくなるという結果になる。

そこにも考え方＝思想の重要性が見て取れる。

一方、小松の考え方は、稲盛和夫の説く人生の方程式（考え方×熱意×能力＝人生・仕事の結果）と構造は同じである。

そして「考え方こそが人生を大きく左右する」という考え方も共通するが、稲盛はその考え方を「－100～＋100までである」とする。小松の場合は「－無限大～0～＋無限大」というもの。

成果（結果）＝考え方（－無限大～0～＋無限大）×熱意（0～100）×能力（0～100）

そのちがいは、一般的な人生の方程式がビジネスという枠に止まるのに対して、小松の場合は、

平和のための博物館ネットワークでの講演を終えて（2012年5月）

門番・水神・研究所を組み合わせることによって、ビジネスの枠を超える広がりを持つ。そのため、研究所の存在ばかりではなく、商品そのものが、これまで見てきたように、特異なビジネスモデル、平和のインフラとして、地球・国家経営に直結する。二一世紀に必要とされる経営思想・天略というわけである。

小松の平和事業への取り組みが、平和に対する「歴史的な評価」とともに「未来への投資」の実践例として、世界の平和の舞台で顕彰されるまでになるのも偶然ではない。

世界の指導的慈善事業家二〇人の顔ぶれ

近年の地球環境の危機、世界の政治的・経済的危機に対する有識者の発言は、基本的によく似ている。彼らは持続可能性という観点から地球および人類の将来を見据え、近年の「未来を搾取する」社会構造からの脱却とともに「未来への投資」を説く。

「太陽の國ＩＺＵＭＯ」で小松が展開する世界の現状認識と平和の事業化構想が、日本でよりも、近隣アジア諸国で、そして世界で受け入れられるのも「正しい思想が力となる時代」の動きを証明するものだろう。

改めて、序章で紹介したオランダ・ハーグ市における「平和宮建立一〇〇周年」の記念事業で、世界の平和に貢献したフィランソロピスト（指導的慈善事業家）二〇人の一人に選ばれたという事実が重要になる。

オランダ・ハーグ行きの日程は、二〇一三年八月三〇日に日本を出国。韓国を経由して、九月一日から六日にかけてオランダのハーグ平和宮での式典・晩餐会に出席。同時に開催されていた各種会議に参加した他、平和のための博物館国際ネットワーク（ＩＮＭＰ）本部などを訪問。その後、ベルギーを視察後、韓国の太田市での「第五回国際水協会博覧会」を参観して、一〇日に帰国というスケジュールである。

ハーグの市庁舎では一〇〇周年記念期間中、世界の慈善事業家二〇人の写真とその活動内容を紹介したパネル展示がなされている。その後、世界各国を回ることになっている。

世界の代表的なフィランソロピストに選ばれた二〇人の中には、日本ではほとんど無名の人物もいる。世界の中の小松昭夫も似たようなものであろう。それは、選考の基準の一つに市民レベルの平和に対する運動である点が考慮されているためでもある。

ちなみに、小松とともに選ばれている世界の二〇人について紹介すると、次の通りである。

1．アンドリュー・カーネギー（一八三五～一九一九）

アメリカの実業家。鉄鋼王となり、巨万の富を築く。代表的な慈善事業家である。

2．アルバート・K・スマイリー（一八二八～一九一二）

ホテルオーナー。自ら経営するニューヨーク州にあるリゾートホテル「モホンク・マウンテンハウス」で、一八八五年から終生、カーネギーやエドウィン・ジンなど、当時の著名な学者、平和主義者、政治家などを集めて、国際調停会議を主催した。

3．アルフレッド・ノーベル（一八三三～一八九六）

ダイナマイトの発明者。ノーベル賞を創設する。

4．プリシラ・ペコヴァー（一八三三～一九三一）

英国のクエーカー教徒。平和活動家として、地域における婦人平和協会の運動（一八七九年）に女性を結集した教育者。「平和と善意」という機関誌を創刊し、亡くなるまで編集・出版・資金援助を続けた。

5．ジャン・ブロッホ（一八三六～一九〇二）

ポーランド・ロシア鉄道王。企業家・銀行家。第一回ハーグ平和会議（一八九九年）の精神的父。大戦を避けるためにスイス・ローザンヌに「戦争・平和博物館」（一九〇二年）を創設した。

6．エドウィン・ジン（一九三八〜一九一四）

教科書出版会社社主。実業家。「世界平和財団（WPF）」（一九一四年）を設立、調停、軍縮、平和問題に関する出版並びに会議等を主催。アンドリュー・カーネギーの協力者として平和に貢献、遺産の三分の一をWPFに寄贈した。

7．ジョアン・ワテラー（一八五八〜一九二七）

オランダの銀行家。第一次世界大戦中の一九一六年に発見された遺書により、多額の資産がオランダ国家に委譲され、一九三一年から毎年「平和賞」が授与されるようになる。カーネギー財団が管理しており、受賞式は「平和の殿堂」（オランダ・ハーグ）で行われる。

8．ヘンリー・フォード（一八六三〜一九四七）

アメリカの自動車王。一九一五年「フォード平和の船」を運航する。

9．ジョン・D・ロックフェラーJr．（一八七四〜一九六〇）

スタンダード石油会社創立者の御曹司。創立者の慈善事業を引き継ぐ。

10．サイラス・イートン（一八八三〜一九七九）

カナダ系アメリカ人、鉄道王。一九五七年、世界の科学者を一堂に会した科学と世界の諸問題に関する「第一回バグオッシュ会議」を主催、核兵器の危険性を訴えた。広島・長崎の被爆五〇周年の一九九五年、バグオッシュ運動はノーベル平和賞を受賞した。

11. 中野信夫（一九一〇〜二〇一〇）

眼科医。第二次世界大戦時、ビルマ戦線で戦争の悲惨さを体験。一九八一年から京都における平和の草の根運動を指導し、毎年「平和のための京都の戦争展」を開催する。立命館大学国際平和ミュージアム（初代館長・加藤周一）は、中野博士からの五〇〇万ドルの寄付を受けて、一九九二年に完成した。同ミュージアムは大学付属の平和博物館では世界で唯一のものである。

12. 趙永植（一九二一〜二〇一二）

ソウルにある慶熙大学並びに平和学研究大学院の創立者。新しい人間観として「オウトピア」を提唱。国連四〇周年記念事業として「平和世界辞典」（一九八六年）を発案、財政的に支援し、国連国際平和の日、国際平和年を提唱した。慶熙大学内における国連平和公園と博物館設置を促した。

13. ジョーン・クロック（一九二八〜二〇〇三）

マクドナルドの創立者レイ・クロックの未亡人。一九八六年、ノートルダム大学（インディアナ州）に「平和研究所」を創設するため一二〇〇万ドルを、二〇〇一年にサンディエゴ大学「平和研究プログラム」に二五〇〇万ドルを寄付。死後、それぞれの研究所に五〇〇〇万ドルの寄付を行う。

14．コーラ・ワイス（一九三四〜）

一九五九年、ニューヨークで世界平和と正義のための活動を始めたサムエル・ルーベンの息女。父の死後、命名されたサムエル・ルーベン財団の会長。一九九九年のハーグ平和アピール（第一回ハーグ平和会議一〇〇周年記念）の先導者。女性についての平和と安全保障に関する国連安全保障会議第一三二五号決議（二〇〇〇年）の共同起草者である。

15．テッド・ターナー（一九三八〜）

ＣＮＮの創立者。国連に一〇億ドルを寄付、一九九八年に国連財団を創設する。

16．小松昭夫（一九四四〜）

小松電機産業社長、人間自然科学研究所理事長。

17．モ・イブラヒム（一九四六〜）

スーダン人、企業家。アフリカにおける国際交流、連携活動を推進する。社会的流動性を大幅に拡大。民主主義と良き統治を促進するために二〇〇六年「モ・イブラヒム財団」を創設。毎年、アフリカのノーベル賞といわれるモ・イブラヒム賞を授与している。

18．リチャード・ブランソン（一九五〇〜）

英国バージングループの創業者。慈善活動をバージン財団で展開している。

19. ビル・ゲイツ（一九五五〜）
20. ミランダ・ゲイツ（一九六四〜）

マイクロソフト創業者夫妻。世界を代表する大富豪として慈善事業に取り組んでいる。

以上が、世界を代表する二〇人だが、過去のフィランソロピストとして最初に上げられているのがカーネギーであり、二人目がスマイリーであるように、平和への彼ら有識者たちによる試みが、一〇〇年以上前から続けられてきた。

一九〇一年にはノーベル平和賞が創設されて、その第一回に国際赤十字の創設者であるスイスのアンリ・ジュナン（一八二八〜一九一〇）と国際仲裁委員会の提唱者であるフランスの経済学者フレデリック・パシー（一八二二〜一九一二）が受賞している。

平和を望んでの国際的な動きが積極的になる中で、皮肉にも一〇〇年前のサラエボで、オーストリア皇太子が暗殺されたことから、第一次世界大戦が勃発する。平和と戦争の狭間で、世界が揺れ動きながら、第二次世界大戦へと至り、その後、先進国間の戦争はなくなったが、世界の各地で相変わらず戦争が続いている。

賢人の楽観か愚人の悲観か

いまも世界では環境破壊や戦争が続く一方で、ノーベル平和賞が毎年、授与される。地球環境の持続可能性に関するサミットやグローバルな賢人会議が行われている。

マネー資本主義が限界を迎え、物質文明を謳歌してきた西洋文明の持続可能性をめぐる厳しい現実が明らかになる中で、それは歴史・哲学者の梅原猛が指摘する「賢人の楽観」ではなく「愚人の悲観」が的中した地球の姿である。

一九九二年四月、彼は東京で開催された「地球環境基金賢人会議」（Japan Fund for Global Environment）で、講演を行った。

賢人会議はすっかりブームの観があるが、地球環境基金賢人会議は「世界環境と開発財源調達のための著名人会議」として、ブラジルの地球サミットの前に開催されている。

その講演の最後に「ご臨席の世界の賢人に申し上げます」と前置きして「賢人の楽観」に対する「愚人の悲観」について述べている。

それは、二〇世紀をリードしてきた指導者たちによって導かれた現在の地球並びに世界の現状を「賢人の楽観」の結果であるとの観点から疑問を呈したものである。

〈私たちは、ギルガメシュやベーコンやデカルトの知恵によって文明をつくってきましたが、その知恵は、今日において地球環境の破壊を招き、人類の生存すら脅かすものになりはじめているのです。地球をこのような危機から救うには、ギルガメシュ以来の長い伝統ある知恵にたいして深い反省を加える必要があります〉

そして、それまで「未開とか原始という名で軽視されてきた民族」を念頭に、

〈そのような人たちは、近代文明を推進した人たちから見れば、愚人にちがいありませんが、愚人は人類の将来にたいして、ほとんど悲観以外の何ものをももっていないと思われます。そしてそれは、賢人の楽観よりはるかに正しいのではないかと思うのです。愚人が痛感している人類の危機を、ほんとうに身をもって感じることができない賢人もいるのではないかと心配しているのです。そして今日の賢人会議が、真の人類文明の未来のための一歩となしえず、口ばかりの約束をいつしか実現したい、というにとどまることを、愚人は危惧するのです〉

こう述べて、彼は「賢人の楽観」に対する強烈なアンチテーゼとも言える持論を展開したわけである。

現在の地球の危機は、賢者たちの楽観が文明の追求の過程で得た悲観的な果実（成果）であり、今日の賢人会議はいわばこれまで耳を傾けることがなかった「愚人の悲観」を賢人たちが共有するに至ったという悲しい現実でもある。

将来を見据えて、悲観を楽観に変えようとの目論見という意味では、そこに明るさ、わずかな希望を見るべきかもしれない。

世界から求められている「和」の文化

すでに見てきたように、資本主義の時代の新しい動きは、日本型資本主義に顕著なビジネス面での「見えない資本」としての奉仕の精神、サービス、社会的貢献など、世界における日本の積極的な貢献の余地が大きいことを示している。そうした日本のＤＮＡを、世界の中で生かすための生活文化・行動原理としての「和」の考え方がこれまでの世界には欠けていたからである。

そこに思想の重要性および日本の役割もある。

「和」とは小松によれば、一般的に言われる「ことを荒立てずにうまく調和していく」という意味での協調・調和・ハーモニーが静的なバランスであるのに対して、現実を捉える上での、いわゆる対立・統合・発展を繰り返す動的なバランスということになる。そこでの「和」は、世の中の真理に至るプロセスに欠かせない働きをする。

「和」が問題になるのは「付和雷同」という言葉、あるいは孔子の「和して同ぜす」という表現があるように「和」と「同」は同じではなく「和」が異なるものの対立・統合・調和という形で、試行錯誤を繰り返していくものだからである。

例えば日本では和譲という形で、何を譲って、何を残すか。誰に譲るか、いつ譲るか。そのプロセスがすべて「和」の文化をつくるために、繰り返されていくことにより「和」の文化が形成されていく。

「和」の文化は、中国では矛盾のない調和の取れた社会を目指す「和諧」という表現になる。二〇〇一年の中国共産党創立八〇周年大会で、江沢民が「各国人民と一緒に、永久平和と繁栄する世界を建設しましょう」と表明したことから始まる、中国共産党のスローガンである。

また、韓国には趙永植・慶熙大学校園長が提唱した二一世紀が目指すべき人類のモデル「オウトピア」の実現の前提となる「和諍」という言葉がある。

同じ東洋の漢字圏という共通項はあるが、当然、国情のちがいもある。

多くの日本人は知らないが、実は中国には「人間」という言葉はないという。日本語の「人間」のことは、中国では「人」あるいは「社会」という。社会は人が集まってできているという意味では、人の複数形のようなものである。

同じ漢字を使う日本では「人」も「人間」も「社会」も、人を表現するときに用いている。そこに、大陸・中国とは異なる日本の気候風土から来る特異性があるというのが、小松の見解である。人と社会だけではなく、日本では「人」に「間」という漢字を用いることで、社会を構成する人と人を結び付ける。それは、同時にそこに間合いを見ているということでもある。そして、日本ではこの間・間合いが重視され、間を理解せず、無視する者は「間抜け」とされ、最近でもKY（空気が読めない）という流行語にもなる。

いかに「間」を生かすかが、日本では人生・生活・ビジネス・つきあい等、すべてを潤滑に遂行するための条件になる。

日本では漢字だけではなく、漢字と漢字の間を埋める、あるいはつなげる平仮名そして片仮名を使っている。漢字だけでは表せない微妙なニュアンスを平仮名と片仮名を使って埋めていく。そうした間を生かすことの中から、優しさ、繊細さ、思いやり、おもてなしその他、日本の「和」の文化が生まれている。そこに「調和」をして「和譲」を含めた「和」の原点がある。

東洋文明と西洋文明のちがいは、いろんな言い方がされているが、大雑把に分けるならば、東洋の考え方が自然と共生する文化、西洋は自然を征服・支配する文化ということになる。自然や宗教との関係からは、多神教の東洋の文化が総合的・融和的であるのに対して、一神教の西洋の文化は分析的・対立的である。

政治形態も王道、権威による支配。ソフトパワー（文）の東洋に対して、西洋は覇道、権力による支配。ハードパワー（武）を特徴とする。

その西洋文明が自然界の支配から、さらには他国・民族の征服・支配に向かうのも、力を絶対視する西洋文明の当然の結果である。

日本でも富国強兵による西洋文明化が推進された明治維新以後は、戦争・植民地支配そして帝国主義への道を邁進する。そして、力による支配は大きな副作用・報復を生む。自然界では生態系の破壊、深刻な公害、資源の枯渇などが問題となり、社会面では繰り返される戦争とテロ、難民の増加、道徳的頽廃などが深刻さを増すという形で、いわば報復を受けている。

小松の展開する平和構想、平和の事業化はそうした「和」を原点に発想されたものである。経営面における「天略経営理論」は、詳細は後に譲るが「和譲」とともに、国際関係面における「絶対平和理論」でもある。

小松の郷里「出雲」は縁結びの地として知られる。日本海に面する島根県は日本の中でも、竹島の日を制定し、日本でももっとも市街地に近い島根原発を抱えている。日本、中国、韓国・北朝鮮そしてロシア、海を隔てて大国アメリカが対峙する。

第一次世界大戦からちょうど一〇〇年後の二〇一四年、歴史問題並びに領土問題をめぐって緊張関係の続く極東で、次なる世界大戦が勃発する可能性がもっとも高いというレポートが話題になる中、最大のピンチにおける打開策こそが、小松が展開している平和の事業化である。その全貌はいまだ見えないままだが、妥協点のない厳しい岩山を穿つのは、正しい思想である。それを担うのが現代の周藤弥兵衛ともいえる小松の使命でもある。

その意味では、世界に足りないものこそが「和」の文化であり、日本ばかりか世界はすでに十分に西洋化が進んで、世界中で持続可能性が問題になっている。それだけに過去から現在、そして未来を展望するとき、われわれは東洋そして日本に「和の文化」があることの価値を、いま一度、確認する必要がある。

小松が展開する、1.「和譲」の思想　2.「対立から共生の文化」　3.「国民国連構想」といった一連の平和の事業化の流れは、いまは花プロジェクトとして、世界に発信するまでになり、さらにその先にあるものが示されている。

対立する中国・韓国・北朝鮮との間に、日本には日本海という空間、戦後七〇年という時間がある。その二つの、いわば「間」を生かせる稀有な場所が日本であり、そのためのプロジェクトが、出雲から陽が昇るということである。

世界の二〇人の中に小松が入っているのは、小松のこれまでの二〇年に及ぶ平和活動が評価されてのことだが、それは難しい世界情勢、特に日・中・韓・北朝鮮そしてアメリカ、ロシアなど、緊張の続く中における今後の平和活動を期待する世界からの温かいエールであろう。

第5章　二〇二三年夏
元従軍慰安婦平和視察団の来訪
「歴史」の重要性

日本大使館前に設置された少女像

日本と韓国、日本と中国との間に、かつてない深刻な緊張関係が続いている。

週刊誌をはじめとしたメディアでは、韓国・中国に対する攻撃的な論調、嫌悪感に満ちた言葉が躍り、書店には「嫌韓・嫌中」本があふれている。

しばらく前の日本と韓国との関係は、歴史問題、領土問題など一部の反動的な動きはあったものの、国民レベルではかつてない友好関係、親密さが生まれていると、少なくとも日本では信じられていた。

二〇〇二年に行われた日韓共催によるサッカーのワールドカップは、その一つの象徴であり、特に一〇年前のドラマ「冬のソナタ」の日本でのヒットによるヨン様ブーム。その後の韓流ドラマ、Kポップ人気など、日韓の人的・文化的交流がどんどん進んでいくと見られていた。

そんな熱病のような現象は、いまやどこにもない。

近年の日韓関係を振り返れば、それまで公式には許可されていなかった韓国での日本の大衆文化解禁は、一九九六年一〇月、金大中大統領の来日以降のことである。そう遠い昔の話ではない。

だが、韓流ブームが華やかだっただけに、ブームが終息した現在のヘイトスピーチ、ネトウヨに見られる醜い応酬は余計に哀れである。

日韓の対立はいまに始まったことではないが、旧日本軍によるいわゆる元従軍慰安婦（慰安婦）問題の展開は、以前からあった対立のレベルを超えて、二国間から世界を舞台にした問題にまで発展している。

従軍慰安婦問題が知られるようになって、二〇年目の二〇一一年一二月一四日。その支援団体が、ソウルの駐韓大使館前で開いてきた抗議集会が一〇〇〇回を迎えた、その日、被害者を象徴する少女像が大使館前に設置された。

韓国政府が対日摩擦を覚悟の上で、像の設置を黙認したことで、少女像の存在はインターネットを通じて世界中に伝わり、慰安婦問題は世界に広がっていった。

日本への国際的な圧力を期待してのことだが、彼らの運動の成果は、ますます日本との距離を遠ざける。

その対立を決定的にしたのが、二〇一二年八月、李明博・大統領の竹島上陸である。

前年一二月に来日した李大統領と野田佳彦首相の会談の大半は、慰安婦問題に費やされたが、結局すれちがいに終わっている。

慰安婦問題にしろ、竹島（韓国名・独島）問題にしろ、簡単に結論が出ない問題をことさらあげつらうことで日本と韓国間で、これまで構築してきた関係をフイにすることは、責任あるリーダーのやることではあるまい。

世界の現実を見れば、あらゆる分野で対立が生じている。人間関係はさておき、国家レベルの国際関係は利害の対立が基本である。対立の具体的な現れが、戦争、経済戦争その他あらゆる分野に及んでいる。

摩擦や緊張を高めることは、ある程度のところでお互いの主張を凍結するというのが、暗黙の国際ルールである。目の前の課題・懸案を乗り越えて、新しい関係を築いていかなければ、あまりに失うものが大きいからである。

ところが、そんな国際ルールを無視して、朴槿恵大統領は日韓関係をさらに嫌韓へと向かわせる。二〇一三年三月「加害者と被害者の立場は千年の歴史が流れても変わることがない」と語った彼女は、五月には「歴史に目をつぶるものは未来が見えない」と、植民地支配の名のもとに日本を厳しく批判している。

その批判を外遊先の第三国あるいは国連の場で行う。外交の常識では第三国あるいは国連の場で批判することなど、基本的にあり得ない。本来、親の代からの親日家として知られた朴大統領がそこまでする背景には、韓国では「親日」と表立って言えない国内事情があるとともに、日本なら批判しても大丈夫という考え方があってのことだろう。

韓国と連携して、日本の歴史批判を強める中国も、二〇一四年七月、韓国を訪れた習近平首席がソウル大学で「日本軍国主義は中韓両国に対し、野蛮な侵略戦争を行った」と演説、日本批判を展開するとともに「中国は平和発展の道を維持する」と語った。

だが、本当に日本は中国、韓国が国を挙げて反日・抗日を掲げて批判するような国であり、国民であるのだろうか？

八〇〇回を超える元従軍慰安婦デモ

第二次世界大戦中、日本では「鬼畜米英」という言葉で、欧米人は鬼だ悪魔だと言い伝えられた。だが、戦後、進駐してきたアメリカ兵は、子どもたちにガムやチョコレートをくれる陽気な兵隊だった。悪人もいれば、善人もいる。どこの国も変わりはない。それが世界の現実である。誤解を解き、理解を深めるには相互の交流、友好が一番の近道だが、国家間の関係に限らず、物事には常に自分が知らない一面があり、それは往々にして知りたくない一面である場合が多い。見て聞いて考えればわかることでも、知りたくないものは見ても聞いても頭には入っていかない。わかったつもりでも、そのときだけのことで、結局は頭に残らない。受け入れるか受け入れないかは、あくまでも自分の都合である。そこに自分の立場やメンツ、利害が絡んでくればなおさらである。

日韓・日中関係の今日を想定して、様々な布石を打ってきた小松昭夫が、従軍慰安婦問題に出合ったのは、二〇〇八年五月。八〇歳を超える元従軍慰安婦の女性たちが、すでに八〇〇回を超える抗議活動を行っている現場でのことである。

彼の言葉では「慰安婦問題を、このまま放置する者は、人間の基本的要件を満たしていない。つまりは人間ではない」ということになる。

「人間とは何か」という基本的要件を考えたとき、そこに人類史的観点からは持続可能性が問われることになり、万物の霊長という立場からは地球的・宇宙的観点が不可欠になる。同時に彼女たちを含めて、その支援者たちが自分のことにしか目がいかないのは、なぜなのかという理由も見えてくる。

ストに参列する支援者たち、賛同する日本の左翼的な勢力、進歩的な文化人たちは、彼女たちの現実を無視しないという意味では、彼のいう人間の基本的要件の前提を満たしている。しかし「小善は大悪に似たり、大善は非情に似たり」という。良かれと思ってやったことが、往々にして逆の結果を生む。

小松の目の前で繰り広げられていたことは、悲惨な歴史の被害者である彼女たちが、まさに一〇〇〇年の恨みを晴らすために、懸命に加害者の罪を糾弾する姿である。その様子はただの被害者ではない、八〇〇回続くエネルギーを蓄えて、なおも増幅する。

一〇〇〇回を超えた今日、彼らが糾弾する対象である日本人はほとんど生きていない。当時を知らない日本人に向かって反省しろ、先祖の罪を負え、贖《あがな》えと迫ってくる。

加害者とは誰なのか。その時代を生きていた日本人なのか。いまの時代を生きている日本人なのか。

謝罪した、しない。強制があったか、なかったかと、それぞれの主張を繰り返しても意味はない。立場が違えば、同じものでも異なる結果になるからである。

明らかなことは、加害者がすでに死んでいようが、謝罪がなされていようが、報道が訂正されようが、納得しない個別の被害者がいるという事実である。

その事実を無視して、対立・抗争にこだわる限り、未来は開けない。一国のリーダーは国益つまりは人類、地球の未来のために、どう振る舞うべきかを、常に示す必要がある。

対立・抗争はどこにでもあるが、その対応次第で、やがて平和や安定を求めているつもりが、民族・国家の崩壊につながっていく。

そこでは、戦前を知らない日本人もまた被害者である。戦争が始まれば、再び一般市民が犠牲になり、新たな慰安婦の後継者が生まれてくるだけのこと。正義や平和も掲げることは簡単だが、しばしば逆の結果を生んできたというのが、正しい世界の歴史である。

経済、環境問題など、世界はさまざまな分野で手を取り合い、協力関係を築いていくことなしに存続することができない。

そんな世界の潮流に明らかに逆行することによって、自らの危機をつくり出しているのが、近年の日本をめぐる周辺諸国との関係である。

そんな状況下だからこそ、良識ある自立した市民が国や権力に代わって担うべき役割が求められる。当然のことだが、そこでは「シチズンパワーの時代」に相応しい市民＝国民の質、人間の質が問われる。

「人間とは何か？」を、過去の戦争、悲惨な体験を通して見るならば、人間とは時には天使にも近づき、悪魔にも近づく存在である。天使にも悪魔にもなれない、それが、平和の事業化に取り組んできた小松の立場であり、認識でもある。

アジアでの日本の置かれた立場を知ったことから、小松は韓国・中国・米国・ロシア・東南アジア・欧州各国の戦争記念館を訪ね歩いては献花するとともに、戦争の歴史を学び続けてきた。そのプロセスを経て、グローバル時代における国家そして人間の在り方を示すことになる。

つまり、人間の生きる道、例えば尊厳欲求を満たし続ける過程は、一国では生きられないグローバルな時代には「戦後責任を積極的に果たし、対立を発展の契機として生かす中にのみ存在する」ということを確信する。

戦後七〇年の今日、戦争を指導した人物は生きてはいない。七〇年代のヒット曲「戦争を知らない子どもたち」のテーマは、戦争が終わって生まれた世代が、再び戦争を知ることのない時代を生きるという誓いのメッセージである。それが、戦後に生まれた者に託された「責任」であるとの自覚からつくられている。

いわゆる戦争責任について、小松は戦前・戦中・戦後を明確に分けないことから来る誤解もあって、常に議論がすれ違う結果になる。そうした混乱、不幸な軋轢を避けるために、彼は戦争の原因をつくり、牽引・遂行した戦前に生きた世代の「戦前責任」、結果的に戦争に協力する形で、戦争の時代を生きた世代の「戦中責任」、そして戦後に生まれた、戦争には直接関わりのない世代の「戦後責任」という三つに分けている。

「戦後責任」を担う立場の一人として、小松は戦争に至った経緯と背景、実際の戦争の実態を、現在の社会ならびに国際関係の中で把握し、再び戦争を起こさないことと、不幸な過去とその結果生まれてきた様々な問題・軋轢を、恒久平和を生み出す「資源」として生かすことだという認識のもとに、平和の事業化を行ってきた。

それが日本人のみではなく、相手国、周辺諸国を含めた戦後を生きる者が持つ、それぞれの子孫並びに地球に生きる人類の歴史を担う一人としての責任だからである。

歴史問題が紛糾する、その背景を考えたとき、時代環境、文化のちがいなど、様々な要因があるが、致命的なことは多くの証拠書類を日本は焼いている。焼いたものは、元にはもどらない。この「焼いたという事実を日本は生かしていない」というのが、小松の考え方である。

もともと、ボタンのかけ違いから始まった、こじれた関係は、それを解決するには、まずは相手が望む通りのことから始める。すでに謝罪した、しないとは無関係にである。それで相手の気が済むなら、簡単なことである。もちろん、実際にそれで済まないことは、後述する通りだが、すまないもの、こじれた関係はその事実を認めて、あとはどうやって生かすのかを考える。

実際に、朝鮮半島・中国大陸に進出していったのも日本、証拠書類を焼いて証拠隠滅を図ったのも日本である。それがバレた以上は「ごめんなさい」ということである。

しかし、当たり前に考えれば、七〇年後の今日、焼いた当人はもういない。

それでも、異なる立場を認めて、相手の立場に立ち、物事を観察し、判断することで、それまで見えてこなかった一面を知ることができる。

そして、謝ると、どういう展開になるのか。それが最初の第一歩ということになる。

人間関係において、日本で「御免下さい」という断りを入れるということは、先々のストーリーを組み立てておいた上で行う入り口であり、日韓関係では、まず謝罪から入る。

「先の大戦では、大変な災難を与えてしまいました。申し訳ない」

すると、相手はどう対応するか。

「いや、あなたがしたわけじゃないから、あなたが謝る必要はない」

過去を認める、認めない。あるいは謝罪した、しない。日本の立場にこだわれば、相手も高飛車に出る。恨み言もいいたくなるし、謝罪を要求もしたくなる。

だが、あっけらかんと謝罪することで、これまでの日本の政治家・経営者とはちがうようだと、つい小松の立場に立った対応になる。

そこで「いや、私は日本人ですから。戦後責任を果たす立場の者として、話をしたいと思っているのです」ということによって、相手の土俵ではなく、こちらが主体的な立場で語れる場に持っていく。

そこでは、通常の対立する日韓関係の構図からは、見えてこない光景が展開する。

「いやいや、当時は日本人も大変でしたから」という具合に、逆に同情される。本来日本に謝罪を要求する側が、違和感というか、逆に申し訳なさそうになる。そして「永遠の財産である過去を生かすには、バージョンアップすることのほうが、むしろ重要なことだ」という小松の考え方を理解しようとし始める。その目的を具現化しようと相手が考えて、はじめてコラボレーションできる。

それが、いまだ道半ばとはいえ、いわば小松が韓国であるいは中国で行ってきた平和活動ということになる。

右翼に包囲された中でのシンポジウム

日韓関係が悪化し、予定されていた交流行事のキャンセルが続いた二〇一三年の夏。アメリカではバージニア州フェアバンクス庁舎敷地内に完成した慰安婦碑の除幕式、ワシントンで日本政府に慰安婦問題に対する公式謝罪を求める決議から六年を記念する米下院での式典と、韓国からのいわゆる元従軍慰安婦による反日行脚が続いた。

その中には、日本にも来る予定だったが「日本の雰囲気があまりにも悪い」との支援者の判断で延期になった慰安婦もいる。

八六歳の元従軍慰安婦・李容洙が韓国の弁護団他八名とともに来日したのは、そんな険悪なムードに覆われた八月二三日のことである。二十四日に松江で開催されたシンポジウム「出雲から陽が昇る」に出席、山陰での三日間を過ごして二五日に帰国した。

当時、イベント会場になった小松電機産業にも右翼の街宣車が押しかけてきたことは、すでに紹介した通りである。

その日の米子空港は、警察をはじめ、私服の刑事二〇数名が詰めかけて、抗議団体の動向に十分な注意を払うといった警戒体制下にあった。

前日からの抗議メールや右翼の動きから、事前に「絶対に肩から上には手を上げないように。何もしていなくても、何かされたようにネットで流されるので」との厳重注意が、警察から寄せられていた。

だが、そんな周囲の動きとは関わりなく、韓国一行を乗せたバスは歓迎と自己紹介を兼ねた昼食会場に向かい、その後「風の丘」と「燕趙園」を見学、夜の歓迎会へと移った。

「風の丘」は一八一九年（文政二年）、嵐で難破した韓国の商船を鳥取藩が救ったことから、日韓友好を記念してできた日韓友好公園として知られる。また、日本で最大級の中国庭園である「燕趙園」には小松が寄贈した孔子・孟子・孫子像などが建立されている。

日韓のメンバーは小松や崔鳳泰弁護士らを除いて、初対面のメンバーばかりだが、韓国と日本は近い。一つ席、同じ場を共有すれば、すぐに同胞のような関係を築くことができる。

李容洙は元従軍慰安婦だったと知らずに接すれば、サポートしてくれる弁護団と一緒に日本に迎えられて、講演できる幸せなおばあさんでしかない。同時に、ニュース等で知る彼女は慰安婦少女像の前で戦う闘士であり、歴史の証人という怖いおばあさんである。

そして、実際に会った彼女は韓国服姿だが「日本人だ」と言われれば、そう思える親戚のおばあさんのようである。それは戦時中の体験を別にすれば、彼女にとっても同様の印象のようであり、米子・出雲・松江も故郷の景色の延長線上にある。

翌二四日のシンポジウム当日。ものものしい警備体制の中、島根県庁の竹島資料室を見学。昼食後、会社の応接室で、使節団一行から小松理事長へ、その活動の拡がりを願っての書「審勢得人」が贈られるなど、交歓行事を終えた後、イベントが始まる。

二四日のイベント「出雲から陽が昇る」の主旨は、次のように案内されている。

〈慰安婦問題に関する意見書を島根県議会は可決しました。それを踏まえ、韓国より元慰安婦の李容洙さん（86）と、弁護士会平和使節団が来県、当研究所は活動実績を背景に、「輝く未来を考える女性の会」とともにシンポジウムを開催いたします。

戦争責任を「戦前」「戦中」「戦後」責任に分け、米国でも少女の銅像・碑の建立が続くなど本質的かつ緊急の課題である慰安婦問題を入り口に日本・韓国・朝鮮から、アジアさらには世界平和の潮流を生み出す契機とすることを念じています。〉

会場には地元の右翼が数人参加して、警備陣は一瞬、緊張の色を強めたというが、満員の会場は小松電機の関係者がほとんどのはず。表だっての問題は起こる気配はない。

イベントの冒頭、あいさつに立った「輝く未来を考える女性の会」の佐藤京子代表は、奇しくも終戦の年の八月に生まれて、自分の人生が「終戦の年、終戦後、終戦後何年」と、常に終戦と重なり合っていると語った上で、旧日本軍による悲惨な体験を乗り越えて、平和活動に取り組む李容洙とも、同じ女性としてともに考え、歩いていける「輝く未来」のためのエールとメッセージを述べた。

続いて、あいさつに立った小松理事長は、島根県の竹島の問題に端を発して尖閣諸島、北方領土その他、戦前のいろんな問題がある。それら多くの問題を、いかに未来に生かしていくか。「生かしていくこと」の重要性を問いかける。

小松理事長の話に続いて、弁護団長の朴賢相弁護士が来日の経緯と、李容洙講演について紹介し「韓国・日本両国間の対立が高まる中で、この場を通じて日本との意見交流、相互理解が深まる機会になってほしい」とあいさつした後、李容洙の講演へと移った。

李容洙講演「一六歳の従軍慰安婦」

「歴史の証人」として語る機会ができたことに対する感謝の言葉とともに始まった李容洙の講演は「決して泣かないと誓いましたけど、やっぱりみなさまの前に立つと、切なくて心が痛みます」という辛い過去へと続く。

両親と七人の兄弟のうち彼女だけが女の子という家で、大事に育てられた彼女は、一五歳の夏の夜、自宅から連れ出されて数人の同胞女性と一緒に、汽車に乗せられて慶州に連れていかれた。「家に帰りたい」と抵抗する彼女は、棒で打たれ殴られるなどの暴行を加えられながら、さらに平壌へ行き、満州の大連から船で台湾へと渡った。

途中、何度も気を失って、船の中では死んだふりをしながら薄目を開けて、彼女は一緒に連れていかれた女性たちが多くの軍人に犯される光景を目にする。

船を降りた彼女たちはトラックで、着物姿の女性が一〇人ほどいる家に運ばれていった。その一人が一番若い李容洙を見て「お前はあまりに幼すぎる。私がかくまってあげるから」と言って押し入れに入れられた。

数日後「朝鮮人をかくまっているだろう」と軍人がやってきて、かくまった女性に「出せ！」と言ってナイフで顔を切り付け、棒で叩き足で踏んづけたりと、暴行の限りをつくす。逆上した軍人は抵抗する李容洙に「殺してやる」と切り付け、切り取った着物で口を塞ぎ、その上から毛布をかけ足蹴にすると「もう死んだだろう」と言って去っていった。

数日後、彼女は「言うことを聞かないと、殺されるから、あの人たちの言うことを聞きなさい」と言われて、軍人のところに連れていかれた。しかし、言うことを聞かない彼女は、鍵のかかる部屋に入れられて、腰を軍靴で蹴られ、髪の毛を引っ張られ、ナイフで太ももを切るなどの虐待を加えられた。その傷痕がいまでも残っている。

やがて、コードで体を巻かれると、電気が流れて体が震えだし、あまりの激痛に「助けて。お母さん」と叫んで気を失ってしまった。

後日わかったことは、その後、ある若い軍人が「一番幼い子が鍵のかかる部屋にいる。生きているかどうかわからないが、死んでいたら私が埋めてあげる」と教えにきて、部屋から助け出すことができたのだが、水も受け付けない状態で、みんなは「あの子はもう死んでしまう」と、若い軍人に伝えたという。

その二一歳の特攻隊の将校だという彼が、気付け薬を持ってきて飲ませてくれて、一週間後、彼女は意識を取り戻した。その後も薬を持ってきて、乾パンや味噌汁を飲ませてくれたことで、やがて回復する。

そんなある日「お前は何という名前だ」と聞かれた。「知らない」と答えると「私が付けてあげるよ。今日からお前はとし子だ」と言って、その日から彼女は「とし子」と呼ばれた。

当時は戦争がどんなものか、どんな状況にあるのかもわからなかった。

特攻隊の将校と一緒に、高台から海の彼方を見ると、遠くの空が赤く燃えている。その空の下「あそこが沖縄だ」と、彼が教えてくれた。

最後の夜、星が輝いてきれいな空を見上げて、彼は言った。

「沖縄は戦争だ。明日になったら、我々はみな死にに行く。私が死んだら、空の星が一つ流れ星になって落ちる」

そう言って、柳行李に入った自分の所持品の洗面器・石鹸・タオルなどを形見に渡して日本の歌を教えてくれた。

〽カンコウ離陸よ　台湾離れ
金波銀波の雲乗り越えて
誰だって見送る人さえなけりゃ

泣いてくれるは　とし子が一人だ
カンコウ離陸よ　新竹離れ
金波銀波の雲乗り越えて
誰だって見送る人さえなけりゃ
泣いてくれるは　この子が一人だ〉

この歌を三回教えてもらった彼女は、どこにも書き留めておいたわけでもないのに、いまでも空で歌うことができる。若い特攻隊将校は慰安婦でもある彼女の命の恩人である。

終戦後、釜山に上陸。故郷の家に帰った彼女だったが、すでに死んだものとされ、葬式まで終わっていた。突然現れた彼女を見た母親は「お化けが出た」と、彼女をあっちへ行けと追い立て、父親は卒倒してしまった。

生きて帰った彼女が、悲惨な戦争中の体験で失ったものはあまりにも大きい。

講演会場では彼女が語る悲惨な内容と、その無念の思いに、同情の涙を流す聴衆がいる一方、大半の日本人はかわいそうだと思いながら、やがてどこか納得できない思いを感じることになる。

戦時中の体験を語った後、彼女は天皇に対して「謝罪せよ」と迫る。その言葉に対する天皇の深い意味については、次章に譲るが、あまりにも日本人、日本の文化を知らない。

その結果、歴史問題が世界の危機を招いているわけである。

彼女の体験は想像を絶する話ではあっても、自分たちの知らない過去を持ち出して反省を強いられても、謝ることはできても、どこか違和感が残る。加害者と被害者の関係とはそんなものである。広島・長崎の原爆の被害者、北朝鮮の拉致被害者その他、戦争の悲劇はどこにでもある。

李容洙の講演後のシンポジウムでは、崔弁護士が戦前の日本企業による不当な強制労働裁判について、日本のマスコミには伝わっていない点などを強調した後、慰安婦問題、強制労働問題が平和的に解決した後「次はアメリカを相手に韓国人被爆者の裁判を起こすので、ぜひ日本の被爆者の人たちも一緒に協力して戦いましょう」と、日韓協力を呼びかけている。

そんな崔弁護士の言葉が、聴衆にどこまで伝わっているかはさておき、彼らが頑張れば頑張るほど、日韓の距離が離れて、日本の軍国主義化が進行する。

二五日、自然を生かした日本庭園と横山大観の絵の収集などで知られる足立美術館を見学。昼食後、米子空港で関係者に見送られて、彼らは機上の人となった。

異文化コミュニケーションの基本

小松が、なぜいわゆる従軍慰安婦・李容洙と弁護団一行を受け入れたのか？　それは、彼らがどういうことを言っているのか。彼らの主張を、また聞きではなく直接聞いて確認するための場を設けて、すべて録音・録画する形で記録するためである。

そのすべてを受け止めて、そして、それを未来にどのように生かすかを考えるために、まずは事実を抑える必要がある。その事実は、過去にどのようなことがあったかということよりも、現在、彼らがどういう活動を行っているのかという。そこがポイントである。

過去の事実ではなく、現在、彼らがどのようなことを行っているのか。それを生かして、こちらが主体的に、いろんなものを組み合わせて、楽しく持続的に生きられる世界をつくるための一員になってもらう。そうすれば、彼らもいいし、周りもいい。そのための場が二〇一四年九月のイベントである。

「尊厳の命が問題であって、過去のことはいわば関係ないんです。共に、戦後責任を果たす。彼女は慰安婦を代表して、その役割を果たす。自分たちのやってきたことの発表の場があり、記録・映像として残される。楽しく持続的に生きられる世界をつくる、平和の事業化の資源として生かされる。

そのことが明確になれば、彼女がこれまで行ってきた活動も無駄にはならない。すでに亡くなった慰安婦や支援者にも、いわば恩返しができる。彼女たちの死も無駄にはならない。そういう形で、いわば尊厳の命を得ることができる」

と、小松が語るように、彼らが来て話したこと。その事実を受け止めて、それを未来に生かす。そのためのストーリーをつくらなければならない。そのストーリーづくりのプロセスが、彼の二五年間の活動なのである。

そこには「報復の連鎖は、断とうと思って断てるものではない」という小松なりの人間研究成果がある。

孔子が「人生で一番難しいことは」と弟子に問われて「それは許すことだ」と述べている。そして「どうしたら許すことができるのか」と問われて「わからない」と答えているぐらいである。多くの聖人君子、求道者、宗教者が語るところを集約すれば、要は自己を超越する、バージョンアップするしかない。小松がやっていることは、そういうことができる環境を整える。そのための土俵づくりだが、いまだ相撲にはなっていない。

歴史の真実は、ある程度の証拠、資料等から解明できるが、そこには必ず個別の事例、具体的な個人の体験に基づく主張がある。

歴史の証人として、自分の体験を語る人物がいるとき、大切なことは、どうしたら相手の名誉が回復するのか。まずは、そのことに向き合う。事実を受け止めて、どう世界の明るい未来に生かすのかを考える。

それには、人間として価値あることをする。そうすると「許す・許さない」という議論自体、話題にするのが恥ずかしいという展開になる。本当に重要なことは「許すも許さないもない。すんだことは、元通りにならない。それよりも、前を向いて一緒にやっていこう」と、それを自分から言ってはいけない。相手が言うように持っていく。

相手の発言その他諸々の事実を受け止めて、それを生かす、異文化コミュニケーションの基本は「聴く力」である。

人と人が理解しあうのに「一〇回のお茶よりも、一回のお酒、一回のお酒よりも一回の旅行」あるいは「一〇回の議論よりも、一回の懇談。一〇回の懇談より、一回の旅行」といった言葉がある。

どんな困難も、結局は交流を重ねて、理解を深めるしかない。

対立・困難を受け止めて、日本と韓国・北朝鮮、中国、アメリカ、ロシアとともに、世界の平和の流れをつくる。

それで、もし核の脅威が去り、怨念発電所が消えていくならば、これまでの長い争いの歴史も生きてくる。今日のこの流れをつくるための準備であったとすれば、戦争で亡くなった人たちも「自分たちの死は無駄ではなかった。自分の命令でたくさんの人間が死んでいったが、自分の命令も無駄ではなかった。自分もこれで安心してあの世に行ける」と、初めて死が未来に生きることになる。

それには、相手が納得する落としどころならぬ、上げどころが必要となる。そして、尊厳の命を生きることから、感動が生まれる。そのとき、それまでのわだかまりが氷解し、尊厳の命が蘇ることを実感できる。

過去の一切合切を、未来、次の世代に生かす。地球・人類の持続可能性、…つまりは人間の尊厳を世界に示す…、世界に感動を与える決定的なキーとタイミングを、対立してきた当事者同士が握っていることを理解し、握手し手をつなぐ姿を世界に発信する。そこに至る困難が大きければ大きいほど、逆に感動も大きい。

出雲でのイベントは、そのための入口であり、韓国のためになる。それが同時に日本のため、世界の人類のためになったという具合に、世界の人々が感じることが重要なのである。そのプロセスを映像に撮ることは、まさに「百聞は一見に如かず」である。

それが、ジャンヌ・ダルクの時代とは異なり、武器の代わりに映像を使った小松の平和活動なのである。

歴代首相による謝罪文

韓国そして中国から、歴史問題を巡って盛んに謝罪を迫られる日本だが、旧日本軍慰安婦に対する謝罪では、歴代首相によるものが、よく知られている。

〈拝啓
このたび、政府と国民が協力して進めている「女性のためのアジア平和国民基金」を通じ、元従軍慰安婦の方々への、わが国の国民的な償いが行われるに際し、私の気持ちを表明させていただきます。

いわゆる従軍慰安婦問題は当時の軍の関与の下に多数の女性の名誉と尊厳を深く傷つけた問題でございました。私は、日本国の内閣総理大臣として改めて、いわゆる従軍慰安婦として、数多の苦痛を経験され、心身にわたり癒やしがたい傷を負われたすべての方々に対し、心からおわびと反省の気持ちを申し上げます。

我々は、過去の重みからも未来への責任からも、逃げるわけにはまいりません。わが国としては、道義的な責任を痛感しつつ、おわびと反省の気持ちを踏まえ、過去の歴史を直視し、正しくこれを後世に伝えるとともに、いわれなき暴力など女性の名誉と尊厳に関わる諸問題にも積極的に取り組んでいかなければならないと考えております。

末筆ながら、皆様方のこれからの人生が安らかなものとなりますよう、心からお祈りしております。

敬具〉

一九九六年夏、日本政府が「日本国内閣総理大臣・橋本龍太郎」の名で、いわゆる従軍慰安婦に送った手紙である。

その後、小渕恵三、森喜朗の歴代内閣が署名し、二〇〇一年八月には靖国問題を巡って何かと物議を醸した小泉純一郎首相も、同様のおわびの手紙を送っている。

どういういきさつがあるかはわからないが、これを「謝罪ではない」というのだから、韓国側が納得する謝罪は、何度繰り返しても得られないのではないだろうか。それ以外にも、外務省には日本の戦時中の行為に対する謝罪リストがまとめられている。

戦争責任について、日本政府の見解は国際法に照らして「日本の植民地支配、朝鮮人の強制労働、従軍慰安婦に対する国及び個人の請求権を、すべて、完全に消滅させる代償として、日本は韓国に対して、八億ドル以上の賠償金（経済協力金）を支払い、かつ、ほとんどあらゆる製造業の分野で技術援助をする」ことを明確にした日韓請求権・経済協力協定（一九六五年六月調印）の「両締約国及び、その国民（法人を含む）の財産、権利、及び、利益、並びに、両締約国、及び、その国民の間の請求権に関する問題が、一九五一年九月八日に、サンフランシスコ市で署名された日本国との平和条約に規定されたものを含めて、完全、かつ、最終的に解決された」というものである。

日本に反省を迫り、謝罪を要求する元従軍慰安婦たちの主張が受け入れられるか否かに関しては、すでにアメリカの判決がある。

二〇〇六年二月、アメリカ最高裁は第二次世界大戦中に日本軍の従軍慰安婦にさせられたと主張する中国人、韓国人女性一五人が日本政府を相手に起こした訴訟に対する最終判決を下している。

在米の女性一五人が「ワシントン慰安婦問題連合」の全面的な支援を得て、二〇〇〇年九月に首都ワシントンの連邦地方裁判所に訴えたものである。

判決は、日本側の主張を全面的に認める形で、第二次大戦中のこの種の案件や謝罪は、すべて一九五一年のサンフランシスコ対日講和条約における国家間の合意や一九六五年の日韓国交正常化での両国間の合意によって解決済みと、訴えを退けている。

六五年の合意は朴大統領の父である朴正熙大統領が、日米など諸外国との関係改善を急ぎ、協定をリードする形で締結したものである。

また、フィリピンの英字紙インクワイアラー(電子版)によると、フィリピンの最高裁判所は二〇一四年八月一二日、旧日本軍の従軍慰安婦だったフィリピン女性がフィリピン政府に対し、日本政府に公式な謝罪を求めるよう要求していた裁判で、原告側の訴えを却下している。

もともとは、二〇〇四年に元慰安婦女性約六〇名が提訴。最高裁は二〇一〇年に訴えを却下していたが、女性らが不服として見直しを要求していたものである。

国際的な司法の世界では、いわば解決済みの問題である。

そんな状況の中、韓国側は慰安婦少女像を世界中でつくり続け、戦前の日本による強制労働を問題にして、新日鉄をはじめとした日本企業に賠償を求める訴訟を起こしている。

訴訟に関わった崔弁護士は、主張の正当性について、一九九八年に行われた元慰安婦三人を原告にした下関訴訟を引き合いに出しているが、広島高裁で原告敗訴さらに二〇〇三年三月の最高裁で控訴棄却の判決が出されている。

崔弁護士は「解決済み」という日本側の主張に対して「同じ戦争の被害者でも韓国人ハンセン病患者と原爆被爆者へは法による補償を行いながら、慰安婦問題だけ補償できないというのはおかしい」というのだが、それこそアジア女性基金を通しての補償もなされている。同様に、ハンセン病患者と原爆被爆者への補償は、人道上のもので、事情は日本人の場合でも変わらない。

どこまでを被害と認定するのか、虚偽の申告を含めて判断が難しいという側面もある。

それは被爆者でも同様であり、戦後の水俣病、イタイイタイ病裁判その他、多くの不満が生じてもいる。

下関判決についても、日本の裁判所も慰安婦と呼ばれる女性たちが、悲惨な体験をした事実は認めている上でその事実は争わない形で、最高裁判決はそれまでの解決済みという判断のもとに、訴えを却下しているわけである。

国際ルールとして、司法には一度判決の出た問題は二度とは裁かれないという「一事不再理」

との大原則がある。それを無視することは、司法の原則を否定する以上に、あまりに影響が大きいからである。

結局、訴訟の場ではなく、早期の解決のために発足した「女性のためのアジア平和国民基金」も「解決済み」の立場を取る日本側が国民基金として賠償した、その真意が伝わらないまま崔弁護士の言葉では「プロセスが問題だ」とされ、ほとんど徒労と化している。

戦争に限らず、人間のやることにはまちがいはつきものである。司法の世界にも冤罪はある。裁判官がすべて正しいという保証もない。例外的な事例を持ち出せば、白も黒に黒も白になる。

賠償金をめぐる問題の一つは、日本は国民国家であったのに対して、当時の韓国は軍事国家であったこと。そこを混同することによって、結果的にボタンのかけ違いが生じている。

つまり、韓国が軍事国家として全面的に対応するということであれば、個人の賠償分については、条約の中に、明確に記載しておく。賠償金の使い道に関して、日本側がわかるように、後にあいまいな形で責任が及ばないように明確にしないまま、国交回復を行ってはいけなかったということである。

もう一つは損害賠償と援助金というものを混同している。そうしたいつくものボタンのかけ違いがある。

対中国も同様だが、当時それぞれの事情があってのことだとしても、後にこういう問題が起こるだろうことは、十分に考慮しておかなければならない。

韓国と条約を締結する際に「この賠償金は日本の行ったことによって、まず不幸な目にあった人たちを対象にして、そのしかる後に韓国の復興・発展。公共事業や教育等に生かしてほしい」ということを明確にしておいたならば、韓国の人たちも「日本人もいいことをいう」と、少しは感謝されていたはずである。

それを当時の日本に求めても無理であり、そうした甘さ、あいまいさは日本の文化の特徴でもある。その意味では自業自得だが、それを小松の言葉では「才能が開花するような文化」に変えなければならない。日本を取り巻く様々な問題・トラブルをキチッと受け止めて、それを生かす。平和で持続可能な世界をつくる、ホモ・サピエンスとしての人類の在り方に則った文化である。そこにこそ、小松の出番もある。

それは、まるで今日の日韓の軋轢、打開しようのない状況を待っていたかのようにも見える。日韓国交回復五〇周年が話題になる二〇一五年が、小松にとって、つまりは世界の平和、人類の新たな流れを日本と韓国でつくるための布石であったとすれば、結果的にいかに先人が素晴らしい仕事、対立する関係を築いてくれたかということになる。

そして、小松が韓国に対して「シートシャッター門番」の販売権の無償供与を行ったことの意味も、ようやく理解できる。その深謀遠慮は、甘い日本人ばかりではないということ。一〇〇年単位で国家経営を考える大国、異なる文化の国に対峙するには、どうすべきかを、小松の言動が示してきた。その一つの証明でもある。

そこでは、補償という手段も大事な一つではあるが、それはこれまでのやり方、思考の延長線上のもの。彼らが本当に人類の新しい流れをつくる役割を担うというとき、そこに尊厳の命が見えてくる。彼らの尊厳の命が得られるという具合に持っていく。

そこでは補償は二番目になる。新しい時代に相応しい展開は、案外「補償金はいらない」という流れにならないとも限らない。「私たちだけが被害者ではない。たくさんの被害者がいる中で、私たちだけがもらったら、子孫に対して申し訳ない。このお金は未来のため、平和のために使って欲しい」と、補償金を辞退するということになれば、拍手も起こる。そういう具合にもっていく、その持っていき方が問題なのである。

日本には、水に流す文化＝断れば、許してくれるという甘さ、いい加減さがある。

ところが相手は許さない。水に流さないという異なる文化に生きている。

小松が指摘する「歴史というのは永遠の財産。国家・国民・民族にとって永遠の財産だ」という考え方を、日本人は知る必要がある。

これまで「日本の常識は世界の非常識」と言われてきたが、逆に二一世紀の今日、日本食やサブカルチャーなどに顕著な「クール・ジャパン」の動きに見られるように、少しずつ日本の文化が受け入れられつつある。

日本は島国で、四方を海で囲まれている希有な国際環境にあるため、境界があいまいなままである。国境を接する外国では、一つの国として成立させ、まとまりをつけるためには、内と外を明確に分ける必要があることから壁をつくる。物理的なものだけではなく、文化・言葉なども、例えば漢字を使ってきた韓国では、言葉の面からもハングルという韓国文字をつくることによって、中国と対峙してきた歴史がある。

人の数だけある歴史と被害者

歴史について、学ぶことの重要性ばかりが強調されるが、歴史は極論すれば、一家言を持つ人の数だけある。国家にとっても、それは変わらない。

そこでは正しいとされる歴史は、力のある大多数に都合のいいようにつくられる。勝者の歴史という言葉があるが、過去がそれぞれの都合のいいように曲げられることは、それこそ過去の歴史を見ればわかる。

世界はいまも、お互いが対立したまま、それぞれの都合と立場で、自分たちの正義を掲げながら、戦争やテロを繰り返している。

そうした現実からわれわれが学ぶことができるとすれば、致命的な対立、問題がいまもあるという事実である。

冷静に考えてみれば、併合と侵略はまったく別のものである。それがいまや併合=侵略とされて、日本人もそう信じ込んでいる。しかし、韓国に対するいわゆる植民地支配一つをとってみても、朴大統領の父・朴正煕元大統領は日本の内政化政策によって教育を受けられ、その後の社会インフラ等、韓国の発展の礎を築くことができたと、感謝している。

現在でも「日韓併合時代は良かった」と語った老人が、当時を知らない住民から殴り殺される一方、一時は朴槿恵大統領が首相候補に指名した韓国紙「中央日報」顧問が、日本による朝鮮半島の植民地支配と南北分断を「神の意思」だと講演していた他、旧日本軍の従軍慰安婦問題に対しても「謝罪を受ける必要はない」と述べて、問題になっている。

慰安婦を語る際に「性奴隷」という言葉とともに、本書でも取り上げた朝鮮の役が持ち出される。だが、今日、先進的な国の指導者たちは、誰もそんなことは行わない。

しかし、どこにでも例外はある。

いまも世界中で多くの殺人事件が発生し、その中には耳の代わりに死体をバラバラにして、世界に衝撃を与える殺人事件、猟奇事件もある。愛人を囲って、失脚する世界の指導者もいる。女性たちから訴えられれば、彼らは立派な加害者であり、女性たちは現代版「慰安婦」ということになる。

韓国でも内侍《ネシ》と呼ばれた中国の宦官制度や女性の纏足は、生きている人間の生殖能力を奪うこと、行動の自由を剥奪する制度である。今日の常識では、奴隷以下、人権蹂躪の最たるものである。だが、そこにも自ら望んでなった者たちもいる。

戦国時代に戦った相手の大切なものを「御印」として持ち帰り、その後供養するのに対して、どちらが残酷かは考え方にもよるが、いずれにしろ時代的・文化的背景があってのことであり、現代人が取り立てて批判材料にすることには、大した意味はない。

歴史認識問題をことさら政治の手段、国際問題にすることは、対立、抗争に拍車をかけ、やがて民族の崩壊、国家の崩壊へと至る道を用意するだけのことである。

重要なことは、再三指摘するように、人類史的な観点に立つことであり、地球的な発想のもとに、過去を未来に生かすこと。それが人間としての要件である。

そこでの歴史はあくまでも教訓であり、人として進化するための重要な入り口である。

そのつもりで、周りを見回せば、ちがう現実も見えてくる。

例えば二〇一四年八月一六日、米ミシガン州デトロイト北西のサウスフィールドにある韓国人文化会館で、カリフォルニア州についで二体目という慰安婦少女像の除幕式が開催された。そのニュースに対する韓国ネットユーザーのコメントには、次のような指摘もある。

「ベトナムの村には『空に届く罪悪、万代記憶せよ』という韓国軍に対する憎悪碑がある。いつも韓国は日本に謝罪を要求しているが、肝心の私たちはベトナムに対してしっかりと謝罪したことがない」

韓国軍によるベトナム戦争中の大量虐殺事件は、現代史の一大汚点とされている。韓国軍は民間人虐殺ばかりではなく、ベトナム各地で女性を強姦。大量の韓国兵との間の子供が生まれ、彼らは「ライダイハン」（ベトナム語でライは混血、ダイハンは韓国の意味）と呼ばれて社会問題化している。

あるいは、米紙ワシントンポスト（電子版）は同月一九日、バージニア州北部で、連邦下院選候補者が日本海の呼称として「東海」を併記した教科書の採択を促すと公約したり、旧日本軍の従軍慰安婦に関する石碑が設置されたことについて「韓国系住民への迎合が行き過ぎている」と批判する社説を掲載している。

「テキサス親父」の呼び名で知られるテキサス州在住の評論家トニー・マラーノは、日本人の代わりに「慰安婦像は日本人の名誉を毀損している。侮辱している」と、撤去を要求している。

韓国政府を提訴した元米軍慰安婦

二〇一四年の韓国では乗客を船室に残したまま、真っ先に船長が逃げ出して、世界を呆れさせた「セウォル号」沈没事故の他、朴大統領への責任追及並びに事件発生当時、朴大統領のスキャンダル疑惑を報じた「産経新聞」前ソウル支局長を名誉毀損罪で検察当局が報道の自由、表現の自由を無視して、在宅起訴するなど、不穏な状況が続いている。

そんな中、慰安婦を巡るもっとも衝撃的なニュースは、六月二五日、朝鮮戦争が休戦に近づいた一九五〇年代前半から七〇年代以降まで、米軍慰安婦にされた韓国人女性一二二人が韓国政府を相手取り、謝罪と賠償を求める訴訟を起こしたというものだろう。

従軍慰安婦を全世界に向けた反日キャンペーンとして展開してきた朴政権に、実は慰安婦被害は日本だけの問題ではなく、韓国政府が協力したアメリカ軍の問題だったという、意外な事実が明らかになったわけである。

しかも、在韓米軍基地の周辺の「基地村」で行われた売春を実質的に許可した責任者は、朴大統領の父である朴正煕大統領である。

ライダイハンの問題とともに、日本をターゲットに謝罪を要求してきた慰安婦問題が、ベトナム戦争では自国の問題であり、さらにアメリカから謝罪と補償をかちとるべき問題へと発展したということである。

もっとも、日本に対しては平和、女性の人権等を巡って厳しい言葉を投げかけるが、自国に都合が悪いとなると、沈黙するならまだしも、逆に反日・抗日攻勢を強めて、都合の悪い事実から目を反らせようとする。

「足なし禅師／本日ただいま誕生」

戦争の被害者同様、朝鮮半島との関係では、日本には北朝鮮による拉致被害者の問題がある。そこだけ取り出せば、彼らは日本と北朝鮮間の犠牲者であるが、その背景・底辺には北朝鮮がいまも戦争を続けている、いわば戦時下にあるということ、そして日本と平和友好条約を結んでいないという事実がある。北方領土問題を抱えるロシアとも平和友好条約は締結されていない。

現代の国際社会においては、それは戦争の中で起きたことと変わりがない、その事実を認識しないと、対応を誤るということである。解決するには、それなりの手順を踏む必要がある。

個人にとって、その体験がどんなに不幸で悲惨なものであっても、そこに「私のほうがもっと不幸で悲惨な体験をした」という人物が現れれば、不幸の優先順位（？）は入れ替わる。不幸の内容・程度の検証の結果を巡って対立も生まれる。自分の不幸と他人の不幸を比較する限り、死ぬまで不幸はついて回る。それでは何のための不幸、悲惨な体験なのか、自分の人生が意味のない無駄なものになる。

戦争の被害者は従軍慰安婦ばかりではない。彼女たちが加害者として糾弾する旧日本軍の中にも被害者はいる。

『足なし禅師／本日ただいま誕生』（柏樹社）の著者・小沢道雄は、両足を失っている。それも戦場で失ったわけではない。戦争が終わった後、北朝鮮からシベリアに送られた彼は、右肩を負傷しており労役には役立たないと、零下四〇度～五〇度という寒さの中、満州に移送される貨車の中で凍傷に冒されたのである。

次々と仲間たちが死んでいく中を生き延びた彼は、一九四五年一一月、満州・牡丹港の陸軍病院に運び込まれ、壊死した両足切断の手術を行う。

戦場で失う両足は地雷や爆撃など、いわば一瞬のできごとである。死と隣り合わせの戦場なら、命にしろ、両足にしろ、失う覚悟はある程度はできている。

だが、彼が両足を切断したのは、戦争の終わった病院のベッドの上である。しかも、満足な設備も麻酔もない。メスで肉をはぎ取った後は、ノコギリでゴシゴシと骨を切っていくのだから、その苦痛は「想像を絶する」としか言えないだろう。

病院での自分たちを、彼は「絶望集団」と呼んだ。負傷兵や病人は健康が回復すれば、シベリアでもどこでも使い道はある。だが、自分たちはただの厄介者でしかない。

日本に帰ることも、半分以上諦めていた。そんな希望の一かけらもない日々が続いた一九四六年夏、突然の帰国命令が出て、日本への引き揚げが始まる。その第一陣に病人・負傷兵が選ばれて、担架に乗せられた彼も健康な四人の兵隊に担がれて、いよいよ日本へと向かう。

歩きはじめて三日目の朝、ふと気がつくと、彼は満州の荒野にポツンと置き去りにされていた。周りでは亡くなった仲間たちが置き去りにされている。そんな中「おーい、まだ生きているぞ——」と叫んでも、誰もいない。

諦めかかっていたときに、親切な開拓団の人たちに救われて、奉天駅まで運ばれた。まさに九死に一生を得るわけだが、一難去ってまた一難。そこで三日間、放置されるという、そんな中を生き延びて、彼は氷川丸に乗り博多港にたどり着いた。

二六歳半ばでの帰国後、小倉の国立病院に搬送される。担当の外科部長が彼の傷口を見て「これはひどい。話には聞いていたが、よう帰ってこられましたねえ」と、目を丸くしたという。そこでも、義足をつけるために再手術。その後、神奈川県の相模原国立病院に移されて帰国後、初めて母親と弟に対面する。

「いっそのこと死んでしまおうと思ったのだが、帰ってきてしまった」

そう呟くと「傷は？」と言って、両足を見た母親は、包帯の上からそっと手で撫でながら、蚊のなくような小さな声で「よう、帰ってきた」と語ったという。

「兄貴がフィリピンで戦死した」と、弟は話した。戦争の被害者は自分一人ではない。両足切断のままでも、帰国できたことが、母親にとっては何よりの朗報だったのである。

とはいえ、彼はまだ二七歳である。

「同情と憐れみと、さげすみの目を受けたまま一生を生きてゆかねばならないのだろうか。そんな人生に何の喜びがあるというのか」「踏ん張ろうと思っても踏ん張る足がない」

そんな思いのまま、満州では一度も仏に祈ることなどしなかった彼が、最後は観世音菩薩にすがった。三〜四カ月後、何も変わらない現実を前に、彼は「観音は私を捨てた」と結論を下して祈ることを止めた。

そのとき、心の底のほうから、別の思いが湧き上がってきた。それが「苦しみの原因は比べることにある」ということだった。二七年前に生まれたことをやめにして、今日生まれたことにする。生まれ変わった彼は、義足での生活をスタート。傷痍軍人組織の代表を皮切りに、病院での事業から、会社を設立。大成功するところまではいいのだが、その後、社員に現金を持ち逃げされたり、義足の足の痛みに入院するなど、一九五四年に事業は破綻する。

その後、死んだつもりで始めた托鉢の旅では、ヤクザの親分に気に入られたり、法華経の女行者と祈祷の対決をしたり、ホームレスの連中の仲間入りをしたりと、まさに彼の人生は映画やドラマの世界そのものである。ホームレスの中には「まだ少女の時分、アメリカ兵に犯されて、それ以来言葉が出なくなった」若い女性もいた。

人々に感動と生きる勇気を与えた彼の人生は、一九七九年に東映で映画化された。主人公をクレージーキャッツの植木等が演じたこともあり、話題になった。それも戦うことを止め、新しく誕生した自分の人生を生きた結果である。

著書に添え書きを求められると、彼は「壺中日月長」と揮毫する。「後漢書」に日本の浦島太郎に似た話で、壺の中にある龍宮城のような仙境で一〇日ほど過ごしたつもりが、十数年たっていたとの話がある。禅の悟りの境地を表しているとされ、窮屈な壺の世界と思っていたものが、心の在り方を変えることで別世界になるというものだ。

幻の共同宣言案

聖書を繙くまでもなく「人を許さなければ、自分も許されない」というのが、キリスト教に限らず、多くの宗教の教えだが、目先のことにとらわれている限りは、何も変わることはない。

二五年ぶりに韓国を訪れたローマ法王は、二〇一四年八月一八日、ソウルの明洞聖堂で「平和と和解のためのミサ」を行った。ミサには七人の慰安婦が参列した。

法王は「神に平和と和解の恩寵を求める。この祈りは韓半島の中で一つの特別な共鳴を呼び起こす」と語り始めると、「容赦」の言葉を口にした。

「ペテロが神に尋ねた。『私の兄弟が私に罪を犯せば何回許さなければいけませんか。七回までしなければいけませんか』。イエスはこのように答えた。『七回ではなく七七回でも許さなければいけない』（マテオ福音一八章）。この言葉はイエスのメッセージの深い核心を表す」

聖書には人々の負債や過ちも許すように説く様々なメッセージがある。

バチカンの報道官は、元慰安婦との接触は「弱者に寄り添う」との法王の精神によるもので、政治的な意図はないと強調するが、肝心のメッセージも聞き入れられることなく、ローマ法王の韓国訪問は、慰安婦問題を国際世論に訴える格好のキャンペーン材料となったわけである。

過去を謝ってすむなら、またお金ですむならそれもいい。だが、少し考えればわかるように、相手はそれですんでも、今度は日本の右翼、反動勢力が許さない。結果、平和は実現しない。

肉体的な死同様、傷ついた過去は取りもどせない。しかし、心の傷は忘れることと許すことで癒やされる。逆に言えば、過去を忘れる、許すことでしか癒やされることはない。

その過去を忘れ、許すことができる方法は一つしかない。彼女が名誉を回復し、人間としての尊厳を得ることができるかどうかである。

どうしたら、彼女の名誉が回復し、尊厳を得ることができるのか。そのための提言が、小松社長が今回の訪日団に示した共同宣言案である。

そのポイントは、現在の小松が進めている構想とは異なるが、基本的な考え方は同じである。彼らを迎えた当時の小松の提案は、竹島あるいは沖縄等に韓国日本大使館前をはじめ米国他に設置されている「慰安婦少女像」を移設し、代わりに「平和の女神」をイメージした新たな女性像を建立し、世界の平和文化発祥の地とするというものである。

元慰安婦が「平和の女神」になることで、人間の肉体の命以上に大切な尊厳の命を取りもどすことができる。過去ではなく、未来を見ること。一つの国ではなく、世界を視野に入れることで景色はちがって見えてくる。

そうした形で、対立を統合そして発展へと持っていく。その大きなチャンス、鍵を握っているのが、韓国の元従軍慰安婦・平和使節団一行というわけである。

日本での共同宣言はなされなかったが、この一連の流れを生み出したことによって、彼は一ベンチャー企業の雄から、平和の事業家として、オランダ・ハーグでの「平和宮一〇〇周年を記念して選出された世界の指導的慈善事業家二〇人、その後のズットナー平和賞の第一回目の受賞者となっている。

慰安婦像に代わる「平和」の女神像

韓国および中国での反日・抗日の動きが強まる中、竹島問題をはじめ従軍慰安婦問題、ヘイトスピーチ問題など、中国との間の尖閣諸島をめぐる緊迫した情勢が続く。

日韓の問題は、いまやお互いが振り上げた拳の落としどころがない。つまりは小松にとっては、二十数年間の準備を整え「禍を転じて福となす」時がやってきたということである。

ＩＴ技術の進展によるネット革命の結果、世界の在り方は大きく変わった。スマートフォン、フェイスブックの登場は、個人主義、人間中心主義を原則とする欧米世界に、一人の個人が世界の全体につながるという新しい時代を切り開くことになる。

極端な言い方をすれば、彼らがそのつもりになれば、世界を相手にビジネスも情報発信も、さらには革命さえも起こすことができる。

すでに触れた新しい流れ、シチズンパワーの動きや二一世紀の資本主義に対する考え方はその結果であるが、使い方をまちがえると、当初、意図したものとは逆の結果になる。

従軍慰安婦の問題は、そうした典型的な事例だろう。

日本の現実とイメージの差は大きい。三・一一東日本大震災時の被災者の姿に象徴される、戦後七〇年の平和の価値は、世界に誇れるものではないのか。

かつて「海賊の末裔」と言われたスウェーデンは、そうした歴史を持つからこそ、現在二〇〇年以上、戦争のない平和を実現している。最後の戦争は一八一四年、カール・ヨハン一四世の時代である。その現実を見ることが、歴史を知る上でもっとも重要なことではないのか。

しかも、ベトナムでの韓国軍による大量虐殺事件、米国在住の元米軍韓国人慰安婦から訴えられるという、自国に都合の悪い問題については、ほおかぶりをしてのことだから、説得力に欠ける。

本当に「女性の人権」を第一にするならば、何事もまず「隗よりはじめよ」である。自分の足元をよく見てから始めてこそ、周りの信用も得られる。

それだけではない。日本を追い詰めるとどうなるかも、過去の歴史は示している。

「平和のため」のはずが、現実には韓国・中国の「反日・抗日」に後押しされて、平和な日本が、再び戦争を準備する「普通の国」になる日を迎えようとしている。七〇年の平和を謳歌してきた、多くの日本人としても迷惑であり、気分は被害者そのものである。

結局、慰安婦並びに弁護団が日本の賛同者たちとともにやってきたことは、あまりに失うことが大きい。

では、解決とは程遠い慰安婦問題について、どうすればいいのだろうか。

加害者がいて被害者がいる問題で、実は真の解決の鍵を握っているのは被害者である。

その事実を深く受け止め、彼女たちと接してきた小松は、平和事業構想の仕上げの様々な作業のため、世界を忙しく飛び歩く。

日本を取り巻く周囲の対立と緊張が高まれば高まるほど、中国、韓国と深いつきあいをして来た小松は、生き生きと、現在の混迷する状況を「いよいよ出雲の出番、つまりは自分の出番が来た」と、楽しんでいるかのように見える。

一一月二三日には、島根県松江の「くにびきメッセ」で、創業四二周年感謝事業と銘打ったイベント「出雲から陽が昇る２０１４」が開催された。

イベントではオランダで作製されたズットナー像の日本における披露を、作者であるイングリッド・ロレマ女史を招聘して行うことで「平和」を象徴する女神像として世界に発信する。同

ソウルの日本大使館前に設置された少女像の前にズットナー女史のパネルを置く小松理事長（2015年5月）

時に地元の水の偉人・周藤弥兵衛の世界への発信。オランダのハーグ、オーストリアのウィーンで発表した沖縄平和構想など、すべてがつながるというものである。

その一つ一つはバラバラのように見えるが、そのベースには一言でいうならば、美しい心がある。それを世界では「愛」と呼んできた。その大切なものの価値を伝えるには、知性や音楽、美、笑いそして感動が生まれる一大イベントが必要だからである。

それこそが「太陽の國・出雲」からのメッセージなのである。

もちろん、そこには韓国と中国との間で問題になっている諸問題を対立から統合、発展という形で感動に持っていく仕掛けが用意されている。その中には、領土や謝罪とともに慰安婦問題も「天略」の重要なテーマの一つとなっている。

第6章　二〇一四年冬

政治的軋轢が高まる中での中国の旅

「平和」の重要性

「ドイツを超えます」という発言

小泉首相の靖国参拝など、歴史問題をめぐって、日中関係の緊張が続く二〇〇四年九月、人間自然科学研究所の小松昭夫理事長は報道ジャーナリストのばばこういちや鳥取のテレビクルーと一緒に中国を訪問し、政府の長老・蕭向前との面談を行っている。

当時八六歳の蕭向前は日中国交正常化を推進した知日派として知られる。

中国・東北出身で「生まれながらに日本とのつながりがある」という蕭向前は、日本留学、中日備忘録貿易事務所（廖承志事務所）東京駐在代表などの外交活動を通した田中角栄内閣と大平正芳外相の思い出を語り、鈴木善幸内閣、大平内閣までの友好的な関係を振り返っている。

和やかな雰囲気が一転したのは、温厚に見えた蕭向前が、肝心の国交回復後の日中関係について「不幸だ」として、小泉首相の靖国参拝を批判、「日本はドイツを見習いなさい」と、明確に日本人に忠告した。そのときの映像が残されている。

一人で、いわば大中国を向こうに回して乗り込んできた小松を前に、百戦錬磨の外交官である彼は、小松が何を望んでいるかを、一瞬にして悟ったはずである。

ジャーナリストばばこういちとテレビクルーを同行して、そのときの映像が、小松電機および研究所のホームページその他、様々なシーンに利用されている。

それは彼が小松の話に一肌脱ぐことで、研究所の平和活動の流れの中で、いわば永遠の命を生きる。そういう形で、いわば蕭向前を使いこなす小松の仕掛けに「じゃあ、使われてやろうか」と、一肌脱いだということだろう。

蕭向前の忠告に対して、小松は「ドイツを超えます」と答えている。

その発言は、小松に言わせれば単なる口先のことではなく「日本を代表する立場で全部、段取りをして、時期の来るのを待っていた」ということになる。

では、ドイツを超えるということは、どういうことか。

ドイツはヨーロッパの中で、自分たちが生きていくために、率先して明確な謝罪と反省を形にしてきた。対する日本は、常にドイツと比較されて、過去の歴史を蒸し返されて、いまや中国・韓国との対立は臨界点に達している。

日本の立場はそうした国際的、地域的な環境にあることから、逆に日本とアジアだけではなく、広く世界が楽しく愉快に生きていくための役割を果たす。安全で平和な世界を実現するという意味で、ドイツを超えるというわけである。

もともと日本は世界で唯一の被爆国である。その結果、武器を捨てて平和憲法を持っている。その日本で原発事故が起きて、世界を震撼させることになる。

小松電機の本社のある松江には、島根原発がある。そうした諸々の事実を真摯に受け止めて、未来に生かす。

「やれ反省が足りない、謝罪が足りない」と、堂々巡りの展開の中で、そうした現実がある。それをどうしたら、未来に生かすことができるのか、その準備をし、前もって手を打ってきた。それが小松の二〇数年に及ぶ平和活動である。

打開策のない時代だからこそ、そして日本の置かれた環境だからこそ、今日の事態を予想して準備をしてきた小松の出番もある。

カレル・ヴァン・ウォルフレンの著書『日本の幸福にしない日本というシステム』『日本権力構造の謎』そして『日本に巣喰う4つの怪物』にも、日本の問題点は明確に書かれている。

そうした指摘を受け止めて、日本のこれまでの経緯と現状を分析し、逆に日本の文化を生かして、世界の平和の流れをつくる。

そのとき、日本というシステムの中で、いわゆるおいしい目を見た人間がいっぱいいる。保証人制度一つとっても、日本の銀行のためのようなもの。こうした彼らの素顔が暴かれることによって、やがて世間に顔向けできないようになる。それがネット社会であり、家族の身の安全、自己の名誉回復のため、例えば元銀行員が多額の寄付を申し出るといった新しい時代、新しい価値創造の時代が始まる。

有限会社として設立、その後、株式会社への改組を行ってきた小松電機産業の現在までの納税額は、およそ九五億円である。

現在も多額納税者リストに名を連ねる小松の過去の納税額を見ればわかるように、自ら率先して行っている。その上で、様々な平和活動を行ってきている。それが小松の強み、実績である。

もしドイツの首相が靖国神社を参拝したら？

出雲の地で生まれた小松には、多くの日本人とは異なる極東アジアに対する思いがある。日中戦争・第二次世界大戦後、北と南に分断された朝鮮（北朝鮮・韓国）という、いまだ世界の戦後処理が終わっていない国があること。その対岸にある日本には、地政学的側面から来る使命、時代がつくり出した役割があるというものである。

「過去に目を閉ざす者は結局のところ現在にも盲目になります」

日本とドイツの戦後処理が話題になるとき、何かと引用されるのが、一九八五年五月八日、当時のワイツゼッカー（ヴァイツゼッカー）西独大統領がドイツ敗戦四〇周年に行った連邦議会における演説の一節である。

ワイツゼッカーの有名な、この言葉を引き合いに出されつつ、日本は中国並びに韓国から過去の歴史に目を向けることを迫られ謝罪を要求されてきた。

一九九五年に来日したドイツのヘルムート・シュミット元首相からも、日本の侵略の歴史に関する近隣諸国への対応を批判されている。

靖国神社を、もしもドイツの首相とアメリカの大統領が参拝したら、世界はどう反応するのだろうか。

もちろん、大問題になる。その行為自体が問題にされるからである。ヒットラーに墓はないが、要はヒットラーの墓参りをするようなものである。

もちろん、実際には両国首脳は靖国神社を参拝していない。

だが、歴史をひもとけば、同様の事例がドイツにはある。ドイツの〝靖国神社〟に相当する場所は、ナチス親衛隊（ＳＳ）の戦死者が埋葬されているビットブルク墓地である。そこは、ドイツのみならず世界の〝Ａ級戦犯〟ナチス親衛隊が眠る象徴的な場所だ。

そのビットブルク墓地を、一九八五年五月にアメリカのレーガン大統領が西独コール首相とともに訪れており、ワイツゼッカー大統領が謝意を述べている。有名な演説はその三日後のことである。

なぜ、ドイツの首相とアメリカの大統領が参拝したのか。その意味を考えることが、実は過去に目を向けることの重要さであり、現在に目を閉ざすことを回避する道になる。つまりは過去の歴史を、負の遺産として、現在・未来に生かすということである。

ワイツゼッカーの演説には歴史に関する一節の他に、次のような表現もある。

「民族全体に罪がある、もしくは無罪である、というようなことはありません。罪といい無罪といい、集団的ではなく個人的なものであります」

「今日の人口の大部分はあの当時子供だったか、まだ生まれていませんでした。この人たちは自分が手を下してはいない行為に対して自らの罪を告白することはできません」

世界中から批判された墓参だが、彼の演説にもある真意は「罪を憎んで人を恨まず」ということであろう。それが負の遺産を生かすことになる。

戦争は国家が行うものであり、その国が戦争の責任を負い、犠牲者を追悼するのは、当然のことである。それは自国であっても、戦った相手国であっても、変わらない。だから、各国要人が相手国を訪ねたとき、戦没者慰霊碑などに献花して、改めて平和への思いを共有するわけである。それは日本でも変わらない。同時に多くの日本人は、A級戦犯が合祀されていても、普通に参拝する。死者を生前の罪によって、分けるという発想がないからである。

ワイツゼッカーは父親がヒットラー政権の外務次官に就任した一九三八年、一八歳で兵役に就くという経歴の持ち主である。戦後、ドイツの戦犯を裁いた「ヴィルヘルム街裁判」（外務省関係）の被告である。

その裁判に大学で法律を学んでいた彼は父親の弁護助手として関わることによって、ドイツの犯罪の事実と、その本質を知る。そこで見たドイツ側の文書には、ナチスがユダヤ人を強制的に移送する列車の存在や自分たちの周りで何が起きていたかを、ドイツ人自らが知っていながら看過してきたという事実が書かれていた。

人ごとではない事実を突きつけられる、彼のいう「最悪の体験」は、人々を加害者であると同時に被害者にもする。

演説を日本に紹介した永井清彦が、著書『ヴァイツゼッカー演説の精神』の中で、

〈ドイツの名で行われた犯罪を自覚し、反省するとともに、その反面でドイツ人自身の苦悩・悲嘆にもふれており、ドイツ人の加害・被害の両面に目を配った、優れた思索の結晶だといっていい〉

と記しているのも、そのためである。

現在に盲目とは、過去を生かすことなく、相変わらず報復の連鎖を未来に向けて増幅することであろう。

安倍首相の「靖国神社」鎮霊社参拝

第二次世界大戦での全世界の犠牲者数は何人か。軍人・民間人全世界の犠牲者数は、軍人・民間人を含めての被害者総数は、五〇〇〇万人から八〇〇〇万人とされる。そこには飢餓や病気による死者も含まれる他、統計の取り方、資料により、具体的な数字が異なるとはいえ、要するに当時の全人口のおよそ四分の一以上が犠牲となっている。

個別の国では当時のソ連（ロシア）の犠牲者数がもっとも多くて、二〇〇〇万人以上が亡くなっている。ちなみに、日本は軍人約二一〇万人、民間人約八〇万人、合計三一〇万人が亡くなっている。ここには朝鮮人、台湾人も含まれている。

戦後七〇年後の今日、平和な日本では信じがたい現実、リアリティのない数字でしかないが、それはいまも中東、アジア、アフリカ等で続いているという意味では、現代そのもの。いかに、戦争が割に合わないものかを示している。

戦後、歴代首相が参拝してきて、一九七八年にＡ級戦犯が合祀されて以降も、問題にされなかった靖国参拝が反日・抗日のターゲットとなったのは、一九八五年八月、海軍出身である中曽根康弘首相が公式参拝。中国から反発があったため、翌年から見送ったこと、さらに翌八六年八月、近隣諸国との平和友好と関連して「Ａ級戦犯を合祀している」ことを問題にしたことが、大きく影響している。

その後、首相在任当時、参拝を続けた小泉純一郎をはじめ、安倍首相の参拝が問題になる。ブッシュ大統領が来日したときには「小泉首相と一緒に靖国参拝をしたい」との意向を伝えられたが、日本の外務省が断っている。

善し悪しはさておき「ことなかれ主義」も、日本のお家芸である。

靖国参拝を中止するのは、中・韓の反発に配慮してのことだが、なぜ参拝を続けるのかは、中国・韓国にとっては信じがたいかもしれないが、安倍首相の言葉にもある通り、人類が進化するための前提条件として、平和は努力してつくる必要があるからである。

二〇一四年一二月、暮れも押し詰まった二六日、安倍首相が靖国神社を参拝した。アメリカからも「失望」というコメントがあったことで、中国・韓国からの批判ばかりではなく、一部を除くメディアからの批判を浴びた。

その日、安倍首相は別門から入って、本殿に向かう前に鎮霊社に参拝した後、本殿に向かっている。鎮霊社は靖国神社に合祀されていない、世界の戦争で亡くなった人々の鎮魂・慰霊をするための社であり、世界の平和を願って一九六五年に自らもA級戦犯として巣鴨プリズンに送られたただ一人の皇族・梨本宮守正王によって建立されている。

靖国神社自体が、その存在の価値をさほどわかっていないため、A級戦犯ばかりがクローズアップされるが、本来の日本における神道は浄土思想にも通じるように、あらゆるものに神が宿るという考え方であり、そこでは敵も味方もない共生・共存・共栄が基本であり、森羅万象すべてが融合する。究極の和の世界、それが神の道・神道である。

だからこそ、安倍首相は参拝の後の記者会見で鎮霊社に日本の首相として初めて参拝したことを強調したわけである。

「日本のために尊い命を犠牲にされた英霊に対して、尊崇の念を表し、そして御霊安らかなれと手を合わせて参りました」と語り、中国・韓国の人々を傷つける考えは毛頭ないこと、日本は平和国家の歩みを続けてきたこととして、対話を呼びかけ、理解を得る努力を続けていくというものである。

過去を反省していないと言われる日本は、謝罪も賠償もしている事実を、積極的に宣伝しないこともあり、逆に外交カードとして、中国・韓国から厳しく反省を迫られている。

歴史に「もしも」はないが、中国建国の父と称される孫文が日本に亡命中に、彼を助けた玄洋社の頭山満や、革命資金を提供した梅屋正吉らに語っていたことは「中国に深入りすると抜けられなくなる」という忠告であった。

一九二五年三月二五日、孫文は「革命いまだ成らず」との遺言を残して亡くなったが、前年の一一月、彼は日本の友人として、犬飼毅内閣に中国侵略政策を放棄すべきとの書簡を送り、神戸で「大アジア主義」に関する講演を行った。そこで日本に対して「西洋覇道の走狗となるのか、東洋王道の守護者となるのか」と語り、欧米の帝国主義ではなく、東洋の王道・平和の思想を掲げて、日中友好を訴えた。

孫文の忠告に耳を傾けることができないまま、日本は「永遠の泥沼」に足を取られることになる。日本の帝国主義への道、第二次世界大戦の遠因については、後述するように、脱亜入欧を目指した明治維新に逆上る必要があるが、孫文の忠告を生かせないのも、結局、日本の机の上で絵を描いて、中国に攻めていったことである。その中国は日本とちがって、大平原である。「井の中の蛙、大海を知らず」というが、なぜ、彼らがそんなことをやったのか。時代背景、通商貿易、エネルギー事情など、様々な内外の事情があってのことである。

その結果、慰安婦問題同様、われわれ日本人は、周囲に大量の怨念発電所をつくられている。そして、怨念の拡大再生産が相変わらず続けられている。

「歴史は永遠の財産である」という小松に言わせれば、そうした過去の事実があるからこそ「日本はいま戦後責任を果たすという素晴らしい立ち位置にいる」ということになる。

怨念のエネルギーは、人間の意思から生まれる。一方、原発をはじめとした発電所など、エントロピーを生じるのが、自然界からのエネルギーである。この二つを分けることから、新しい知が始まるというのが、小松のスタンスである。

この二つのエネルギー、精神的なものと物質的なものとを峻別することから、楽しく生きられる社会あるいは企業、国家、時代が生まれる。つまり、世界で亡くなった人々をキチッと、明確になぜ亡くなったのか、軍人か市民か、戦争の被害者なのか、処刑されて亡くなったのかを明確にして、それをメモリアルすることが必要になる。戦犯は戦犯として、どういう事情で処刑されたのかをメモリアルする。

そして、祭典は別にする。それが分別であり、メモリアルの施設とともに、祈り、誓う場所がある。それが過去を未来に生かす人類の知恵ではないのか。同時に、それは和の文化を基本とする極めて日本らしい在り方でもある。

靖国神社にもメモリアルとしての遊就館がある。神殿の隣には鎮霊社がある。世界の戦争・事変により亡くなった人々を慰霊する鎮霊社を、もっと大々的に、世界一のものにするならば、靖国神社にA級戦犯が合祀されているといった問題も、瑣末なものになるはずである。

中国の「古城・台児荘」の戦争テーマパーク

日中戦争の発端となった一九三七年の蘆溝橋事件から七七年となる二〇一四年七月七日。中国の習近平国家主席が、北京市郊外にある蘆溝橋近くの「中国人民抗日戦争記念館」での記念式典で演説し「侵略の歴史に対する否定や歪曲を中国人民は決して許さない」と述べて、安倍政権を牽制した。

中国の最高指導者が蘆溝橋事件の記念式典に出席したのは初めてのことであり、北京の共同通信は「習指導部は『中国脅威論』を理由に集団的自衛権の行使容認などを推進する安倍政権に対し、歴史問題を絡めた批判を強めていく構えで、冷え込んでいる日中両国民の感情がさらに悪化するのは必至だ」として、共産党独裁の最大の根拠と位置付けられる抗日戦争勝利の歴史を宣伝することにより、求心力を高める狙いがあると伝えている。

その後も、九月三日の抗日戦争勝利記念日、さらに一二月一三日の南京大虐殺の犠牲者追悼日でも、同様の愛国キャンペーンが繰り広げられている。

日中の緊張が高まる二〇一四年二月下旬、小松は新たにハルピン駅にオープンした安重根義士記念館および七三一部隊の史跡資料館を訪問。その後、北京駅から新幹線「和階号」で、山東省棗荘市へと向かい、聖徳銅像芸術社で制作中の周藤弥兵衛の銅像を見た後、台児荘大戦記念館をおよそ一〇年ぶりに訪れた。

一〇数年前、八時間かけて行った棗荘市に新幹線で二時間半である。北京駅には「そうだ京都に行こう」といった感じの大きな広告パネルが、六枚ずらっと並べられていて、見れば目的地である棗荘市「古城・台児荘」のものである。

駅に着いて、旧市街に向かう道に、昔の面影はない。ときおり、古い市場のような場所があり、古い家並みが見えるあたりに、わずかに昔の面影が残っている。

一〇数年前に訪れたことがある台児荘の大戦記念館に行って、北京駅に並ぶ広告パネルの意味が見えてくる。記念館周辺は広大なリゾート開発が進んで、台児荘大戦記念館自体が、まるで戦争テーマパークといった趣である。

記念館自体も、新たに二階部分が増設されているなど、展示内容の力の入れようは国共合作の地という日中戦争の象徴的な場所とはいえ、相手が頑張れば頑張るほど、日本の保守層の反発を招き、平和は遠のき、日本の右傾化が進行していくのだから、平和を愛する日本人にはいささか当惑する思いもある。

北京の抗日戦争記念館は八年ぶりの訪問だという小松社長によれば、他の戦争記念館同様「展示内容の拡張と充実ぶりには驚くほどだ」とか。中国の戦争記念館の拠点とあって、抗日・反日の内容はともかく、その情熱から彼らが求めていることは平和だということは信じていいのかもしれない。とはいえ、日本だけを標的にするのには、かなり無理がある。軍備を捨て「平和憲法」を持って、曲がりなりにも七〇年間平和を維持してきて、世界で一番治安がいい、安全な国は日本だからである。

そんな五日間の中国訪問を終えて、一人のジャーナリストとして発表した「訪中所感」が、以下の内容である。

〈何事も百聞は一見に如かずである。訪中時、今冬最悪の状態となった中国の大気汚染も想像を絶するレベルである。だが、大陸・中国ではすべてがケタ外れだと感心しているわけにはいかない。国境に線を引くことはできても、空に線は引くことができない。引いたつもりでも、空気は世界を自由に行き来する。

日中、日韓の軋轢が高まる中での訪中は、いろいろなことを考えさせられる。

日本では安倍晋三政権が中国および韓国からの「反日・抗日」攻勢を追い風にして、ますます右傾化の度合いを強める一方、中国では平和を掲げた戦争歴史記念館が続々と建設され、充実の度合いを強めていく。

特に一〇数年ぶりに再訪した台児荘の大戦記念館は、その周辺の開発を含めて、近年の日中関係を象徴しているといえばそれまでだが、目を見張るほどの拡充ぶりに、驚きを禁じえない。その結果、正義と平和が実現するのであれば歓迎すべきことかもしれないが、現実はそうではない。振り返ってみれば、正義と平和を掲げて人間が行ってきたこと、国と国が行ってきたことは同じ歴史の繰り返しである。

平和を愛する一人の日本人としては、日中両国で進行する事態に窒息する思いになると同時に、これまでとはちがうやり方が問われていることをひしひしと感じる。そこに人間自然科学研究所（小松昭夫理事長）の役割があるのではないかと強く思うのも、今回の訪問で感じたことである。つまり、政府レベルでは対立が続いていても、民間レベルではどこへ行っても友好的である。言葉と国籍はちがっていても、似たような顔をした古くからの友人として、想像以上の歓待を受けたことこそが、大きな救いであり、未来につながる希望の光である。

一日も早く、そうした平和な空気が世界を覆うことを願うばかりである。〉

中国との交流を深めてきた小松にとって、この一〇年間の変化を見る思いは複雑であるようだ。「平和のため」と称して、中国中に数多くの反日・抗日戦争の歴史記念館が建設されている。韓

2002年5月に中国台児荘大戦記念館を訪問・献花した小松理事長（中央左）

国の慰安婦像同様、世界中に他国の侵略・残虐性を訴え続ける。

　その当の国が品行方正で徳も高く立派であれば、返す言葉はないが、二一世紀の今日、世界にそんな国はない。世界第二の経済大国を誇り、やがてアメリカを抜く勢いにある中国は、いまだ言論の自由は基本的にない。韓国にしても、軍事政権の時代こそ去って久しいが、いまも自国に都合の悪い日本人ジャーナリストや親日派韓国人を起訴し、軟禁するなど、国際外交上あり得ない対応を行っている。

　当たり前のことだが、韓国問題に限らず、中国問題も日本における国際問題である。国際問題とは独立した国家としての日本と、その主権者である日本国民という前提があって成り立つ。

　お互いに独立した国家である限り、それぞれが独自の国家戦略と戦術を持っている。

安倍首相も参加した中国・北京でのAPECアジア太平洋経済協力会議の開催中、二年半ぶりの日中首脳の本格的な会談が行われた。

「人類社会代表重任」安重根の悲劇

韓国から中国へと展開、反日・抗日のシンボルとなった安重根並びに義士記念館に関する韓・中の取り組みは、果たして安重根本人の遺志をどこまでくみ取っているのだろうか。

それは安重根にとってのもう一つの悲劇であり、韓国にとっての不幸でもある。

中国ハルピンの安重根義士記念館訪問一月後の二〇一四年三月二六日、韓国での安重根の処刑から一〇四年目という追悼式に出席した小松は、日本からの主賓の一人として、あいさつを行った。

多くの参列者からの拍手を受けたという彼のあいさつは、韓国はその安重根の理想、大きな考えを、韓国・反日・アジアの安重根という形で矮小化しているのではないかとの問いかけでもある。

小松が見ているのは、安重根が処刑の三日前まで書いていた最後の論文「東洋平和論」である。結局、未完に終わった論文の最後は「自然の形勢をかえりみることなしに、同種の隣邦を迫害するものは、やがて独夫の禍をまぬがれることはできない」という日本の驕りを戒めるものである。

「独夫の禍」の独夫とは五経の一つ「尚書」（書経）泰誓編にある「虐政を行って天帝からも人

民からも見放された男」のこと、もちろん日本のことである。

安重根が論文の中で、さらに展開しようとした東洋平和への思いは、結局、処刑によって後世に託された。小松はその遺志を深く自分のこととして受け止めたわけである。

そして「東洋平和論」を貫く立場は「人類社会代表重任」である。

小松はこのソウル南山公園の石碑に刻まれた安重根の「人類社会代表重任」の書を見て、龍谷大学の戸塚悦朗教授から、この言葉が「現代社会の基本である人権の語源である」ことを教えられる。

「重任」とは英語では「インポータント・ミッション」であり、安重根はその重要な使命を担っていることを自覚する真の市民という立場を鮮明にしている。

安重根の追悼が韓国で行われてきたのは、当然のことだが、日本でも日本人看守（憲兵）千葉十七の墓がある宮城県・曹洞宗「大林寺」で行われている。

その事実が物語っているのは、伊藤博文と安重根の悲劇と平和への思いという対立する問題の中から、過去の悲劇を未来に生かすことができる、その価値を知っているのが、二国間の関係では被害国である日本だということである。

「東洋平和論」と「人類社会代表重任」を無視して安重根を単純に国の英雄として祭り上げることによって、安重根が本当に尊敬される存在になるのだろうか。安重根はそれで満足するのだろうか。彼の願ったことなのだろうかということである。

日本人看守が安重根に見たものは、テロリスト安重根ではなく、その国を思う心、平和を願う心である。そこから彼らが見ているのは、世界であり、未来である。

そこでは、伊藤公がもともと併合反対論者だったとか、その立場を捨てたといった問題は、さほど意味がない。

韓国の独立義兵軍の参謀中将としての任務を果したという安重根にとっては「テロではない」と言えても、理屈はどうあれ、日本の元勲の殺害は、日本ではテロリストの仕業となる。恨の文化そして韓国ルールという国の特殊性から来る不幸の一例であろう。

彼を育てた母親は死刑を求刑されたときに「控訴などせずに、すぐに刑に服するのですよ。そなたは韓国人として祖国のために義挙を行ったのですから、控訴をすれば命を長らえるためにもなってしまい大変な恥になります。もしそなたが、年老いた母より先に死ぬのが不幸になると考えて控訴するなら、この母親の教育は一体なんであったのかと笑われるのですよ」という伝言を、旅順監房の息子に届けていた。

伊藤博文を殺害した安重根を尊敬に値すると認めた日本人は、死刑の後、安重根の遺影と彼から贈られた遺墨「為国献身軍人本分（国のために身を献じるは軍人の本分）」を仏壇に供え、終生供養した千葉十七の他にもいる。

元経団連の副会長の安藤豊禄（小野田セメント社長）が、伊藤公の随員としてハルピン駅頭で安重根に撃たれてケガをした元満鉄理事の田中清次郎に関する思い出話を披露している。

安藤豊禄が田中清次郎に「これまで会った世界の名士の中で、一番偉かった人」を聞いたところ、即座に「それは、安重根だよ、残念ながら」という答えが返ってきた。

相手は自分を怪我させた男である。「なぜ?」という問いに田中清次郎は、

「人の偉さというのは、ほんの一瞬の出会いでも分かるものなんだね。つまり、人間の奥深さというものは、長い年月をかけてもわからないものだが、一瞬の内に垣間見せられる場合だってあるということだ」

「安が伊藤公に向けていた眼差しは、ほんの数秒間にも満たない時間であったが、このボクには何ともいえない清々しいものに見えた。この人物はただ者ではない」

そして、撃たれた痛みよりも、安の眼差しに釘付けになっていたという。

「南京大虐殺の真実」と中国の不幸

様々な「負の遺産」を生かすことは、慰安婦をめぐる日韓関係ばかりではなく、中国の南京大虐殺にも当てはまる。

中国が言う「三〇万人」が、日本の右翼ばかりではなく、保守的な学者等からも「なかった」

と、一八〇度異なる事実・見解が、繰り返し出てくる。

大きな理由の一つは、南京を指揮した松井石根大将が日本の軍人の中では、もっとも中国を知り、中国を愛していた人物だという事実に加えて、もっとも日本武士道を戦場においても、貫いた軍人の鑑のような人物だったからである。

中国の「国父」である孫文（孫中山）を支援した一人として知られる。一九二八年の張作霖爆殺事件の首謀者・河本大作の厳罰処分を主張、結果的に退役とさせるなど、軍部内に敵も多いが、親中派として知られる存在である。

後に蒋介石とは袂を分かつが、南京事件前の一九三四年一月、東洋平和のため「大亜細亜協会」を設立。同年八月、退役し予備役となった松井大将は一九三六年二月には、排日運動が勢いを増す中国を訪れ、国民政府の蒋介石総統および何応欽上将と会談。「日中和平交渉・松井試案」を提示している。

だが、歴史の歯車は松井大将の思いを押し退けるように、蒋介石と毛沢東の国共合作から一九三七年の盧溝橋事件を経て、ついに日中戦争へと至る。

当時、すでに予備役だった松井大将も現役に復帰、上海派遣軍の司令官を命じられ、上海そして南京に向かい、多くの美談を残す一方で、南京における事件（大虐殺）の指揮官という汚名を被ることになる。

その余りの隔たりを埋めるものは何なのか。戦後、東京裁判で上げられた五五の罪状のうち五四は無罪。唯一、部下の暴走を止められなかったという南京事件での責任を問われて、ＢＣ級戦犯として絞首刑に処せられた。

南京大虐殺が真実かデッチ上げか。国民軍と共産軍による内戦が続いていたこともあり、真実を伝える写真や証拠に、明らかな間違いがある一方、日本軍が南京入りしたという事実は争えない。「事実がどうだったか」について、中国・韓国相手に、どうこう言うつもりはない。極端な言い方をすれば、事実は神のみぞ知る。それが小松の立場である。

そう考えれば、謝ってほしい相手にはいくらでも謝ることができる。

書類を焼いてしまっているのだから、向こうから何を言われても、受け止めればいい。それ以外に手はない。事実、これまでのいきさつはそのことをよく物語っている。

止めてくれといっても止めない。逆に、事件が虐殺になり、大虐殺になっていく。その事実を受け止めて、それを生かせばいいということである。

そう語る小松は、周りから見て、中国の立場に立っているようにも見える。

しかし、彼は戦前のことなど知らない立場である。しかし、戦後責任はある。そのためには、まずは相手の言い分を聞く必要がある。その上で、戦後責任をどういう形で果たしていくかを共に考える。相手あってのことであり、同時にこれまでの土俵ではなく、人類史における一通過点として捉え、世界の平和への新しい流れをつくる。すべて、天略という視点からやっていることだという。

それは安重根に関しても同様であり、それがわからないと「小松さんは安重根を尊敬している」と言われる。

当然ながら、安重根など会ったこともなければ、詳しく知る立場でもない。だが、実際問題として、安重根の言動は、いろんな意味で平和の事業化あるいは人間自然科学研究所の活動に生かせるから語っている。つまりは日本のために生かせる。日本のために生かせるということは、対立する韓国のためにも生かせる、北朝鮮のあるいは中国・ロシア・アメリカ、つまりは世界中のために生かせるということである。

しかも、自分たちの理解者だと思って、相手は歓迎する。当の本人は日本人だから、日本人のためにやっている。同時に、この時代に日本人のためにやるということは、世界のためにということである。そこには、何の矛盾もない。

大虐殺といったことはどこにでも起こりうる。第二次世界大戦後も、例えば一九六〇年代のインドネシアにおける政変では、軍によるクーデターの際には、犠牲者数一〇〇万人とも二〇〇万人とも言われる大虐殺が起きている。一九九〇年代のユーゴスラヴィア紛争時のエスニッククリーニング（民族浄化）の名の下での大量虐殺もある。

しかも、もともとの南京大虐殺は五〇〇〇年の歴史を誇る中国で、何度か繰り返されてきた。その文化は近年の文化大革命でも、天安門事件でも変わらない。

問題はそんなところにはない。歴史的な事実を巡って、大きな対立があること、いったんは解決したように見えたものが、諸般の事情により改めて問題化しているという、今日のこじれた関係が問題であり、近隣アジアから世界の不安材料となり、一触即発の危機を招いている。

一つはこれまでの世界の歴史を見ればわかるように、対立から開戦への道をたどる。かつてあった日中戦争の再開である。

しかし、それでは韓国の慰安婦問題同様「天略」に逆行する。

もう一つは、どういう経緯があったにしろ、日清・日露戦争を経て韓国併合が行われ、日中戦争そして第二次大戦後、朝鮮戦争が起こった結果、朝鮮半島にはいまなお北朝鮮と韓国という二つに分断されたまま、複雑に絡み合った過去が存在している。

その過去を生かすことが重要であり、だからこそ、小松は平和事業構想を推進し、世界の戦争・平和記念館等の行脚を続けてきたわけである。

人間の愚かさと残酷さは、いつの時代、どこの国でも見られる悲しい現実である。

「戦争は愚者でも始めることができる。実際、しばしば愚者が始める。だが、それを終わらせるのは賢者の務めである」と言われるが、いまこそ「終戦」を人類共有の歴史の教訓、価値ある財産にすべき時である。

その「終戦」という言葉を積極的に生かして、人類の戦争を終わりにする役割を持った国家が日本であり、その先駆けを行ったのが出雲ということになる。そして「みなさん、ぜひ協力してください」というのが、小松からのメッセージである。

日中国交正常化と日本軍戦犯

放送ジャーナリストばばこういちらと一緒に蕭向前と面談した小松は、生前、彼の自宅に招かれる数少ない日本人の一人であった。

そんな小松たちの前で見せた蕭向前の指摘は、一九七二年の日中国交回復当時を知る者には意外な印象がある。それまでの日中友好の歴史を覆し、かつての両国首脳の見解をリセットするものであり、それが今日の中国における反日・抗日の太い流れとなっている。

中国政府は「従前から、日本の中国侵略戦争は日本軍国主義が引き起こしたのである、と見ている。この侵略戦争によって中国人民は大きな災禍を被った。日本の多くの国民も損害を受けた。われわれは永久にこの歴史的教訓を汲み取り、そのような歴史を繰り返さないようにしなければならない。そうしてこそ、両国人民の根本的利益に合致し得るのであり、それはまた両国政府の債務でもある」との見解を公表している。

そうした過去を踏まえた上で、毛沢東は日中国交回復のため、いろんなところで日本に対する感謝を口にしている。例えば元戦犯でありながら、日中友好のための「井戸」を掘った一人である遠藤三郎・元陸軍中将が、一九五六年に訪中した際、日本の中国侵略に対して「何も申し訳なく思うことはない。日本軍国主義は中国に大きな利益をもたらした。中国人民に権力を奪取させてくれた。日本の皇軍なしには、われわれは奪取することはできなかった」と、力による侵略では勝利は得られないことを教えてくれたこと、また日本軍のおかげで中国人民が一つにまとまることができたことから「日本は反面教師である」と語っている。

周恩来総理は日中国交正常化のための首脳会議が暗礁に乗り上げそうになると、最後は「お互いに国内の事情があることはよくわかりますから、議論は議論として小異を残して大同につきましょう」と述べている。この大同には天下が平和に栄えるという意味もある。

日本もまた、日中共同声明の中で「日本国が過去において戦争により中国人民に重大な損害を与えたことの責任を痛感し、深く反省する」とあるように、事あるごとに謝罪と反省の言葉を述べてきた。

その後、一九七八年八月に日中平和友好条約が締結され、翌七九年一二月、大平首相が日中国交正常化後の中国を訪問。このとき、北京で行った講演は、日中の将来をも見据えた奥行きを感じさせるものであり、聴く者に大きな感動を与えた。

「国と国との関係でもっとも大切なものは、国民の心と心の真に結ばれた強固な信頼である。これを裏打ちするものは、相互の国民の間の理解でなければならない。しかし、相手を知ることは決して容易なことではなく、体制も流儀も異なる両国間においてはなおさらのことである」

「これからの時代にも襲うであろう数々の荒波の中で、われわれ双方が、常に二〇〇〇年の友好往来と文化交流の歴史をふりかえり、今日われわれが抱いている相互の信頼の心を失わずに努力し続けるならば、われわれの子孫は永きにわたる平和友好関係を、未来の世界に誇ることになるであろう。一時的ムードや情緒的親近感、さらには経済上の利益、打算の上に日中関係の諸局面を築こうとするなら、しょせん砂上の楼閣に似た、はかなく脆弱なものに終わるだろう」

日本人公墓と映画『嗚呼・満蒙開拓団』

日本人公墓は、国交正常化前の一九六三年、黒竜江省方正県政府が、満州（中国東北部）で亡くなった日本の開拓民を祀るために建てたものである。

二〇〇八年に製作された映画『嗚呼・満蒙開拓団』は、旧満州の大連で生まれた羽田澄子監督が「方正地区日本人公墓」の存在を知ったことから企画したものである。いくつもの賞を取った映画は、いまも自主上映の形で各地を巡っている。

二〇一二年には「ベアテの贈りものを届ける会」（加藤尚子代表）の主催により、松江市でも上映されている。ちなみに、主催のベアテの会は日本国憲法に携わり「男女同権条項（第二四条）」を盛り込むことに尽力したベアテ・シロタ・ゴードン一家の苦難と同条項を受け取った日本女性の思いを描いた映画『ベアテの贈りもの』をきっかけにできたグループである。

松江で羽田監督の代役として講師を演じた大類善啓「方正友好交流の会」事務局長は、日中国交回復のための井戸を掘った一人である岡崎嘉平太（日中覚書貿易事務所代表）の話を紹介している。

国交回復時、中国政府が日本からの賠償金を放棄する決断をした際、旧満州（東北地方）から「残留孤児を養育した費用だけは賠償とは別に補償すべきだ」という声が、周恩来にまで押し寄せた。その大きな声を、周恩来は抑えた。

当時、周恩来から聞かされた秘話について、岡崎嘉平太は「この話だけは誰にも話さなかったことだが」と前置きして「方正友好交流の会」の前身である「方正地区支援交流の会」の会長および事務局長に語ったものである。

〈周恩来は、賠償はもちろん東北（旧満州）からの強い要求を、たぶん涙をのんで敢えて抑え、いかに憎悪と怨みの連鎖を断ち切ろうとしたかということである。

その時々の民衆の声を聞くのが為政者の務めである。しかし、その要求が理に適っていようと、それ以上に、長い目で見た場合の高度な政治判断の方が、ヒューマンな精神を呼び覚まし、恒久平和に繋がる道であると考えた場合、断固としてそれを貫徹することがいかに重要であることか。このエピソードはそれを語っている〉

こう、大類善啓は「方正友好交流の会」会報（「星火方正」一〇号）に書いている。

第二次大戦の終結後、蔣介石総統が「徳（恩）を以て怨みに報いる」という声明を発表し、対日戦争賠償を放棄したという話も有名である。その事実を疑問視する見方もあるが、中国が戦後賠償を求めず、日本は代わりにＯＤＡなどの経済援助を続けてきた。

民衆レベルでも、長い友好の絆をつないできた方正地区の人々との交流の過程には「過去は水に流して交流を深めよう」と中国語で書かれた手紙も残されている。

その広い心で日本人ばかりか、世界に感動を与えた歴史的な尊い行為を、当の中国人が忘れているかのようである。

事実、日中友好の証しともいえる方正の日本人公墓も、二〇一一年夏、県政府が犠牲者の名前を刻んだ慰霊碑を建てると、赤いペンキをかけられ、県政府には「売国奴」との中国各地からの非難の声が寄せられて、折角の慰霊碑は数日で解体された。日中友好を願う県政府の恩情が、仇になった形である。

日本留学の経験のある周恩来にとって、思い出の地である京都・嵐山の亀山公園には、彼の「雨中嵐山」の詩碑がある。そして、渡月橋そばの広場には「日中不再戦」の石碑が建っている。

そんな周恩来の思いは過去の歴史の中に埋もれたまま、日本を取り巻く状況は、実質的な戦争準備状態にある。過去を知る者の多くは、日中戦争前の〝空気〟と重なることを案じている。

戦いを避ける日本の「謝る文化」

日本の常識は世界の非常識といわれるが、世界には日本人には想像もできない現実がある。日本では昔から英語教育の現場で、あるいは海外旅行、ビジネスの最前線で、外国を語るときに「謝らない」というキーワードがある。日本人と外国人の一番のちがいは、日本人が何でも謝るため、逆に誤解を生んだり、余計な罪を負わされることである。

諸外国では自分のまちがいを認めると、損害賠償などの法律問題で不利になる。日本以外の国では謝るという行為は、ほぼ期待できないといわれる所以である。

日本人は江戸しぐさに見られるように、お互いがぶつかったとき、ぶつかったほう（加害者）とぶつかられたほう（被害者）の両方が「ごめんなさい」と謝る。そうすることによってそれ以上の対立を避けるという生活の知恵がある。

日本人は自分が悪くないのに謝る文化の中で生きているということである。

その日本に基本的に謝らない国の人たちが「謝罪しろ」というのだから、日本の謝罪が頓珍漢な展開をするのも、不思議なことではない。

だが、国際社会では自分のまちがいを認めるときは、その後のストーリーを用意している。相手が「それだったら何も言うことはない」という段取りをした上で、初めて謝罪する。それ以外のところで、謝ってはいけないのは、あらぬ誤解を招くだけだからである。

「すみません」という日本語の謝罪は、謝ってもそれではすまないということを表している。済まないことを、済んだことにするという生活の知恵、人間関係の潤滑油である。

日本ではその言葉が、単なるあいさつ語に転化するのも当然である。

もっと丁寧に「申し訳ありません」という言い方もある。意味は、どんなに謝罪すべき大変なことをしたとしても、過去は申し訳（言い訳）ができない。

その言葉をどう受け止めるかは、相手次第である。謝ったつもりが、相手はそうは思わない。何度謝っても堂々巡りになるのは、被害者が納得しないからである。

済まない、申し訳ができない、一度起きたことは元に戻らない。それをどうやって終息させるかというヒントが「ごめんなさい」という言葉にある。

結局、謝罪の終息の仕方、過去のあやまちをリセットする方法は、被害者が相手（加害者）のあやまち（罪）を免除する以外にはない。それが「御免＝免除」を「（し）なさい！」という形で命ずる「ごめんなさい」という言葉の持つ意味である。

謝罪文化のないと言われる外国でも、例えば英語での謝罪の言葉「アイアムソーリー」は、あくまでも自分の「悲しみ」であるが、「エクスキューズ・ミー」のほうは、辞書に書いてある意味（弁解・許し）こそものものしいが、実際にはあいさつ程度のものである。同様にｐａｒｄｏｎ「御免」という言葉も、免除を乞う、許しを得るあいさつ語として使われている。

そこに、本来の言葉の意味をくみ取るならば、結局のところ、被害者が「許す」ことが謝罪の条件・本質だとわかるのではないだろうか。

韓国でも中国でも、日本に対して謝罪しろという。韓国の慰安婦・李容洙は天皇に謝罪しろとまで言う。

その天皇は日本人を代表して会う前から謝罪している。実際に会えば、個別に謝罪もする。それは天皇個人の問題だからではなく、日本の象徴として、日本に関わることが、つまりは世界のすべてに対する責任を果たすことだとの立場からくる営みとしてである。

戦後、昭和天皇がマッカーサーに初めて会ったときに、天皇は何と言ったのか？

マッカーサーは天皇が命乞いをすると確信して面談に望んだのだが、天皇は「自分の身はどうなってもいいから、人民の安全を確保してほしい」と語ったのである。その言葉にカルチャーショックを受けると同時に、天皇を利用することから、日本の戦後の復興は始まった。

マッカーサーが驚いたのは、かつてそのような態度をとった国の支配者、リーダーなど世界のどこにもいないことを知っていたからである。

天皇は個別の問題に対して、原則的に関わることはない。伝える場合も、間接的に和歌などを用いる。

「よもの海みなはらからと思ふ世になど波風のたちさわぐらむ」（明治天皇）

昭和天皇は一九四一年九月、対米開戦の方針が事実上決定された御前会議の席で、御製を読み上げた。欧米を知る天皇のかねてからの平和の願いを、より明確に「戦争反対」として、明治天皇の歌を借りる形で表したわけである。

もし、天皇が慰安婦の人たちに会うことがあるならば、それは現在の日韓の対立が終息に向かう、その糸口を慰安婦自らが演じ終えたときのことである。

そのときはマッカーサーに伝えたように、謝罪をする。それは日本人が、初めに謝罪をする文化を持つ「謝罪の民族」だからである。

本当の人間の敵とは何か

もし、一国のリーダーに人類史的な観点と地球的発想からなる「人間」という自覚があれば、自国のみを見ていては、人類は破滅へ向かい、存続の危機に脅え続けることになる。過去の戦争の歴史は、そのことを教えている。

敵を見誤ってはいけない。われわれは、人間の本当の敵を見るべきである。

敗戦によって、日本人の精神も一変したとはいえ、死者にムチを打つことを日本人は潔しとしない。「軍部が悪い、指導者が悪い、戦犯が悪い、政治家が悪い」と言われていた彼らも、日本では死ねば神、仏になる。

それでは、本当の人間の敵とは何か？

戦争や貧困が人間を悪魔的な存在にする。そうした人間の中にある欲望、羨望、恨みといった感情あるいは病気など、みな人間の敵である。これらの敵と戦わなければならないのに、人間同士戦ってどうする。戦う相手をまちがっていると、少し冷静に考えればわかるはずである。

慰安婦問題を反日カードにする韓国も、反日・抗日記念館を「平和」のための記念館であるというのは、その言葉を信じる者には通用するが、大半の日本人には理解不能な行為ではないだろうか。広島・長崎に原爆を落とされても、アメリカを非難するようなキャンペーンを行わないのが日本人である。

「平和」を掲げるならば、新たな憎悪と対立をつくり出すのではなく、決定的な破局並びに関係の崩壊を避けるために、対立を生かす方法を考えることこそ、人間の基本的要件を満たす真の市民の役割・将来に対する責任と使命である。

そうした「天略」とはほど遠い現実がある中、反日教育を受けて育った中国の若者の中にも「中国人の『反日』は本当の反日ではないと思う」として「どの中国の家庭でも少なくとも一台、二台の日本製の電気製品を持っている。日本のマンガやアニメ人気は高い。日本人と結婚する中国人の数も増えている」といった事実をあげる者もいる。電気製品に限らず、クルマや食品など、日本のものは優秀で安全で、富裕層は高くても日本製の品質・信頼を買う。
「もし中国人が本当に心の底から反日であったら、そうした例は存在するはずがないと思う」と、冷静に分析している。

そこに希望もあるが、まさに歴史のどこを見るか、何を見るかによって、今後の日本の選択と周辺諸国そして世界の幸不幸も左右される。何のために歴史を学ぶのか。部分にこだわり、そのプロセスを見ずして、歴史が生かされることはない。

多くの犠牲者が出た激戦地パラオ諸島、パプア・ニューギニアなどは、日本とは特別の関係が続いている。

日本人に好意的と言われる激戦地パプアニューギニアにも、戦争による多くの悲劇がある。その悲劇は中国同様、あるいはそれ以上に語るのもはばかれる内容である。

戦争末期、食糧の補給の道が断たれた兵隊たちの中には、戦争の恐怖と背中合わせの狂気と空腹を満たすために現地人を殺して、鍋で煮て食べる者もいた。

戦争のあるところ、どこでもある狂気の沙汰とはいえ、そうした悲惨な光景を目の当たりにした子どもたちが、その後、政府の要職につき、日本との絆を深めていった。

天皇陛下の南洋諸島への慰霊を実現するため、現地を訪れた梨本宮記念財団の梨本隆夫代表は、身に積まされる内容に衝撃を受けるとともに「なぜ、日本に協力的なのか」を尋ねた。

済んだことは仕方がない。日本人にもいい人もいれば、悪い人もいる。軍人もいろいろである。不幸を見れば悲惨以外の何ものでもないが、日本語を話す老人がいるように、日本軍が侵攻し拠点にするために現地の教育、インフラの整備を行ったという面もある。

「だから、自分たちは当時の恩讐を超えて、本来の平和な日本と協力していこうと思う。戦後、武器を持たずに平和を続ける日本は、もっとも重要なパートナーだから」というのが、その答えである。

あるいは、二〇〇四年六月、米首都ワシントンの大手シンクタンク「外交問題評議会」を訪れたシンガポールのリー・ツェンロン首相も「第二次大戦を過去のものとし、慰安婦問題や日本による侵略、戦時中の悪事の有無などに関する論争を蒸し返し続けることをやめない限り、この問題は今後も傷として痛み続けると思う」と述べている。

それが国際ルールに則った、本来の独立した国と国との、いわば大人の判断である。

重要なことは、人類は限りなく悪魔にも近づけば、天使にも近づく。慰安婦等の問題は戦争のあるところ、どこにでも起きてくる。だからこそ、そうならないために、どうするかが重要になる。

中国は親であり、韓国は兄弟？

本来の人間の敵と戦うため、日中韓・北朝鮮に限らず、世界は一つの地球家族のようなものである。

歴史を振り返れば、日本にとって、中国は大陸文明をもたらした親であり先生である。その橋渡し役となった韓国・北朝鮮は兄のような存在であるともいえる。

その家族が「平和」を目的にすると言いながら、なぜ怒り、怨み続けるのだろうか。

自己実現のため、前出のマズローの「人間の欲求に関する五段階説」を持ち出せば、自分の人生における自己実現が、最後のところで納得できないまま不完全な形で終わっている。それが「謝罪」を勝ち取ることで、自己実現が完了するということなのか。

それは、もしかしたら自分の喜びが自己実現を果たすことだと信じる多くの人たちの賛同を得るかもしれない。だが、その同じ行為は自己超越実現のプロセスに入っている人たちの立場から見ると、実はちがって見える。

すでに指摘しているように、五段階説には自己を超越していないという意味での限界がある。あるいは、人類史、地球レベルの発想からは、国境を越えていないからである。

自分を無にして、あるいは多くの犠牲の上に、世界を見て、未来を展望するとき、そこから出てくる行為が真実のものとして、人を感動させる。悪、恨み、報復の連鎖を断ち切ることができることを暗に感じるからである。

もしも中国が世界一の国家を目指すならば、やるべきことは、過去の過ちを繰り返さないということである。植民地体験を報復の手段とするのではなく、真に大国に相応しい対応を世界に示したとき、はじめて世界は中国に賛同する。内容によっては、世界を感動させるのに十分な条件も周辺に揃っている。

反日・抗日教育を行って、仮に謝罪等を勝ち取ることができ、日本を中国の属国にさせたところで、世界は拍手をすることはない。欧米先進国は中国という大国に、かつて自分たちが植民地の時代にやったことを思い起こし、立場が逆転した現実を想像して、明日は我が身と恐れ、あるいはうまい対応策を用意するだけである。

自己実現に夢中ということは、周りを犠牲にすることが少なくない。勝ち負けには、常に敵をつくる可能性がついて回る。自己実現の限界を意識するところから、次なるレベルへのバージョンアップ、人として国としての進化が実現する。

それは文明化の到達すべき理想である「文明の徳」を手に入れることに通じる。

大国化と文明化とは、似ているようで、内容は異なる。大国は古代からあったが、文明国は数こそ多いが、いまだ道半ばである。

「日本は東洋のスイスたれ」

何かと日本と比較されるドイツは、自国民と被害国民共通の理解の下、歴史を直視する教科書をつくり、ホロコーストを展示したユダヤ博物館を建設した。その背景には、ドイツがいかに欧州大陸の中にあって、今後周辺諸国と共存していくかという切実な課題があったためである。

近隣諸国との関係を見るとき、日本が参考にすべき国はまずはスイスであろう。

群雄割拠するヨーロッパの歴史の中で、また第二次世界大戦後は、東西冷戦の中でいわゆるヨーロッパのヘソの役割を演じてきた。

一九四七年、社会党内閣が誕生し、首班指名を受けた片山哲と会談したマッカーサーは、今後の日本の進路に関して「日本は東洋のスイスたれ」と発言している。

その発言は教科書にも反映され、柳田国男が著作者という小学校六年生用教科書『日本の社会』には「平和」の章に、次のように書いている。

〈スイスは、まわりを三つの大きな国に囲まれていて、独立してから、いつでも戦争にまきこまれるしんぱいがありました。しかし、いっさいそれにはかかわりをもたず、中立国として平和をたもってきました。

スイス人は、国のことでも町や村のことでも、たがいによく話しあい、相談をすすめてきめて、みんながそれをよくまもります。〉

もともと、日本にとってスイスは「地上の理想国」として知られ、明治期に翻訳され、愛する息子の頭上に置かれたリンゴを矢で射ることで知られるシラーの戯曲「ウイリアム・テルの物語」は、藩閥政治に対抗して自由民権運動が起きていた時代に、代官の横暴に抵抗して自由を獲得するものとして、明治期初期の日本の歴史に大きな影響を与えている。

一八八〇年（明治一三年）、『瑞正独立自由の弓弦』は題して翻訳した斎藤鉄太郎は、スイスでは義勇をもって国家の自由独立の基礎を築いた義士として、テルが日本の赤穂四十七士と同じように尊ばれていると、序文に書いているほどである。

そのスイスは航空機が発達する以前は、ヨーロッパにおける交通の十字路に位置していた。ヨーロッパの四大河川の源流はスイスの中央アルプスから発すると言えるように、ヨーロッパ中央に位置したスイスは、北にドイツ、南にイタリア、西にフランス、東にオーストリアと、それらの国々から政治・経済的影響だけではなく、文化的にも強い影響を受けている。

そうした中で、独特の政治・外交政策を貫いてきたスイスは、第二次世界大戦後、「世界の孤児」として孤高を守ってきた。その理由は国是ともいえる「永世中立」を維持するためであった。

そのため、国連の本部をジュネーブに招いていても、国連への参加が二〇〇二年九月。いまだヨーロッパ連合（ＥＵ）には加盟していない。加盟しなくても、経済的に十分に成り立つという事情とともに、武装永世中立並びに国民投票と古代ギリシアの直接民主主義を思わせる「青空議会」に象徴される、歴史的な政治の仕組みを堅持したという強い意思があってのことである。

EU圏で占める位置、世界の金融に占める位置、軍事に占める位置、まさに世界のヘソであるが、そのスタンスは極めて異端・辺境的である。

日本とスイスは、歴史も環境も異なり、片や平和憲法を持つ非武装中立、片や永世武装中立国家である。日本が東西冷戦そして同盟国アメリカとの関係から平和憲法とは矛盾する実質的な軍隊＝自衛隊を所有するのとは対照的に、スイスはぶれることなく、名誉ある孤高を保って、まさにヨーロッパのヘソ足りえている。

もう一つ、アジアで参考になるのが、戦後のシンガポールの国づくりである。

シンガポールが第二次世界大戦後の、東洋と西洋との物流の接点として、繁栄の時を謳歌できたのは、建国の父といわれるリー・カンユーという人物の存在による。

一九九五年の独立後、彼は外国の企業や人材を利用し、経済発展の観点からアジアにおける物流のヘソとして、外国企業を呼び込む他、二〇〇〇年には生命科学を国の成長戦略の柱に据えて、世界中の著名学者をヘッドハンティングして、話題を呼んでいる。

スイスもシンガポールも、長いヨーロッパやアジアの歴史の中から、それぞれの平和の流れを生み出す拠点が生まれた。それが東西冷戦の中で、非常に大きな役割を果たしてきた。

そして、二一世紀の現在、平和は広く実現している一方、大きな危機に直面している。核発電所が問題になり、また中東他で活発化する怨念発電所（紛争地帯）が世界中、至る所にある。しかも、スマートフォンの時代である。

それら核そして怨念を、平和のための感激と感動へと変換する。そして、対立の文化から和の文化へ、対立・統合・発展へと導くには、大きなエネルギーが要る。その変換装置が働かせる役割を担うのは、大量の怨念・恨みを抱かれている国家ということが大前提になる。半端な怨念のエネルギーでは、単なるガス抜き・ベントで終わってしまうからである。

そうした現実を直視するとき、朝鮮半島と日本という、いわば世界の辺境の三角地点を構成する日本は「第四の産業革命」によって、世界の平和の流れをつくる世界のヘソとなる大きな使命を担っていることがわかる。それは、人類史上、初めての和の文化が花開く時代である。

「出雲から陽が昇る」というのは、小松電機が先鞭をつけたクラウドの時代を迎えて、第四の産業革命が出雲から始まっているということである。

第7章　二一世紀のテロリスト

「時代」の重要性

オバマ大統領就任式における熱狂

二一世紀の今日、平和の重要性は時代の要請である。

極東アジアにおける勃発の可能性が語られる戦争の危機ばかりではない。テロとの戦いを宣言する先進諸国に対抗するように繰り返される自爆テロ、イスラム国など武装勢力の暗躍をはじめ、世界はグローバル化とともに進行する格差、相変わらずの国家財政破綻への不安、人口増加と食糧問題、大国化する中国でのＰＭ２・５をはじめとした環境問題、国内感染が確認されたデング熱そしてエボラ出血熱、韓国のＭＥＲＳなど、現代のテーマ、キーワードとなるあらゆる問題が「平和」へとつながっていく。

日本の平和憲法が「天略憲法」だということは、戦いの絶えない時代に平和への道を示す、国家間・政治の世界における「和の経営」＝「天略経営」そのものだということである。

すでに「賢者の楽観」について、また前章では「戦争は愚者でも始めることができる。だが、それを終わらせるのは賢者の務めである」と述べてきたが、世界を舞台にした戦争は、いまもアメリカが続けているように、必ずしも「愚者」が始めるわけではない。

「賢者」としてノーベル平和賞を受賞した大統領を生んだ文明国、強国が行う。要するに戦争を行うことにより、本来、賢者たるべきものが愚者と見なされる。そうした繰り返しに終止符を打ち、二一世紀のいまこそ「終戦」を人類共有の歴史の教訓、価値ある財産にすべき時だということである。

そうした平和への思いを宣言したアメリカのバラク・オバマ大統領、あるいはイスラム・ゲリラに襲撃されながらも「子どもたちに教育を」と訴えるパキスタンの少女マララ・ユスフザイが一七歳という若さでノーベル平和賞を受賞したのも、時代の要請である。

二〇〇九年二月二〇日、晴天のアメリカ・ワシントンDCで行われた第四四代合衆国大統領就任式。詰めかけた約二〇〇万人という観衆は「チェンジ！」を掲げ、自ら変わることを訴えるオバマ大統領の語る言葉に酔いしれた。

日本でも美しい詩を思わせるオバマ大統領の言葉は、大いなる共感を持って迎え入れられた。そして、核兵器なき世界の推進を宣言することで、彼はその年のノーベル平和賞を受賞する。

だが、その理想は実際には「平和を維持する上で、戦争という手段にも果たすべき役割がある」と語るように、戦争と背中合わせの、大きな矛盾を抱える中での受賞である。

その後、再選こそ果たしたとはいえ、世論調査（米コネチカット州・キニピアック大）で「戦後最悪の米大統領」に選ばれるといったニュースが流れるなど、オバマ人気は地に落ちた観がある。わずかにキューバとの国交再開を決めたことで、何とか大統領としての存在感を示すことができたが、すでにアメリカの関心はオバマ後へと向かっている。

ゲリラに襲われた二人の少女

オバマ大統領の美しい言葉とは裏腹に、世界は相変わらず戦いに明け暮れている。

美しい言葉そして「テロ」との戦いを宣言する世界をあざ笑うように、マララ・ユスフザイのノーベル賞受賞後の二〇一四年一二月、再び悲劇は起きた。二年前、彼女を襲った武装勢力がパキスタン軍の運営する学校を襲撃して、一四人が殺されたのである。

だが、戦争に明け暮れる地域に生まれた子どもたちの犠牲者は、彼らだけではない。

一九九六年三月四日、その日一五歳の誕生日を迎えたイスラエルの少女バット・ヘン・シャハクと友人二人が、彼女の誕生日のお祝いに出かけたところを、爆弾を体に巻いたパレスチナ青年の自爆テロ攻撃によって亡くなった。

三月四日はユダヤ教の早春のお祭り「プリム祭」という特別の一日である。大人たちは、その由来の書かれた聖書の「エステル記」を読み、子どもたちは仮装してパーティを楽しむ。

一五歳の少女が残した日記をもとに出版されたのが『平和への夢』である。

美しい言葉の裏側に
苦しみ、痛み、恐れ、不安の年月が
隠されています

でも、これらの言葉の倉庫には
もう一つの言葉がある…それは、希望

彼女が中学二年生のときに書いた「戦争と平和のまとめ」の中の一節である。平和な生活を願いつつ、厳しい環境に晒される日々を日記や詩文に記した彼女は、美しい言葉とともに明らかになる苦しみや不安の底に、なお残された「希望」を歌う。それは一五歳の少女が詩の言葉に託した、彼女にとっての「パンドラの箱」である。

二人の少女は生まれた年も国もちがうとはいえ、似ているところが少なくない。若くして平和を考えていたこと、ゲリラ・テロの犠牲になったこと、後に本を出して世界で翻訳されたことなど。その二人が一人は亡くなり、もう一人は生き延びた。

一五歳で断たれたバット・ヘン・シャハクの平和への思いは、死後『平和への夢』という形で出版されたとはいえ、直接、彼女が語る機会は永遠にない。

マララと同じように、もし今も生きているとしたら、彼女はどのように振る舞ったのだろうか。そして、生き延びたマララのノーベル平和賞受賞を、どのように受け止めただろうか。

よく知られているように、パキスタンで生まれた少女マララは一一歳のとき、英国ＢＢＣ放送のウェブサイト上でイスラム武装勢力タリバンの支配を批判するブログを始めて注目される。その結果、タリバンに銃撃されたことで、世界の注目の的となった。

襲撃後、彼女は「テロリストたちは銃弾で私たちを黙らせようとしたが失敗した。私の人生で弱さ、恐怖、絶望が死んで、強さと力、そして勇気が生まれた」と語り、自伝『わたしはマララ』は世界のベストセラーとなる。

予想されていたこととはいえ、マララ自身ではなく、地元の学校が襲撃され、多くの犠牲者を出したことは、考えようによっては自分が襲撃される以上の苦しみだろう。

現在もその危険が消えるわけもなく、学校襲撃は次は彼女がターゲットになるというメッセージでもある。

ニュースでは二年前に彼女が病院に運び込まれる映像も流された。その彼女が死をまぬがれたのは、奇跡に近い。

生と死を分けるものは何か。ほんのちょっとした偶然のようにも思える。

死をまぬがれた彼女は神に、自らの運命に感謝をしたはずである。さらに家族や世界中の多くの人に感謝を捧げたことと思われる。そのことは、その後の彼女の言動からもうかがえる。それが平和賞へもつながっていくわけである。

もちろん、彼女は武装勢力に感謝をすることはない。だが「禍福はあざなえる縄の如し」という。ものは考えようであり、禍（過去）と背中合わせの福（未来）に目を向ければ、ちがう現実が見えてくる。

前章で紹介しているように、毛沢東は謝罪の言葉を述べる日本の代表団に、中国人民が日本のファシズムにより大きな犠牲を強いられたことも確かだが、逆に中国が一致団結する力を与えてくれたことに「感謝している」と、ユーモアを交えて語った。いわば、日本軍を反面教師とすることで、日中友好と平和が生まれるならば、多くの犠牲も生きてくるからである。

テロとの戦いに屈しないという彼女は、武装勢力により瀕死の重傷にも陥ったが、その一方では彼らの標的とされたことでパキスタンの現状を世界に訴えることができ、世界中からの支援や寄付が集まるなど、大きく教育環境が変わるきっかけとなっている。そして「子どもたちに教育を」という彼女のメッセージは、やがてノーベル平和賞につながる。

その彼女がアメリカや欧米とともに、新たな惨劇を行った武装勢力、テロへの「報復」を鮮明にする。

イスラム武装勢力を強い言葉で非難し、パキスタン政府のテロとの戦いへの支援を約束するオバマ大統領に呼応するように、彼女もまた学校襲撃を「残虐で卑劣な行為」と強く非難する。

「私は世界の何百万人という人々とともに（犠牲となった子どもたち）、私の兄弟姉妹たちを悼みます。しかし、私たちが屈することは決してありません」

そして、憎悪の連鎖は止むことはなく、報復が繰り返される。

がある。

イスラエル・パレスチナ遺族の会

武装勢力タリバン運動（ＴＴＰ）の卑劣さ、残虐性は論外だが、あらゆる行為には原因と理由がある。

その相手を憎むのはたやすい。誰でもすることである。むしろ、なぜ感謝をすることがないのか。そして許すことができないのかが問われる。

弱者に寄り添うという慈善事業、ボランティアの姿勢は、マザー・テレサではないが、多くの聖者や利他の人が口にしている。武装勢力は弱者なのか強者なのか。

圧倒的な大国や権力の前では弱者だが、その弱者が追い詰められて開き直って始めるのがテロである。そのとき弱者は、さらに武器を持たない弱者の前では強者と化す。

強者と弱者の関係とは基本的に相対的であり、その関係自体が絶対ではない。キリストならどうしたのか。あるいは釈迦であれば、どうしたのだろうか。

もちろん、彼女はキリストでも釈迦でもない。

それでも、今回の悲劇を前にして、ノーベル平和賞受賞者として報復、憎悪の連鎖を止めるための行動ができる最大のチャンスを彼女は生かすことなく、誰もがいうわかりやすい声明を発して、テロには屈しないと繰り返す。

そんな彼女に対しては「タリバンという敵と戦うため、欧米がつくりあげた自由と正義のための子ども兵」「反イスラム過激派の若きヒロイン」だとの批判めいた指摘もある。

そうした批判に応えるためにも、また彼女の代わりに犠牲になった学生たちの死を無駄にしないためにも、憎悪の連鎖を止める必要がある。それでこそ、世界のすべての人たちから賞賛される。テロリストを敵として排除するという、これまでのやり方は、他に方法がないと信じられているため、いまだに行われているが、テロリストも人間である。その同じ人間が、ある者はノーベル平和賞を受賞し、ある者はテロを行う。それだけのことである。その原点をあえて見ないことによって、現在の世界は成り立っている。

二〇〇三年六月、バット・ヘンの母親は「イスラエル・パレスチナ遺族の会（イスパの会）」の会員とともに来日している。愛する娘を自爆攻撃で亡くした彼女が、パット・ヘンの日記を見つけて、初めて娘が「イスパの会」に関わっていたと知ったことからである。

バット・ヘンが通った中学校では「イスパの会」に積極的な関わりを持ち、生徒たちにそれまで敵としか思えなかったパレスチナの人たちと友情を持って交流し活動してきた。その一環として、彼女もパレスチナの子どもたちと文通を行っている。

そんな彼女の強い平和への思いを知って、シャハク夫妻は娘の遺志を生かすことができるならとの考えから積極的な活動を行ってきたという。

彼女が中学一年生のときに書いた「ユダヤ人とアラブ人」には、対立が止まない環境に暮らすからこそ、民族の対立を超えた平和の尊さが謳われている。

二〇〇〇年以上の憎み合いが続くパレスチナで、彼女は「いいアラブ人だっている」ことを知っており、いつか平和が来ることを願っている。

「イスパの会」は、愛する人を亡くした「痛み」を共通項にして、対立ではなく交流を通じて分かり合おうとしている会である。事実、集会を重ねていくと、敵と思っていた相手も同じ人間として見られるようになる。それぞれが相手に対して持っていた固定概念が砕かれていく。やられたからやり返す、この考え方をしている限り戦いは続く。

それが一五歳の少女バット・ヘンが残したメッセージである。

民族が対立し戦争が続く時代だからこそ、共存と寛容の必要性を訴える、彼女の平和を願う思いに、世界はいまだ応えようとはしない。

世界の金言「負けるが勝ち」

近代以降、戦争の犠牲者＝死者は一億人を越えているというが、第一次世界大戦の死者は七割が軍人、三割が民間人であった。その割合は、第二次大戦では半々となり、朝鮮戦争では逆転して、三割が軍人、七割が民間人になる。

現在では戦争による死者は九割が民間人、軍人の死者は数パーセントという時代である。戦略核戦争の時代になれば、九九パーセントが民間人で軍人はますます死ななくなる。

テレビや映画のように、空爆を画面上で指示する現在の戦争の在り方を見ていると、戦争の歴史は軍人の代わりに民間人を犠牲にしていく戦いだということがわかる。

どこかで、誰かが止めなければならない。その大きなヒントが日本の歴史にはある。

文明化の進む時代に逆行する愚挙を「正義」や「平和」のためと称して行ってきたのが、戦争の本質である。そこには人間としての進化や成長はあるようでない。

分子生物学をはじめとした自然科学の分野での結論は「人類は敵と戦っているだけでは進化しない」というものである。例えば微生物の世界では、分解や分裂による進歩はあっても、合成と融合が働かないと進化は起こらない。敵を味方にしたときに進化する。

人間の世界に当てはめれば、敵を倒したとき、勝利したときに起こるのは進化ではなく、進歩にすぎない。あるいは、人類学をはじめ生理学、心理学その他のすべての人間科学は、生命の第二義的側面における人間の多様性とともに、第一義的に人類の一体性「種としての人間は一つである」ことを証明している。

イスラム武装勢力に限らず、テロリストの存在は戦争の歴史を振り返るとき、まさに旧日本軍であり、ドイツのナチスである。第二次大戦後の世界で経済的発展を遂げ、今日の世界の平和に貢献する同じ日本人、あるいはドイツ人が戦争の悲劇を演じている。

日本が世界最大の〝テロリスト〟であることは、素直な目で世界地図と世界の歴史を見れば明らかである。日本と違って、世界は負ける戦争はやらない。

日清・日露戦争に顕著なように、極東の小国・日本の勝利は圧倒的な大国を相手にした戦いであり、無謀としか言えない〝テロ〟そのものである。日本の勝利が世界に大きな衝撃を与えたのは、背後にイギリスあるいはアメリカという大国の思惑が働いていたといった事情があったとしても、本来負けるはずの戦いだからであり、実質的には苦い勝利というしかない。

その点、敗戦は極めて日本的な勝ちにつながっていく。

勝ちの本質とは何かを考えたとき、それは人と人、国と国との関係において、相手側の負けを自分のものにすることである。競争社会では勝つことが、疑う余地のない喜びそして善とされている。だが、それが絶対的な〝善〟かと言えば、その中身は負けた相手の悲しみや怒り、恨みが一杯詰まった苦い勝利でもある。

昔から「戦争は戦勝国よりも敗戦国に、より多くの繁栄を与える」と言われてきたが、日本の近代を見ればわかるように、戦勝国はおごりたかぶって、人心が遊惰に流れる。一方、負けた国は祖国再興のために全国民一丸となって努力するため、いつしか目ざましい発展を遂げる。負けたおかげである。

そこでの「負けるが勝ち」という金言は、万国共通である。英語では「屈辱を忍んで勝つ（負けて勝つ)」、あるいは「譲歩も時には、成功する最良の方法である」となる。

だが、現実にはこれまでの世界の戦争では「敗戦」は単なる負けであり、そのため次は勝利を目指す形での雪辱、報復が繰り返される。特に敗戦は多くの犠牲を被ることもあって、憎悪の連鎖は止むことがない。

近代における日本の勝利がその後の日本をまちがった方向へ導いていったのに対して、敗戦がより重要な意味を持つことは、日本の成り立ちと大きな関わりがある。

もともと倭と呼ばれた日本は大陸との関係では、朝鮮半島に任那日本府（植民地）を構える一方、大陸との関係では宗主国と朝貢国という、いわゆる冊封体制下にあった。その日本が、正式に「日本」を国号とするようになるのが、中大兄皇子（後の天智天皇）らによる大化の改新（六四五年）の後である。

聖徳太子の十七条憲法の制定（六〇四年）を経て、律令国家となった日本だが、五六二年に任那日本府を失い、六六〇年には同盟国・百済が滅亡。朝鮮半島における拠点を失ったことから、中大兄皇子は百済回復のための大軍を送った。

その最後の決戦となったのが、六六三年、朝鮮半島南西における白村江の戦いである。このとき日本・百済連合軍は唐・新羅の連合軍による海戦で歴史的な大敗をする。

結果、日本は朝鮮半島から退くことになるのだが、敗れた日本は世界史的に不思議な独立「敗戦建国」を果たすことによって、大陸との冊封体制から解放される。

その後、統一新羅が中国との独立戦争に勝利して、大陸からの分離独立を実現するのに対して、日本はまさに「負けて勝つ」という戦いを地で行ったわけである。

昭和天皇が語った「終戦」とは

血に彩られた世界の建国と独立、革命の歴史の中で異彩を放っている明治維新や、その後の「終戦」宣言につながる第二次世界大戦、敵（アメリカ）を味方にする戦後の復興にも、そうした日本の在り方が示されている。

その日本が「和」よりも「力」による支配を目指したのが、西洋文明の洗礼を受けた明治維新である。

世界の列強が日本にも開国を迫まった江戸時代末期、日本では開国か攘夷か、勤皇か佐幕かを巡って、各地で近代化のための脱皮ともいえる内乱、政変が続いた。しかし、最後の場面で江戸の総攻撃が回避され、無血開城が実現。

当時、公武合体を主張した孝明天皇は、攘夷派ではあっても、倒幕には反対の立場であった。しかし、それでは富国強兵・文明開花はできない。つまり、開国・倒幕という当時の流れの唯一の障害となっていたのが、実は天皇の存在だったのであり、孝明天皇の天然痘による突然の死に関して、暗殺説が囁かれているのもそのためである。

天皇の死によって、最後の障害がなくなったことから、日本は倒幕・開国へと、つまりは西洋化への道を邁進していくことになる。

そして、孝明天皇亡き後、当時、一五歳の明治天皇を即位させることから、いわゆる日本の和の伝統・武力とは無縁の天皇制からの逸脱、ボタンのかけ違いが生じる。

平和から武力、王道から覇道の流れにという、その背景・底辺には幕末から明治にかけて、日本を舞台にした暗殺の歴史が深く関わっている。そのやったらやり返すという仕返しの文化を、新しい時代のために昇華・バージョンアップする必要がある。

天下分け目のと言われた関が原の戦いで、西軍総大将に擁立された毛利輝元は関が原での西軍敗退の報に接すると、東の総大将・徳川家康の「所領安堵」との約束を信じて、大坂城を明け渡したことにより、勝負は決する。

だが、その後、家康は約束を反故にし、毛利は改易こそ免れたが、中国地方大半の領地を失い、山口県に封じられる。そして、広島城を追われた毛利は、瀬戸内海に面した周防や山口には築城を許されず、止むなく日本海の僻地とも言える萩市に城を築く。このときの積もり積もった恨みが、二六〇年後の倒幕・維新への原動力となる。

倒幕・維新の中心となる薩長土肥の中で、関が原の戦いでもっとも厳しい処分を受けたのが、毛利・長州であったことから、日本の近代への脱皮にいわゆる仇討ち、やられたらやり返すという文化が興った。その結果、坂本竜馬をはじめ、多くの指導層、知識人に刺客が送り込まれ、要人の暗殺が横行した。

明治維新を振り返って、何が問題かを考えたとき、暗殺という形の暴力を使ったこと。その力による支配が、富国強兵＝脱亜入欧へと向かっていくことによって、ついに第二次世界大戦にまで至るという、現代日本の不幸の原点となっている。

その意味では、日本は明治以降、日本の今日を導く原動力となった幕末・明治維新をいま一度見直す必要がある。「和魂洋才」ではなく「脱亜入欧」を目指した結果の第二次世界大戦での敗戦を経て、再び日本は「負けて勝つ」あるいは「負けるが勝ち」という道を歩んできた。そのことを通して、日本は報復ではなく平和そして将来的な共生、共和制の道を選び、地球上からすべての戦争を終わらせるための方法を世界に示したと言える。

報復のための武器を捨て、平和憲法を護ることによって、戦前戦中の敵であるアメリカと政治・経済・軍事的なパートナーシップを組む中で、文化的な交流を深めてきた。

戦後の日本の在り方は、かつての敵を今日の味方にしているということである。

残念なことに、日本が「敗戦」を人類史上初めて「終戦」としたことの意義を、世界は知らない、当の日本人が理解していない。そのため終戦発言を「敗戦を素直に認めない」「往生際が悪い（永続敗戦論）」として、いまも反省が足りないとの誹りを受け続ける。

実際には「世界の戦争はこれで終わりにする」という昭和天皇の決意の表明であり、それが憲法九条へとつながっていく。

そこでは日本の敗戦は単なる敗戦＝報復が止まない敗戦ではない。「終戦」という形で世界の戦争の歴史上、初めて勝敗を超越した「進化」を目に見えるものにしている。

「敗戦」を「終戦」に進化させる条件が一億総懺悔という形での反省、二度と戦争はしないという決意からなる武力の放棄、平和憲法である。

そこには武力ではなく、平和を求める日本の天皇家の長い伝統がある。不幸にして、覇権＝力による西洋文明の洗礼を受けた近代日本は、王道（皇道）を捨て欧米列強と覇を競うように国家神道への道を邁進、好戦的な傾向に流れていく。

しかし、天皇の真意はそこにはない。例えば、一九一〇年（明治四三年）六月、明治天皇暗殺を企てたとされる大逆事件に連座して死刑になったテロリスト・幸徳秋水の処刑後、明治天皇は御製を詠んでいる。


罪あらば吾れをとがめよ天津神　民は吾が身の生みし子なれば

大逆事件は社会主義・アナーキズムが台頭する明治末期に起きた不幸な事件として、傍聴禁止という大審院における秘密裁判で、一人の弁護側証人も認められないまま大逆罪による死刑判決が下された。ただし、翌日、明治天皇の恩赦（仁慈）により、減刑されて一二名が死刑、一二名が無期懲役となる。

恩赦、御製などからもわかるように、天皇の真意は自分の命を狙った相手（敵）を責めるのではなく許す。そして、自分の責任とする。それが常に日本の天皇が取ってきた態度である。

「銃剣によって、または、他の武器の使用によっては、永遠の平和は樹立されることは考えられぬ。勝利者も敗北者も武器を手にしては、平和問題は解決しない。真の平和は、自由なる人民の協力一致によってのみ達成される」

「正しいと思う人が、一歩ゆずる心を持てば、争いは起こらない」というのが、天皇のいわゆる「大御心」の原則である。

こうした昭和天皇の考え方は、今上天皇にも受け継がれている。

常に平和を語ってきた天皇陛下は、二〇一三年一二月二三日、天皇誕生日に先立つ会見で、安倍内閣の右傾化を懸念するかのように、護憲を強く意識した所感を発表している。

「戦後、連合軍の占領下にあった日本は、平和と民主主義を、守るべき大切なものとして、日本国憲法を作り、様々な改革を行って、今日の日本を築きました。戦争で荒廃した国土を立て直し、かつ、改善していくために当時の我が国の人々の払った努力に対し、深い感謝の気持ちを抱いています。また、当時の知日派の米国人の努力も忘れてはならないことと思います」

その天皇を側で見てきた美智子皇后も二〇一四年一〇月二〇日、八〇歳の誕生日に「所感」を発表している。

皇后の言葉が、戦後七〇年を前にして、特に印象深いのは、日本の右傾化と同時に近隣アジアとの緊張が高まることを懸念して、戦後のある日、ラジオで聞いた東京裁判におけるA級戦犯の判決について触れていることである。

「まだ中学生で、戦争から敗戦に至る事情や経緯につき知るところは少なく、従ってその時の感情は、戦犯個人個人への憎しみ等であろう筈はなく、恐らくは国と国民という、個人を越えた所のものに責任を負う立場があることに対する、身の震うような怖れであったのだと思います」

「世界のいさかいの多くが、何らかの報復という形をとってくり返し行われて来た中で、わが国の遺族会が一貫して平和で戦争のない世界を願って活動を続けてきたことを尊く思っています」

戦犯個人と国の立場を分けていること、個人を越えた国の責任の重さ、そのことを認めた上で、平和で戦争のない世界のため、報復をしない姿勢を明確にしている。

日本は負けを受け入れ、報復の道を断ってきたが、世界は相変わらずの戦いを展開している。人間の愚かさと残酷さは、いつの時代、どこの国でも見られる悲しい現実とはいえ、いまこそ終戦を人類共有の歴史の教訓、価値ある財産にすべき時ということである。

「憲法九条」にノーベル平和賞を

二〇一四年のノーベル平和賞はマララ・ユスフザイとともにインドで児童労働問題に取り組むカイラシュ・サトヤルティ（六〇）に決まったが、下馬評で大きな話題を集めたのが、日本の憲法九条であった。

戦争の放棄を定めた憲法九条を堅持してきた日本国民にノーベル平和賞を受賞させようという市民団体「憲法九条にノーベル平和賞を」の活動は、もともと日本の一主婦が二〇一二年のＥＵ（ヨーロッパ連合）がノーベル平和賞を受賞したのをテレビで見て、思いついたものだという。

その「憲法九条」は四〇万人以上の署名を得て、二〇一四年四月にノーベル賞候補として受理されている。しかも、オスロの国際平和研究所のハルプビケン所長がウクライナ危機や東アジアの緊張が続く中で「時宜にかなっている」として、九条をノーベル平和賞の予想トップに選んでいたぐらいである。

憲法九条にノーベル平和賞の資格があることは、実はすでに証明されている。

日本の平和憲法を自国に取り入れたコスタリカのオスカル・アリアス大統領が一九八七年のノーベル平和賞を受賞している。

一九八〇年代の中南米はニカラグア、ホンジュラス、エルサルバドルなど内戦と紛争の絶えない地域だったが、当時のアリアス大統領が、これらの国々を回って戦争の無意味さ、平和の尊さを説いて、内戦を終息させることに尽力した。その功績を認められてのことである。

そのコスタリカに平和憲法が誕生したのは、日本国憲法制定の三年後の一九四九年のこと。不正選挙がきっかけの内戦に勝利した社会民主党の指導者ホセ・フィデレスが、自ら率いる軍隊を解放し、新憲法の一二条に軍隊の廃止を盛り込んだ。公正な選挙と民主主義を確立するため、彼は軍隊ではなく教育や福祉に予算を注いだのである。

コスタリカにとっては、日本がお手本であり、頼れる兄貴分であった。その日本に対して、アリアス大統領は「世界で日本にしかない役割」を、次のように語っている。

「誰もが知る通り、アメリカは経済的にも軍事的にも超大国であり、大きな権力を持っています。しかし、人間のモラル（道徳・倫理）面では、世界のリーダーとはいえません。それにかわるべきが日本だと思うのです」「人間にとって、最悪の投資は武器の購入であって、武器は使われなくても、持つだけで人間が人間でなくなっていく。その国を荒廃させてしまいます」

世界で唯一、原爆を落とされた国として、敗戦後の焼土の中から武力ではなく勤勉さとテクノロジーだけで復興を遂げた日本を、すべての国は知っている。

「戦争の放棄、戦力の不保持、交戦権の否認」を謳った憲法九条は、世界の有識者、平和を希求する国々から「世界の希望、目指すべき指標であり、地球の将来への光」とされている。

コスタリカは武装解除して平和憲法を国際社会に宣言するに当たって、国民投票を行っている。「もし最悪の事態が起きて、外国から攻められたときに命を落とすことになるかもしれないが、その覚悟はあるか」を問うた。そこで、国民が「イエス」と支持を表明したからこそ、世界に希有な軍隊を持たない国が誕生したのである。

その平和は、自らの命を投げ出す覚悟の上に成立している。だが、中米は同盟国アメリカにとっても重要な地帯とあって、コスタリカにも「武装しろ」との圧力がかかり続ける。事実、イラク戦争では日本と同様、コスタリカもアメリカを支持する側に回った。

戦争への支持は国としても大きな決断だったが、それに対して一人の大学生が「憲法違反である」として裁判所に訴えた。そして、裁判所は「アメリカ支持は憲法違反である」との判決を下した。その結果、イラクのアメリカ支持国の中からコスタリカの名前が消えたわけである。

当の大学生はその後、国際的ボランティアの一員として来日している。本来、コスタリカができることを、先輩格の日本が率先してやらなければならないのだが、日本はまさに同盟国アメリカとの関わりの中で、平和憲法を積極的に用いることなく、今日に至っている。

日本の平和憲法は、自衛隊の国軍化あるいは核武装を含めた軍備増強の動きに対する、いわゆる歯止めとなってきた。その平和憲法を、人類の戦争を終わらせるための使命を果たすという、本来の平和憲法の原点に立つならば、今後の展開も変わってくる。

特定非営利活動法人ＪＭＡＳ（日本地雷処理を支援する会）をはじめ、国際的な様々な日本の

ＮＰＯ、ＮＧＯが、世界の紛争地帯に出かけていって、武器の代わりに災害救助、教育、医療、農業、技術指導などの活動を展開してきた。戦闘の行われている地域で「武器を捨てよ」という日本人の説得に、なぜ彼らが応じるのか。それは日本が平和憲法を持つ非武装の国だからである。よく引用されるガンジーの言葉に「憎悪に憎悪を持って対峙することなかれ。憎悪は憎悪を呼び、人を戦いに向かわせる。憎悪は愛によってのみ克服される。憎悪は憎悪を生み出し、世界を破滅に導く」という言葉がある。

明治時代に日本美術を世界に広めた米国人フェノロサは『東洋美術史綱』の中で、日本人について「西洋に向かっては東洋を、東洋に向かっては西洋を解釈するに適した素質に恵まれている」と書いている。

世界に平和を、そして「和」の文化を広める上で、日本の果たすべき役割は大きい。

日本国籍を取った日本文学者のドナルド・キーンは「戦後日本人は一人も戦死していない。素晴らしいことだ。不戦を誓う憲法九条のおかげであり、世界が見習うべき精神である。ところが、日本は解釈改憲で『理想の国』から『普通の国』になろうとしている」と期待と不安とを語っている。

しかも、その日本の価値を貶めているのが、日本の極端な右翼勢力であり、改憲派保守だという、そこには客観的に見たとき「贔屓の引き倒し」という実態さえある。

原爆碑「過ちは繰り返しません」

広島の平和記念公園の被爆者の追悼記念碑には「安らかに眠ってください／過ちは繰り返しませんから」と刻まれている。唯一の被爆国・日本は、機会ある度に原爆や戦争そのものを「過ち」として「二度と繰り返さない」との決意を、広島の心として広く内外に宣言している。

碑文は平和を願う心を誰もが共有できるようにとの願いが込められたものだが、意外にも一部保守層からは評判が悪い。理由は「主語がない」からであり、主語がないことに日本人の主体性のなさが象徴されているというわけである。

しかし、世界を代表して反省と平和への決意を宣言しているのが、原爆碑である。主語がないことに意味があるのだが、そのことを肝心の日本人が知らない。

彼らは一九七四年、戦後二九年ぶりにルパング島から生還した小野田寛郎・元陸軍少尉が広島を訪れた際のエピソードを持ち出して問題にする。

碑文を見た小野田元少尉は、主語のない碑文を見て「これはアメリカが書いたのか？」と聞いた。そして「日本人が書いた」と聞かされて、しばし絶句したという。

もし、アメリカが書いたとすれば、彼らの「反省の言葉」になるが、アメリカの原爆投下の論理はすべて戦争行為の一環である。したがって、彼らの反省の言葉ではない。では、日本なのかというと、原爆は日本が落としたわけではない。

碑文を問題にする彼らは、そこに「主語を失った戦後日本人」の在り方を嘆き「歴史と向き合うことで、日本人は主体性を取り戻せと」説く。その主体性の回復法こそが「日本の核武装」というわけである。

彼らは真の日本人がいなくなったことを嘆くが、では彼らが日本人を知っているのかと言えば、疑問だと言わざるを得まい。

明治以前には、日本には「個人」という言葉はなかった。西洋文化が入ってきた明治期に、市民や哲学など多くの言葉と一緒につくられたものである。

本来の日本語には基本的に主語はない。そこでの言葉は、自分を主張するのではなく、相手や周囲と思いを共有するものとしてある。内と外を分けない。その意味では、日本人が語ってきたのは、無人称の神の言葉なのである。

日本の価値を知らないということは、そのまま天皇を知らないということである。

昭和天皇は終戦直後、当時の侍従次長（木下道雄『側近日誌』）に「天候（天運）常に幸せざりしは非科学的の考え方ながら、伊勢神宮の御援けなかりしが故と思う。神宮は軍（いくさ）の神にあらず平和の神なり。しかるに戦勝祈願をしたり何かしたので御怒りになったのではないか」と語ったという。

日本は戦況の不利が伝えられる中でも、これまでのように最後には必ず「神風が吹く」と、霊験あらたかなる「神国ニッポン」の奇跡を信じてきた。だが「神風は吹かなかった」というのが、一般的な受け止め方だが、昭和天皇の言葉は「神の怒り」に触れたことを深く反省している。

一連の戦争から原爆投下、終戦そして平和憲法、その後の復興、さらには戦後七〇年の平和を振り返るとき、実は「神風は吹いた」からこその流れのようにも見えてくる。吹くはずのない神風を「吹く」と、国家神道を道具にする軍国主義者から言われて、平和の神は大いに迷惑だったのではないだろうか。

そう考えれば「神風」が吹いた結果、日本の敗戦そして「終戦」による武装放棄から平和憲法へと、つまりは平和への道しるべとなったわけである。

保守的な政治家は盛んに自主憲法、自前の軍隊、さらには核武装を声高に語っている。北朝鮮その他、近隣アジアの脅威、軍事大国化する中国に対抗するために、平和憲法を捨てて、戦争のできる国を悲願にしているかのようである。

天皇の深意をくみ取るとき、終戦そして平和憲法は昭和天皇が、世界の希望として決断したものであることがわかる。

今後の戦いは武力を卒業し、真の文明国に相応しい精神的な競争、いわゆるすべての人類を真に生かす、平和への大転換でなければならない。戦いが終われば、すべてを許すこと、敵も味方も戦争の犠牲者は共に祀り、共に悼むという日本人の生き方に救いがあるということである。

子どもたちが求める「世界平和隊」

戦後七〇年の二〇一五年は、かつてノーベル文学賞にもっとも近かった作家・三島由紀夫が陸上自衛隊市ヶ谷駐屯地に乱入し、自決した日から四五年である。一九七〇年一一月二五日に決行された乱入は、彼なりの国を思うクーデターのごときものなのだろう。

バルコニーに立って、彼は同志と信じる自衛隊員に向かい、さらにその後ろにいるはずの〝日本人〟に対して、断腸の思いをぶちまけた。

「諸君は武士だろう。武士ならば、自分を否定する憲法を、どうして守るんだ」「自分らを否定する憲法というものにペコペコするんだ」と語り、無念のうちに割腹自殺した。

世界に衝撃を与えた事件から四五年後の今日、彼の暴挙とも言える決起が最後のサムライの行動として、改憲派保守の強い期待を担う安倍首相とともに語り継がれる。

言いたいことはわかるが、文明化が進んだ今日、われわれが平和を求めながら、それが得られないのは、世界が理想とする〝平和憲法〟を、実は他国に押しつけられないからではないのか

第一次大戦前の「平和宮」の建立、ズットナーのベストセラー『武器を捨てよ』の出版を含めて、戦中そして戦後も、世界連邦政府運動をはじめ国際連合、ユニセフの創設に携わった世界の有識者たちの理想は、地球レベルの繁栄と平和、子どもたちをはじめ恵まれない人たちに対する福祉である。

国連やユニセフをつくるのに尽力した世界の指導者の中には、理想を掲げながら平和と正義の旗の下に再び戦争への道を行く者もいる。核のない世界を唱える一方で、自分の国だけは大量の核兵器を抱え込んでいる。

そうした矛盾や葛藤を抱えながらも、当初の理想を追求し、新たな戦後の理念と枠組みをつくった多くの有識者たちは、戦争という悲惨な体験、過去を反省したからこそ、それまでの自分とは異なるステージへと精神的な進化を遂げたわけである。

大きく変わるべき時代だからこそ、憲法九条に存在意義と価値がある。何度も繰り返すようだが、平和憲法は敗戦後の一億総懺悔とともに、日本が世界に示した反省を形にしたものである。もしも世界がアメリカや中国に憲法を押しつけられるとすれば、必ずや平和憲法を選択させるはずである。

小学生のなりたい職業は、男子のトップは昔からスポーツ選手であり、野球そしてサッカー選手というのが定番である。そんな子供たちの世界でも、時代の変化は見られる。最近、人気が高くなっているのが、警察官や消防士、自衛官だという。

三・一一東日本大震災をはじめとした近年の災害の多発もあって、人の役に立つ職業だからではないかというのが、教育関係者の分析である。どこにも例外はあるが、平和な日本に生まれ、情報化社会を生きる彼らは、幼いなりに世界の現状を知り、自然と社会貢献意識を育んできたということだろう。

そんな未来を担う世代にとっては、世界が核に覆われているからこそ、あるいは戦争が絶えないからこそ、本来、武力を捨てたところからスタートした自衛隊、治安や災害救助を使命とする警察や消防などに、自分たちの活動の場を見いだしているわけである。

そこでの自衛隊は新しい時代における「世界平和隊」として、今日多くの日本人が目にする様々な災害救助、安全管理面での活躍を使命とする。

マッカーサーと平和憲法の誕生

日本は世界の戦争の歴史において、唯一「反省」を言葉だけではなく、人類の理想を形にした未来への〝遺産〟を世界に示している。それが武装放棄を謳った平和憲法の制定である。

反省なくして、誰もが知っている野蛮な戦争が続く世界で、ズットナーの「武器を捨てよ」を地で行く平和憲法は生まれない。その日本に「反省が足りない」というのが、危ない武器に加えて、さらなる核武装を重ねる近隣世界の住人である。

平和憲法に関してはアメリカ（マッカーサー）から押しつけられたとか、当時の幣原喜重郎首相の発案であるとか、あるいは昭和天皇の意思と御聖断があってのことだとか、いろんな見方がある。問題は誰が発案し、誰が命じたかには意味がないということである。

そこでの歴史学者の仕事は、制定の事実を明かすことであり、内容および価値とは無縁な作業でしかない。重要なことは、当時の日本および世界の状況下では、マッカーサーと幣原首相と昭和天皇という三者の合意がなければ、平和憲法は生まれなかったという事実である。

もっと重要なことは平和憲法の価値、九条の持つ大きな使命、それが戦後の日本にはあるという歴然たる事実である。つまり、平和憲法＝戦争放棄は、戦いを超越した「天略」の視点から、日本のみならず全世界の到達すべき理想である。

その平和憲法は戦後七〇年の今日、憲法九条がノーベル平和賞の有力候補とされる一方、近隣諸国からの圧力に対抗するべく、保守政権による改憲の流れに晒されている。

冷静に、当時の日本の置かれた状況を考えるならば、連合軍総司令部（ＧＨＱ）を無視して何事も決まることはない。農地解放、財閥解体、教育改革、公職追放、レッドパージ、すべてＧＨＱの意向を汲んだものである。同様に、平和憲法がＧＨＱの意向を汲んだものであると、考えられても不思議ではない。

だが、昭和天皇はマッカーサーとの会見の二日前、一九四五年九月二五日に行われたニューヨーク・タイムズ記者クルックホーンとの会見を行っている。「朝日新聞」（九月二九日）に掲載された記事によると「陛下は最新武器（原爆）の出現が、将来の戦争をなくするとお考えになりませんか？」というクルックホーンの質問に、すでに紹介したように「銃剣によって、または、他の武器の使用によっては、永遠の平和は樹立されることは考えられぬ。勝利者も敗北者も武器を手にしては、平和問題は解決しない。

真の平和は、自由なる人民の協力一致によってのみ達成される」と答えている。

小冊子『十字架の天皇』を書いた西村見暁・元金沢大学助教授によれば、平和憲法の制定に至る一連の推移は、以下のようなものである。

昭和天皇の「堪えがたきを堪え、忍びがたきを忍び、以て、万世の為に太平を開かむと欲す」との終戦の言葉、翌年の元旦の詔書にある「徹頭徹尾文明を平和に求むるの決意かたく」の意味は「武装放棄」の決意である。その決意を幣原首相が一九四六年一月二四日、マッカーサーに伝達したことにより、翌二五日にマッカーサーは日本政府に憲法草案の提出を命じる。求めに応じて出された、いわゆる旧来の草案を廃案にして、逆に二月一三日、司令部草案を提示して、これを強制するという推移である。

その内容を初めて知った政府が狼狽したのに対して、天皇はただちに賛意を表明して、マッカーサー草案の受諾が決定したわけである。

「日本政府案」の廃案と、マッカーサー草案の内容に政府が狼狽するあたりに、大きなヒントが隠されている。

憲法訂正に関して、もっとも知る立場にあった幣原首相の関与については、彼の元秘書官・平野三郎が『平和憲法の水源・昭和天皇の決断』に書いている。
幣原が亡くなる一〇日ほど前（一九五一年二月下旬）に行われた聞き取りは、本来「口外無用」とされたものだが、あえて公開することになったのは一九六四年の憲法改正論議が進む中、憲法九条の制定の経緯を明らかにする必要があるとの考えからである。

「憲法九条」と昭和天皇の決断

平和憲法の制定のベースには、従来からの天皇の平和に関する発言、考え方があってのことであり、特に「世界のため、人類のため、戦争放棄という世界史の扉を開く大宣言を日本にやらせてほしい」との熱意がマッカーサーを動かしたと言われていた。とはいえ、平和憲法が「日本製」だというマッカーサーの証言はあっても、天皇の意思に関することでもあり、日本側に具体的な証拠がない。

いわば、その傍証として作成されることになったのが、平野秘書官による「幣原先生から聴取した戦争放棄条項等の生まれた事情について」と題された報告書である。

その中で、例えば「軍隊のない丸裸のところに、敵が攻めてきたらどうするのですか」との問いに、幣原首相は「死中に活だよ。一口に言えばそういうことになる」と、例え敵が口実を設けて侵略してきても「この精神を貫くべきだと僕は信じている」と、明快に答えている。

つまり「若し、或る国が日本を侵略しようとする」というときは「それに依って脅威を受ける第三国は黙っていない」と語り「これからは世界的視野に立った外交の力に依って我が国の安全を護るべきで、だからこそ死中に活があるという訳だ」と語っている。

憲法前文の「平和を愛する諸国民の公正と信義に信頼して」という言葉の意味である。

平野秘書官が聞いた幣原の言葉は、究極の理想論だが、平和憲法実現のため、天皇陛下のため、自ら玉砕を覚悟する特攻隊の如くでもある。

「非武装宣言ということは、従来の観念からすれば狂気の沙汰である。だが、今では正気の沙汰とは何かということである。武装宣言が正気の沙汰か。それこそ狂気の沙汰だという結論は、考えに考え抜いた結果もう出ている。要するに世界は一人の狂人を必要としている」

そのベースには「世界の共通の敵は戦争それ自体である」という認識がある。確かに危険はありえる。しかし、より大きな危険からは遠ざかる。天皇のいう「終戦」への試みを誰かがやらなければ、これまでの戦争の歴史を繰り返すだけだからである。

幣原首相が言う「世界史の扉を開く狂人」による平和憲法は、終戦直後の世界だけではなく、テロリストとの「戦争」を世界が宣言する二一世紀に、日本が突きつけている平和のための「テロ行為」だと言える。

その平和憲法がマッカーサーから押しつけられた形になっていることに関して「命令として出

してもらうようにした」と語っている。当時はGHQの力を借りずに、平和憲法などおよそあり得なかったということである。

武装放棄の考えを伝えにいった一月二四日、マッカーサーが「腰が抜けるほど驚いた」というのは、幣原首相の話が想像を絶する主張だったからである。

そして、マッカーサーが日本側草案を廃案にし、司令部草案＝平和憲法の内容に狼狽する政府も、最終的に天皇の「徹底した改革案を作れ」との一言によって、三月五日閣議決定する。

その天皇の決意は翌日出された「官報号外」として残されている。

「昨五日内閣総理大臣を宮中に召され、左の勅語を下賜せられたり」として「日本国民が正義の自覚に依りて、進んで戦争を放棄して、国民の総意を基調とし、憲法に根本的の改正を加へ、政府当局其れ克く朕の意を體し必ず此の目的を達成せむことを期せよ」と記されている。

当時の状況と記録、具体的な事実の流れを素直な目で見ていけば、平和憲法は昭和天皇の終戦宣言と合わせて必要不可欠なものだということがわかる。その意味ではかつて聖徳太子が「和の憲法」（憲法一七条）を日本に掲げたのに対して、昭和天皇は九条が象徴する「平和憲法」を世界に示したということである。

日本は核武装するしかないのか

皮肉なことに天皇に従い、その在り方を護持すべき保守・右翼陣営が逆に平和憲法を否定する。そして、天皇制を否定する左翼が、平和憲法を護持するというパラドックスが、今日の日本社会の矛盾を象徴している。

二〇一一年三月に出版された吉澤正大・水産大学校名誉教授の『日本はこうなったら核武装するしかないな』の表紙には「戦中戦後九二年生きて分かったこと」と書かれている

表紙の帯には、過激な発言で物議を醸した田母神俊雄・元第二九代航空幕僚長の「核武装の正当性をかくも冷静に論理的に説いた希有の書。平和ボケの日本国民は太平洋戦争を戦った元海軍大尉の肉声に耳を傾けよ！」という推薦文も載っている。

核武装論者の主張は、核を持つことで核武装した敵国との力が均衡し、戦争のための抑止力になるというのだが、そこでの平和は表向き握手しながら足を踏んづけ合っているような関係であり、宣戦布告には至らない場外乱闘・局地戦が続くだけのことである。

にもかかわらず、核武装の必要性は多くの論客が掲げてきた。そんな一人に、著者が引用する評論家の西部邁がいる。

〈一・原子力発電は平和利用といい、核兵器は最悪の反平和利用だという。核は最大の抑止力という意味で最大の平和手段であるという理解ができない日本社会を、劣等人と呼ぶことに私はいささかの躊躇も覚えない。

二．劣等人の集まりである日本社会に有核のコンセンサスを求めることはほとんど不可能だ。自衛隊も警察も皆解散したらよい。その時何が起こるかを体験して初めて気がつくという劣等人集団なのだ。〉

「自衛隊も警察も皆解散したらよい」というが、解散するまでもない。つまり、もし核武装が最大の平和の手段であるならば、平和への道は実に簡単なことである。

多少お金はかかるが、アメリカをはじめとする自由陣営が順次、核武装を進めていけば良い。同様に中国もロシアも周辺諸国から核武装を進めていけば良い。

その結果、自国と同様の、お互い抑止力になる核の盾に守られて、一見平和な世界が出現する。だが、それはお互いが核という一触即発の核爆弾の埋まった、つまりは人類の絶滅の危機というフィールドの上で、サバイバルゲーム、あるいはロシアンルーレットを楽しむようなものである。なぜ、そうしないのか。そこにこそ抑止力としての核武装論の本質が矛盾とともに見て取れる。そこでは疑う心・恐れが武器を持たせるということである。持つから、逆に危なくなる。結局、核兵器は抑止力にならない。

一歩譲って、彼らの立場に立って考えるならば、彼らが真の右翼、つまりは正統な国士であるならば、まずは天皇の真実を知る必要がある。そして、いまの時代に相応しい戦い方を考えるべきである。

日本の核武装化を謳った本や、その賛同者の主張を聞いた仮想敵国がどう考えるかを、彼らは想像することがないのだろうか。

彼らの発言からは「本当に日本は核武装を急いでいる」と思うと同時に「日本ではいまだ核も開発されてないし、核武装もされていない」と思われるのが関の山である。

そんな日本の手の内を明かすよりも、堂々とすでに核は開発されている、核武装も行われているという姿勢を取っていれば、世界は勝手に「核大国・日本」を想像する。アメリカと裏で協力して、秘かに日本の核武装は行われていると考えるのではないだろうか。

現状のままでは準備を整える前に手遅れになると、だから焦っているのだろうが、なぜ敵国の中枢に近づいて、天皇の真実と大和魂、あるいは平和の精神とテロリストの本領を語ることができないのか。

その上で「世界は歴史の何を学んでいるのか」「日本の力、テロリストの恐ろしさを、どこまでわかっているのか」というロビー活動を展開すればいいだけのことである。ついでに「日本は密かに核開発を終えて、大量の核ミサイルを、例えば中国に向けて装備をしている」と言えば、それこそ抑止力になるはずである。

これまでも、日本が平和憲法を持っているとはいえ、沖縄返還時の密約、原子力空母の入港など、核の持ち込みが問題になっている。

実際に「大量破壊兵器を隠し持っている」と言われて、イラクのフセイン大統領はアメリカによって制裁された。正義という名のパワーの時代を象徴する事例である。

おまけに、すぐにわかったことは大量破壊兵器などなかったという、これまた衝撃的な事実である。つまりは、持っていても持っていなくても、変わらないということである。

世界に広がる〝怨念発電所〟

「戦後の日本には、基本的に国の存在を脅かすような危機など何もない。日本がやるべきことは、平和憲法があるから戦後七〇年の平和な暮らしがあるということを世界に発信することだ」というのが、平和憲法をリスペクトする多くの外国人や日本の有識者が、共通して語るメッセージである。

平和が続く安全な日本では、危険がないから、核の平和利用と称する原子力発電所が日本列島に林立する結果となっている。本当に安全かどうかは、チェルノブイリ原発事故を見るまでもなく、これまで起きてきた原発事故等でも明らかである。

奇しくも吉澤正大著『日本はこうなったら核武装するしかないな』は、二〇一一年三月に出版されているが、そこに欠落しているのが、三・一一東日本大震災並びに福島原発事故である。

事故の結果わかったことは「平和憲法」を脇に置いて考えても、日本は実質的に戦争ができない国という事実である。国土が狭いとか人口密度が高いといった理由の前に、あまりに危険な〝核弾頭〟が全国に散らばっている。そのことを、世界中に示したのが「ヒロシマ」に続く悲劇「フクシマ」である。

戦争のできない日本は、まるで祖国の防衛を軍事力に頼ろうとする全人類に、平和憲法の制定によって、その愚を突きつけ、人類の知的レベルを進化させる「道義立国」として生きる使命を担っているかのようである。

国力とは何か？　武力や経済力からパワーシフトしたソフトパワーの時代に、軍事力がなければ国を守ることができない、世界で発言力が持てないという意見は通用しない。本当にそうであれば、アメリカやロシア、中国に刃向かう者はいない。

政治や外交はチンピラのケンカではない。お互いの立場をわきまえて、対等の関係をつくる。その最大の武器、つまりは宝こそが日本の平和憲法ということである。戦後の日本の戦い＝使命とは本来、世界に誇るべき平和憲法を同盟国であるアメリカをはじめ対立する中国・韓国等の世界に広めていくことであろう。

だが、世界の現実は平和の事業化を掲げ、人間自然科学研究所を主宰する小松電機産業・小松昭夫社長が言う「怨念発電所」が全世界に広がっている。

日本はアジアで唯一欧米列強と張り合う形で植民地を持ち、第一次、第二次大戦を通じて、ドイツとともに世界の戦争の主役を演じた。「怨念発電所」とは敗戦により戦後処理を巡って、ドイツとは対照的に、日本を取り巻く環境が近隣諸国との民族的対立、戦時中の侵略・統治に関する歴史認識問題、自国内の政治状況といった問題が複雑に絡みつつ増殖する反日・抗日という〝怨念〟のまさに発電地帯となっていることを言う。

その〝怨念〟は臨界点に達したまま、第三次世界大戦の勃発する可能性が語られる中、様々な方面からのガス抜きおよび冷却装置を働かせることで、何とか抑えられている状態が続いている。問題の〝怨念〟発電所について、二〇〇六年一一月「タナベ経営」主催の講演会で「二一世紀の経営／天略経営を語る」をテーマに、以下のように語っている。

「こうした怨念発電所に囲まれた国は歴史上類を見ません。同じ敗戦国であるドイツは、自ら関与して歴史記念館をつくりました。しかし、日本は一切関与することなく『見ざる、聞かざる、言わざる』という状況を続けてきたのです」

その結果の経済大国という奢りと、その副作用である病んだ社会がいまも問題とされている。

「二宮尊徳先生は『理念なき経営は罪悪』とおっしゃいました。今、マネー中毒になった日本と、戦争中毒になったアメリカが同盟を結んでいます。しかし、私たちには日本を、そして世界を救う力がまだ残っています」

講演の中で、小松は世界の中における日本の置かれた厳しい状況を指摘する一方「私たちには日本を、そして世界を救う力がある」と断言する。そして、ＩＴによるインフラの利用が世界を大きく変える力になる時代の潮流を見据え、世界的視野に立った、つまり「罪悪」に陥ることのない理念に裏打ちされた経営を考える必要性を説く。

「それは政治の世界でも、企業活動の世界でも同じです。いかに小さな会社でも、大きな波からは逃れられません。新しいインフラ、情報媒体を使いながら歴史と文化を見据え、地の利を活かし、自力と他力を十分に活かしてビジネスを構想すべきなのです」

世界の中のアジア、アジアの中の日本という現実を踏まえながら、小松がこれまで様々な活動を展開してきたのも、その最初の一人となることを自覚してのことである。

出雲大社に伝わる「和譲」の伝統的な精神、何のために、何を譲って、何を守るか。「与え合うことから尊敬と平和を生み出す」古来からの知恵が、いまの日本ばかりではなく、広く世界の指導的立場にある政治家、文化人として企業経営者に求められているとの確信から「和譲」とともに、それを手段にした「天略理論」が誕生している。

「和譲」とは究極の怨念発電所と化した怒りや恨みつらみを、大きな和の世界に包み込み、譲ることによって鎮める日本の伝統的な怨念解消法であり、「天略」とは争いの絶えない世界に日本が反省とともに、許す＝水に流すこと、終戦そして平和憲法という形にして世界に示した絶対平和理論である。

そこでの「天略憲法＝平和憲法」をはじめとした一連の日本の在り方は、核兵器・武器弾薬に取り囲まれ、テロの恐怖と戦いに明け暮れる世界に、戦争を葬るために捧げる「終戦の花」である。

その花は、誰かが「狂人」にならなければ、掲げることができない。

かつて「ドン・キホーテ」と言われた小松が、二〇一四年一一月二三日、これまで「縁結び世界大会」「出雲から陽が昇る」と銘打って、人間自然科学研究所が主催してきたイベントを、初めて小松電機産業の主催として行った理由も、そこにある。

それは「世界の指導的慈善事業家（フィランソロピスト）二〇人」の一人に選ばれた小松の、名誉ある「狂人」として仕掛けた構想が、本格的に出雲から日本そして世界につながるプロセスとして動きだす重要な第一歩なのである。

日本そして世界を取り巻く状況は、まるで小松の平和事業構想の実現を促すかのように急展開を始める。

第8章　日本の伝統的民主主義

「和」の重要性

「日本の悪夢が始まる」

平和が続いた日本の戦後七〇年目、二〇一五年の世界はテロとの「戦争宣言」とともに始まった。

平和と正義が語られる二一世紀に、世界の至るところでテロが起き、悲劇が繰り返される。そのたびに宣言される「テロに屈しない」「決して許さない」という国際社会の声の高まりに呼応するように、テロの恐怖も広がっていく。

イスラム武装勢力・イスラム国（ＩＳ）の台頭が、テロの撲滅を誓ったはずの欧米社会に「テロとの戦い」とともに、テロの恐怖を広くそして深く地域に浸透させている。

やられたらやり返す、憎悪からなる思考回路と行動様式から導き出されるのは、平和と正義とは裏腹の報復であり、九・一一米国同時テロとともに語られるウサマ・ビンラディン亡き後も、憎悪の連鎖は止むことがない。

一月七日、フランスで起きたイスラム過激派による週刊紙「シャルリエブド」襲撃事件は、イスラム教開祖ムハマドを諷刺することで懸念された通りの結果をもたらしている。

一月一一日にはテロを「表現の自由」に対する冒涜だと主張する市民デモが行われた。地元メディアによると、デモには三七〇万人が参加。腕を組んで連帯を訴えるオランド仏大統領とメルケル独首相、アッバス・パレスチナ自治政府議長らの姿が世界に流されている。

「連帯と寛容」を掲げているが、当たり前とはいえ、その連帯と寛容が敵に向かうことはない。敵を排除した連帯と寛容が何をもたらすかは、歴史が示している。憎悪の連鎖そして報復を生む。世界中でテロやゲリラ戦が展開される中、第二次大戦後の日本が戦後七〇年の平和を続けられたのは奇跡のようだが、その日本もまた中東歴訪中の安倍首相の言動の後、イスラム国から敵としてテロの標的とされることになる。

軍事マニアと言われた会社経営者・湯川遙菜氏と、その湯川氏を救出するとしてイスラム国に向かったフリージャーナリスト・後藤健二氏という二人の日本人が人質になり、交渉も虚しく、イスラム国によって殺害された。

平和な日本の大きな転換点である。双方に誤解があるとしても、突きつけられた現実はあまりにも重い。二人の日本人の死に、日本社会は大きな衝撃を受けている。

湯川氏の父親は政府や関係者に対する謝罪の言葉とともに「後藤さんは息子の救出に向かったと聞いている。このようなことになり、後藤さんのご家族に申し訳ない」と語っている。その後藤氏の母親もまた、政府や関係者に対する謝罪の言葉とともに「悲しみが憎悪の連鎖とならないことを信じます」「戦争のない世界をつくりたい、戦争と貧困から子どもたちの命を救いたいという健二の遺志を引き継いでいきたい」と、コメントした。

テロ事件に関する一連の日本人の対応は、多くの外国人被害者家族とは異なる。

自分たちの息子の無念を悔いる以上に、事件後に寄せられた世界からの支援や励ましに感謝するとともに、政府および周りに迷惑をかけたことを謝罪する。亡くなった息子の人としての優しさを語り、その遺志を伝える意味でも悪の連鎖を求めないとの考えをメッセージする。

「憎むは人の業にあらず、裁きは神の領域。そう教えてくれたのはアラブの兄弟だった」との後藤氏のツイート（発言）がネット上で話題になった。彼がいつも語っていたことが「日本が米国と同じような立ち位置と見なされれば、人道支援さえ難しくなる」ということである。

そうした中、安倍首相のいう「積極的平和主義」が正確にどのようなものを言うのか見えてこない面もあるが、イスラム国への対応は、明らかにこれまでの日本の対応とは異なる。

事実、安倍首相の「テロリストに罪を償わせる」という言葉は、ニューヨークタイムズ紙が「過激派の暴力に指導者が直面した際、こうした報復の誓いは西側では普通だが、対立を嫌う日本では異例だ」と紹介している。

中東アラブ社会における日本への共感・信頼は欧米文化とは異なる文化という以上に、米国の広島・長崎への原爆投下による壮絶な被害を受けながらも平和国家として復興を遂げたということ、外交面でも中立的立場を保ってきたという事実、そして現地での民間レベルの様々な人道支援、戦地報道等に尽力してきたことに対する評価である。

「日本はあの戦争以降、世界のどの国とも戦争をしていない平和の国」というのが、テロの続く中東での評価だっただけに「積極的平和主義」を掲げて、集団的自衛権を行使できる体制を整え、改憲・自主憲法を目指す安倍政権の姿勢は、明らかに平和憲法の精神に逆行する。天皇・皇后・皇太子らが語る日本の姿とは異なることに、不安を覚える日本人も少なくない。

積極的平和主義の行方

日本の近代化は長州藩の働きによるところが大きいとされる。

明治維新後の文明開化・富国強兵そして脱亜入欧を国の方針にして、日本の第二次世界大戦へ至る時代は、日本人が積極的に西欧化を目指した時代である。その原動力となった長州藩の若き獅子たちは作家・司馬遼太郎、あるいはＮＨＫの「大河ドラマ」に典型的だが、日本の近代の礎を築きその後の発展をもたらしたとして人気が高い。

だが、その長州藩は作家・原田伊織著『明治維新という過ち（日本を滅ぼした吉田松陰と長州テロリスト）』（毎日ワンズ）によれば、日本の国の根本をガタガタにした張本人とされる。

つまり、先進的な西洋文明を取り入れるのに熱心なあまり、それまでの日本的な伝統文化を、旧体制・江戸時代への反発もあって否定する役割を演じた。結果「日本人」を失うことに向かう。その彼らが英雄・英傑として持ち上げられてきた維新の群像に象徴される幕末・明治期の英雄像の偽りを暴いて、それまでの日本の教科書、歴史観に大いなる修正を迫っている。

長州藩の末裔である安倍首相が、日本的な発想よりも欧米的であるのは、長州藩というDNAを引き継いできたと思えば理解できないことでもない。

何も失わずにあらゆる理想を手に入れることはあり得ない。何かを得れば、別の何かを失う。世界が理想とする平和を実現するには、多大なる犠牲があって当然ということか。

そこには、もともと「和」の伝統がある。

原爆碑に見られるように、報復を行わない。敗戦を受け入れ、つまりは戦いが終われば敵も味方もない。武士道に生きるサムライとして、人としての恥ずかしくない生き方を示す。それが多大な犠牲を生んだ戦争を新しい時代に生かす道だからである。その先には国民の生活の安全、国の再興、つまりは平和しかない。

理想とは考えられる最高最善のもののこと、そうありたいと願う目標のことを言う。

平和憲法は日本が敗戦を受け入れ、武装放棄し、憎悪の連鎖を生み続ける報復を止めるという決意を憲法に謳うことで、世界が理想とすべき考え方を示したわけである。

実際に敵を味方にするという形で、本来は敵であるアメリカを責めず、許すことで結果的に不幸を生かす、犠牲を無駄にしない平和な関係を築いている。伝統的に日本人は罪を憎んで、人を恨まずという価値観を生きてきた。それこそが、人類の知恵であろう。

その日本の行ってきた戦争は、実質的には大国に刃向かうテロのようなものである。

だが、立場が変われば、見方も考え方も異なる。そんな日本人の代わりにアメリカへの報復を言葉にし、実行してきたのが、例えばイスラム世界の「英雄」「殉教者」として、アメリカと戦って殺害されたウサマ・ビンラディンである。

彼はアメリカの歴史的犯罪について「米国先住民の虐殺」、「日本への原爆投下」、「イラク戦争での劣化ウラン弾使用」という三つを挙げて「米国こそ犯罪集団の親玉であり、それが米国人に流れる『血の正体』だ」と主張している。

二〇〇一年の九・一一同時テロ後の声明で、テロ実行犯を讃えた上で「米国がいま直面していることは、われわれが何十年にもわたって味わってきたことに比べれば、ささいなことだ」と述べ、パレスチナ、レバノン、イラクなどの地で「息子たちが殺され、兄弟姉妹が苦しみ、罪のない子どもが殺されている」と訴えている。

「力は正義」という幻想とともに、戦争の代わりにテロが世界の脅威となっている。第二次大戦後の世界の推移を見れば、日本が報復を考えずに平和な社会を築いてきたのに対して、アメリカをはじめとする文明国が核武装を行い、軍備を強化しながら、いまも戦争を行っているという事実がある。

その犠牲になるのは、常に一般市民や子どもたちである。

指導者たちの怠惰について

国連イラク支援団（ＵＮＡＭＩ）は二〇一四年に、わかっているだけで少なくとも三万三三六八人の非戦闘員が紛争やテロで死傷していることを明らかにしている。

イスラム国による日本人の人質問題が世界のニュースになっている間も、イラクやシリアでは多くの非戦闘員、子どもたちが亡くなり、難民を生んでいる。

中東以外でも、イスラム国支持を表明しているナイジェリアの武装集団「ボコ・ハラム」による襲撃がニュースになる。

かつてイラク人質事件で拘束された経験を持つ女性イラク支援ボランティアは「武装勢力と呼ばれる彼らのほとんどが肉親などを残虐に殺された遺族であり、武器を持つ動機は深い絶望の中で抱え続けた憎悪であることが大きい」と語っている。

国際人権ＮＧＯヒューマンライツ・ナウ事務局長の女性弁護士も、かつての武装勢力とイスラム国は異なるという前提のもとに「イラクの人々の蓄積された怒りと憎悪、そして大地に流されてきた幾多の血が残虐行為を顧みないＩＳを生んだ」と語っている。

イスラム武装勢力、ＩＳ壊滅のための作戦がいくら成功したところで、憎悪はさらなる憎悪を生み、新たな報復が準備されるだけである。

「なぜイスラム武装勢力が生まれたのか、なぜイスラムなのか。その歴史的、文化的背景を理解せずにテロとの戦いが終わることはない」という国際人権ＮＧＯやイラク支援ボランティアに関わる人たちの問いかけに耳を傾けない限り、テロの恐怖は止むことはない。

テロリストの立場を想像するとき、イスラム国にも人質の処遇をめぐる対立があったとされる。テロリストとはいえ、同じ人間である。「イスラム」を掲げる以上、イスラム教との関わりもある。殺人に何の痛痒も感じない人間もいないわけではないが、大半の人間は本当は人を殺したくはない。

仏教の十戒、五戒の第一に上げられているのは「不殺生戒」であり、モーゼの十戒にも第六番目だが「汝殺すなかれ」と記されている。人を殺すことは人間が人間ではなくなるということである。

しかし、他に手段がないと自ら信じ込むことによって、一生懸命自分を納得させ、他人を煽動する。テロリストたちは少年少女を兵士にするため、先進国の例えばアメリカは若者を戦闘員にするために、いかにして殺戮を躊躇なく行わせるかに腐心する。その方法をテロリストたちは洗脳と恐怖による支配、先進国では人間工学、心理学、人間操縦術を駆使して一人前の殺人兵士に仕立て上げる。

それがいかに人間性にもとる行為であるかは、彼らが戦闘から離れた後、少年兵士もアメリカの若者も、その多くの者が心を病み、罪の意識に苛まれ、心的外傷後ストレス障害（ＰＴＳＤ）

に悩むことを見れば、よくわかる。

二〇一五年二月一四日の「新潟日報」で、田中優子・法政大学総長がイスラム国の問題について論じている。それは「なぜ彼らが生まれたのか」というプロセスを考えずに異教徒、つまりは敵として異質なものを排除することが彼らを生んだとの指摘である。そのことの意味を深く考えようとしない「怠惰」を問題にしている。

「私は～」という運動がネットの世界では盛んに行われているが、「I am SHARLIE」「I am Kenji!」という、そこになぜ「私はイスラム国」という言葉がないのかという指摘である。

思考のプロセスにおける「怠惰」という表現は、徹底して考えることを放棄することである。〈共存は矛盾を抱え込む。それが面倒だから異質なものは排除し、一致団結して秩序を保ちたいという「怠惰」が生まれる。いかなる地域に生まれようと、その怠惰に巻き込まれれば無限の暴力に走り、結局は秩序を保てなくなる。〉

彼女は「この暴力の連鎖を断ち切ることができるのか」と自問する形で「日本こそ、まだその可能性を秘めた数少ない国だと思っている」と語り、その道を目指すことのできる「市民」をつくっていく教育の重要性を説く。

そこでは、日本列島を諸民族の共存の場にしていく方法もあるとして、他の国にはできない

「日本ならではのグローバル化」の必要性を語っている。

その前提には「和」の思想がある。

「和」を前提としないグローバル化には、常に思考上の「怠惰」がついてまわる。そこには、世界の権力者並びに彼らを支えるグローバル企業を含めた大きな影響を持つ存在、エスタブリッシュメントとされる体制派が、平和を望むのではなく、暗に戦争・戦闘を望んでいるのではないかという事実がある。

平和憲法を持った日本に、戦争のない平和な社会が実現したのも束の間、彼らがすぐに始めたことは警察予備隊をつくらせ、それが自衛隊となって、米国の兵器産業・防衛産業の重要な顧客となる。そこでは戦争はビジネスを成功させる重要なマーケット創造であり、利潤の源泉である。同時に現代のテロもまた、兵器産業・防衛産業を活性化させるためになくてはならない悪のビジネスパートナーとなる。

ネットの世界から家庭に至るまで「セキュリティー」というカタカナ文字で浸透するものの正体は、平和な生活の対極にあるものへの不安・恐怖・対応（安全保障）から生まれるビジネス＝マネーの創造である。

だからこそ、逆に重要なのが、マネーではなく心に働きかける本来の人間の在り方であり、近年の資本主義の反省から生まれた倫理に基づいた創造的資本主義その他、最近のエシカル・ムーブメントなど一連の動きである。

それは「人間自然科学研究所」理事長として、平和事業構想を掲げる小松昭夫・小松電機産業社長が、常に引用する「理念なき経済は罪悪である」という二宮尊徳の言葉同様、肥大化する権力側の動きに対する市民レベルの良識ある行動としての作用である。

蘇るアインシュタインの言葉

テロによる報復の連鎖は、イスラム系移民を多く受け入れてきた欧州全域から世界に広がりつつある。憎悪の歴史、報復の連鎖は誰かが断たなければ終わることはない。

そうした活動のベースにあるのは、二一世紀の今日、すでに武力の時代ではないという現実である。

戦後、マッカーサーが日本国民の民主主義のレベルを「一二歳の少年」と語ったが、それは戦後七〇年経った今日、かつて日本人を少年と呼んだ〝大人たち〟がやってきたことを見れば、むしろ誇るべき資質だということがわかる。

少年は素直である。過去にとらわれず、光ある未来を目指す。

同時に少年はやがて大人になる。「一二歳の少年」と言われた日本人は、それまで主役を演じてきた西洋文明が狩猟民族特有の疑う心から出発し、闘争の歴史を繰り返してきたのに対して、精神性そして「和」の心を大切にしてきた。

即ち、戦争の歴史の中から、敗戦を通じて人間として進化を遂げることにより、終戦そして平和憲法を手に入れることができた。道義立国を果たすことによって、いつの間にか人間として成長を遂げたということである。

日本の原点、戦後の出発点はそこにある。その価値を教えてくれるのは、日本人よりも外国人である場合が少なくない。

偉大なる科学者、哲学者、芸術家等、真理に触れた多くの碩学には、共通して自然の前に謙虚であり、常に敵対することなく、自然から多くのものを学び取ろうという姿勢がある。

二〇世紀を代表する科学者であるアインシュタイン博士は、一九二二年（大正一一年）の来日講演で、次のように語ったと伝えられてきた。優れた科学者は未来を見通す力を持った予言者である。

「近代日本の発展ほど世界を驚かせたものはない。一系の天皇を戴いていることが、今日の日本をあらしめたのである。私はこのような尊い国が世界に一カ所ぐらいなくてはならないと考えていた。世界の未来は進むだけ進み、その間、幾度か争いは繰り返されて、最後の戦いに疲れるときが来る。

そのとき人類は、まことの平和を求めて、世界的な盟主をあげなければならない。この世界の盟主なるものは、武力や金力ではなく、あらゆる国の歴史を抜きこえた最も古くてまた尊い家柄でなくてはならぬ。世界の文化はアジアに始まって、アジアに帰る。それには、アジアの高峰、日本に立ち戻らねばならない。我々は神に感謝する。我々に日本という尊い国をつくっておいてくれたことを」

このアインシュタインの予言に関しては、出典が明確ではなく「無関係」とする見方もある。東京大学の中澤英雄教授（ドイツ文学）が月刊誌『致知』（二〇〇五年一一月号）に発表した論文「アインシュタインと日本」で、明治憲法成立に大きな影響を与えたドイツの法学者ローレンツ・フォン・シュタイン博士が語ったとされる文章が、いつの間にか名前の似ているシュタイン博士からアインシュタイン博士に変わったのではないかとの仮説を紹介している。

だが、日本への航海中、体調を崩したアインシュタインを救った同乗の日本人医師・三宅速（九州帝国大学医学部教授）との交流をはじめ、実際に見聞した日本の自然や生活様式、芸術文化に接して、あらゆるものに「美」を見いだす日本人について、例えば次のように語っている。

〈美しい微笑みをたたえ、お辞儀をし、床に座る人々へ

願わくは西欧に先んじた自らの偉大な徳を、汚さずに保ち続けることを忘れないでほしい。すなわちそれは、生活を芸術的に築きあげることであり、個人の欲望を抑えた簡明、質素な態度、そして心の清明な静けさである。〉

〈日本人以外にこれほど純粋な人間の心を持つ人はどこにもいない。この国を愛し、尊敬すべきである。〉

アインシュタインをはじめとする外国人が見た日本には「アインシュタインの予言」の背景、核となる「和」の文化と思想がある。

「和」の思想と日本の民主主義

日本の国、日本人に魅せられた多くの外国人の言葉を、正しく受け止めるならば、近代日本の歩みは明治維新を経て、伝統的な民主主義としての「和」の思想を否定しつつ、西洋思想への転換を「文明」の名のもとに行ってきたことだとわかる。

日本の伝統的な「和」の思想は、戦争ばかりではなく、大震災や災害など、あらゆる怨念や憎悪、悲しみ等の不幸、悲惨な現実を鎮め、そうした過去や犠牲を生かすための様々な仕組みやノウハウといった工夫の根底に流れている。

例えば、中国人がいう「日本鬼子」は、いまや日本では「ひのもとおにこ」という萌えキャラクターの美少女として、ネット上に登場する。「小日本」も日本鬼子の妹分として「こひのもと」という萌えキャラの美少女と化している。

蔑称に象徴される敵や悪に対して、憎悪するのではなく、美や笑いに変えることによって、蔑称に潜む怒りや怨み、諸々の悪感情を鎮める、もう一つ別の見方、生かす道を用意する生活の知恵である。

日本人は生まれると「お宮参り」のため神社にお参りして、結婚式はキリスト教、亡くなったときは仏教という人生のエポックを一宗教にこだわらず、良いところを素直に受け入れる。お正月は初詣に神社仏閣をお参りして、バレンタインデーを楽しみ、お盆休みにお墓参りに行って、最近はハロウィンを楽しみ、クリスマスを祝う。イスラム教は欧米では体や顔を隠した女性の衣装が問題になるが、日本では基本的に自由である。

そうした日本人の宗教観は、欧米人ばかりでなく、近隣アジアの国の人たちにも不思議がられる。明治時代に、新渡戸稲造が外国で欧米とは異なる日本人の宗教観を問われて『武士道』を書いているのも、そのためである。

だが、本当に無宗教かと言われれば、昔も今も日本は極めて宗教的な伝統文化・習慣が生活の隅々にまで行き渡っている。三・一一東日本大震災における被災地での周りを気づかう行動、オリンピックやサッカー・ワールドカップで日本人サポーターが散らかったゴミを集める行動などを称賛されるのは、その名残りである。

事実、かつて来日したイスラム教の指導者は、経済発展と信仰心が両立している日本に驚いて、宗教教育がよほど徹底しているのだろうと思ったという。だが、実際には日本には「宗教」の授業などないと聞いて、さらなる衝撃を受ける。自分たちが苦労しながら授業の多くの時間を割いて教えているイスラム規範の、礼節や清潔といった公衆道徳が、宗教教育のない日本で当たり前に実践されていたからである。

しかも、イスラム世界をはじめ、中東アラブ、キリスト教諸国を含めたいわゆる一神教の世界では、宗教戦争がつきものである。唯一、日本はあらゆる宗教が対立することなく、共存している。多くの日本人にとって、もっとも理解できないことの一つが、愛と平和を説く宗教同士が「一神教」という名のもとに、戦争、殺戮を展開しているという事実である。

どちらが好ましい社会の在り方かと、突き詰めて考えれば、戦争や殺戮がないほうがいいに決まっている。

世界の神仙・聖賢と称される人物が共通して口にする真理は、世界の五大宗教（キリスト教・仏教・道教・儒教・イスラム教）はそれぞれ別のものではなく、唯一絶対の宇宙神（大いなる存在）のもと、時と場所を違えて興った、本来は「万教帰一」というものである。

その教えをすでに大衆レベルで実践しているのが、日本人だということの中に、アインシュタインの予言、平和憲法の実現など、多くのヒントがある。

十七条憲法「和をもって貴しとなす」

日本の「和」の思想については、倭国以来当たり前のものであったことから、ほとんど学術的な研究の対象とされていない。

一般的な日本人の共通の認識としては「和」の思想は、日本が律令制による統一国家への形成期、聖徳太子の「十七条憲法」の第一条にある「和をもって貴しとなす」に始まる。八百万の神による古来からの神道をベースに、渡来の儒教と仏教を取り入れた理想的な道徳基準を示したものである。

具体的な内容としては、国を治める官僚・役人としての徳を説いているものが多い。

ちなみに、第一条は現代語訳（中村元著『聖徳太子』東京書籍）によると、次のようになる。

〈互いに和を大切にして、反抗することのないようにしなさい。人は誰しも徒党を組みやすく、道理を知る者は少ない。それゆえ、君主や父に従わず、身近な人たちと争ったりする。しかし上に立つ者が穏やかで、下の者が気持ちよく意見を言うようであれば、自然に物事の道理がわかり、すべてうまくいくであろう。〉

そして、最後の十七条は〈重大なものごとは独断で決めてはいけない。必ずみなと意見を交換しなさい。〉と、要は「和」の思想で貫かれている。

その徹底した「和」を貫く姿勢は、聖徳太子の子・山背大兄王に受け継がれている。しかも、その最期は極めて日本的な一族の自害という悲劇により、結果的に聖徳太子の「和」の思想を完成させ、その後の太子信仰を確立する。

推古天皇の死後、皇位継承をめぐって、蘇我氏（蘇我蝦夷）と対立する山背大兄王は、六四三年、蘇我氏蝦夷の子・入鹿に攻め立てられ、わずかな勢力で生駒山に逃れた。臣下の中には東国に出向いて、諸国の援軍を募って反攻するように進言する者もいた。『日本書紀』によると、そのとき山背大兄王は「私が兵を起こして入鹿を伐てば、勝つことはたしかだろう。しかし、自分のために多くの人が殺され、傷つけられることはしたくない。それゆえ、わが身を入鹿に与えよう」と言って、斑鳩寺に入って自害した。

仏教でいう「捨身の行」を実践することによって、報復を断つという犠牲の尊さとともに、死を恐れない強さを示すことにより「和」の思想を完成させたのである。

「和」の研究をライフワークにした武藤信夫氏は著書『これから和（賢哲に学べ）』で、和と同のちがいを、こう記している。

〈和は、付和雷同のように悪いイメージも抱かれがちであるが、それは和と同を混同しているからである。「君子は和して同ぜす」と言われるように、和と同を峻別したのが、江戸時代の思想家・藤原惺窩や荻生徂来である。日本的経営には和が生かされてきたが、悪しき集団主義に遭うと和は抹殺された。和とは人間集団を活性化させるダイナミズムであり、その実践には時代に即

応した正しい知恵と知識が必要なのである。〉

聖徳太子の子・山背大兄皇子が最期に示した「和」の思想には、やさしい思いをベースにした強さがある。

そうした日本の「和」の思想は、そのまま日本の民主主義だと言える。

日本が国づくりのお手本にした中国は「中国四千年の歴史」と言いながら、別の見方をするならば、その内実は王朝が変わる度に、それまで築き上げられてきた伝統・文化が否定され、皇帝の血筋が途絶えて、新たな王朝が築かれる。それは、他国の王族・王室でも変わりはない。殺戮・争いの歴史である。

そうした中、日本の皇族では、万世一系の天皇がおよそ二〇〇〇年続いている。その事実一つをとっても日本が争いと権力とを結びつけない形で「和」の生活文化を伝統的に生きてきたことがわかる。

実際、世界が殺戮に明け暮れていた時代に、日本では国民歌集「万葉集」が編纂されている。およそ四五〇〇首ある万葉集は、日本全国から上は天皇・貴族から、下は一般庶民の農民・遊女までが歌を詠んでいる。

古来からのそうした日本の在り方には、庶民でも歌を読む程度の学識・素養を備えていたという世界でも稀な事実に見てとれる。そこには身分制はあっても、古来からの宗教的特性を背景にした伝統的・文化的な「和」の思想としての民主主義が根づいている。

途中、戦国時代を挟むとはいえ、平安時代そして江戸時代と、世界でも例を見ない平和な時代が続いている。

日本に渡来した外国人が様々な面から、日本をいわば絶賛するのは、すべてが世界の驚異であり、奇跡としか思えなかったからである。

そして、日本人がいわば外圧から、率先して「日本」を捨てて、西洋化をひたすら目指した「過ち」としての明治維新以降の日本の近代化と度重なる戦争を経て、戦後七〇年の平和がある。

そうした現実を見ないことには、日本の平和と戦争の過去は理解できない。平和自体も遠い、手の届かない夢でしかない。

出雲の「国譲り神話」

日韓の懸案の「竹島の日」を制定したのは島根県だが、もともと島根県出雲には対立を解消する方法としての「国譲り神話」がある。負けて勝つとともに、敵を味方にする日本のお家芸の、いわば原点であり、平和的な共存の方法を示すものとなっている。

国譲り神話は高天原を治めていた天照大御神（アマテラス）が、大国主命（オオクニヌシ）が治めていた出雲に子どもたちを送って、最初は三年待って、音沙汰がないため、次の子を送って八年待つといった具合に、最終的に武力よりは話し合いで、国を譲られるという神話である。国を譲ったオオクニヌシは、その代償として神殿を建ててもらう。それが出雲大社だと言われている。

勝ち負けを考えたとき、勝ちは＋（プラス＝正）であり、負けは－（マイナス＝反）ということになる。国を取られて、征服されて終わりである。その負けが、自ら譲ることによって、主客転倒するのが、出雲の国譲り神話の重要なところである。

また、勝った側も排除するのではなく、ともに祭る形で共存する。対立を統合・発展へと持っていく「正・反・合」という日本古来の弁証法的発想である。それを実現可能なものにしたのが「譲る」そして「許す」、お互い「感謝」するというキーワードである。

その意味でも国譲り神話に流れる本質こそ、戦い（戦略）を超える「天略思想」なのである。

領土をめぐって対立した現実を、どのように統合・発展に持っていくかは、日中両国、あるいは日韓両国の指導者並びに、国民の人間的なレベルの問題に帰着する。世界の領土問題の存在を視野に入れるとき、そこでも「譲る」ことが解決の道になるはずである。その場合の譲るとは、お互いが自分の領土を相手側に譲るということになる。つまりは、両国が共有して利用、あるいは開発を行うことによって、平和利用を世界の紛争解決のシンボルにするというのが、当面の戦いを避けるための現実的な解決策のようにも思える。

もっとも「自分が」「自国が」と、相手の立場を考えることができない間は、真の解決はあり得ない。報復の連鎖同様、これまでの醜い対立が続くだけのことである。

世の中に無駄なものは何もない。それが自然界の真実の法則であり、自然科学をはじめ人文・社会科学の到達した結論・真理である。その意味するところは、無駄として排除し敵として排除している限り、欲しいものは手に入らない。無駄に見えるものは使い方をまちがっている、つまりは生かすしかない。その生かし方を世界に広めることが日本の使命というわけである。

二〇一四年一一月二三日に松江で行われた小松電機産業の創業四二周年の感謝事業イベント「出雲から陽が昇る２０１４」は、世界の怨念発電所と化した日本を取り巻く状況を、いかに対立から統合・発展へと持っていき、地域の怨念の解消とともに世界における平和を構築する方法を広くメッセージするものである。

「くにびきメッセ」でのズットナー像除幕式

「出雲から陽が昇る２０１４」（二〇一四年一一月二三日・松江）の会場となった「くにびきメッセ」正面には、国際会議を示す八カ国の国旗が並んでいるように、オランダからズットナー像の作者であるイングリッド・ロレマ女史をはじめ、韓国の老斤里記念館・鄭求熹理事長その他、内外から五〇〇名を集めて行われた。イベントの様子は、小松電機産業（人間自然科学研究所）

のホームページあるいはユーチューブなどで見ることができる。

地方創生とともに、女性の時代を掲げる安倍政権下、東京から遠く離れた出雲・松江という、竹島、原発そして「国譲り神話」のある出雲神話のふるさとで行われたことに意味がある。事実、地球的視野・人類史的発想からなるイベントは、女性たちが大きな力を発揮することによって、価値あるものとなった。そこに時代を象徴する上での大いなるヒントと具体的な問題解決のためなすべきことが、それまでの実績とともに示されている。

国際イベントを象徴するように、第一部の「松江から世界平和を・・国民国連構想の具現化」は、金美正・小松コーリア理事の司会により、鳥取県選出の浜田和幸参院議員の基調講演から始まった。

テーマは「平和な世界を築く視点・真実は非常識にあり」。世界を知る文化人を代表して、また日本の政治家として、世界の政治や経済など権力・エネルギーの裏側で起こっていることについて、わかりやすく語りかける。日本の役割に関して、良く知られる「アインシュタインの予言」を紹介しながら、今回のイベントそして小松社長へのエールが送られた後、いよいよベールに包まれたズットナー像の除幕式へと移る。

『武器を捨てよ』の著者であり、女性初の平和賞受賞者という平和活動家らしさをイメージしていた参加者は、ベールを脱いで現れたズットナー像に、いい意味でのショックを受ける。

「出雲から陽が昇る 2014」のシンポジウム会場にて

そこにあるのは優れた芸術作品が共通して持つ「美」であり、感じられるのは「愛」であり、確かな「平和」の女性像だったからである。それこそ小松がオランダ・ハーグで初めてズットナー像を見たときのショックと同様のものであった。

会場に行き渡る静かな興奮とともに始まった、胸像の作者であるイングリッド・ロレマの講演のテーマは「あなたが奇跡を信じないなら」である。

彼女について、詳しくは終章に譲るが、小松社長をはじめ日本の関係者へオランダからのお土産と一緒に小さな花の球根を置いていったことが「花」プロジェクトのきっかけとなった。彼女は「土に植えて水をやれば、何の花かわかります」と説明したが、それは厳しい雪の中でも白い可愛らしい花を咲かせるスノードロップである。

午後の第二部「オープンマインド―開かれた精神―と地方創生」が、イベントに華を添える日本舞踊から始まったように、イベントの全体を貫くテーマは「日本」つまりは「和」の思想であり、「出雲」に伝わる「和譲」の心である。そこでは、著名な男性講師以上に「女性」たちが輝いて見える。

ドイツの大学で出会ったご主人と結婚した日本人女性・イップ常子・オーストリア国家公認ガイドの講演「私の人生とヨーロッパ、周藤弥兵衛との出会い」では、外国との越えられない文化のちがいとともに、日本ならではの良さとしての思いやりや人に譲る文化が語られる。

作家・村尾靖子のエッセイ朗読「焦げついた夏、祈り」は、小松社長との出会いとともに今日につながる自らの戦争の体験（後述）を語って涙を誘う。

白駒妃登美さん・株式会社ことほぎ代表の講演「歴史が教えてくれる日本人の生き方」は、元大手航空会社の国際線客室乗務員の彼女が外国を知ることから、それまで縁のなかった日本の文化に目を向けるようになり、いまは「古事記」をはじめとした日本の神話や歴史を通してわかる日本の良さを伝えている。「和の心」をわかりやすい歴史とともに語って、聞く者に日本人に生まれて良かったという思いにさせる。

行徳哲男の講演「出雲から陽が昇る：陰と陽」は、有名な野生の鴨の話である。キルケゴールの哲学そしてトーマス・ワトソンがＩＢＭをつくるきっかけになったという、本来一万キロ以上飛べる野鴨が、人間が与える餌に慣れて、いざ飛び立とうとしたときに飛べなくなったという悲しい逸話である。

水と安全はタダだと思って「平和を貪っている」いまの日本人に対して、テニスの松岡修造夫妻の仲人を務めた彼は、弟分である錦織圭の活躍をあげながら「野鴨であれ」とのメッセージを、ライブの力でもって力強く語りかける。

ラストを飾る堀内好浩・島根県立大学名誉教授の講演「人口減少社会と地方創生・女性の社会参加」という現代のテーマが示された後、「未来へ」（三大核大国の結節点、朝鮮半島と日本…世界平和の希望の郷・八雲立つ出雲）をテーマとした「パネルディスカッション」へと移る。

いくつものメッセージが語られた後、今後の重要なテーマである国民国連の話から、新しい世界における市民の力と役割の大きさがクローズアップされる。その最後に小松が、この日のために用意したスローガン「島根原発を世界遺産に」を披露する。

島根原発は全国の県庁所在地からもっとも近い場所に位置する。しかも、五〇年前の技術でできた、いわば試作機としての一号炉と、同様の電気配線による普及型の二号炉、そしてコンピュータ制御による最新式の三号炉という日本の原子炉の現状と問題点を象徴する三つがある。

核拡散の時代に、二一世紀の平和を考える上で、もっともわかりやすい原発であることから「島根原発を世界遺産に」との大きな横断幕が掲げられた後、一日がかりのイベントは幕を閉じた。

もちろん、それは終わりではなく、新たなる一歩の始まりである。

いろんな機会に世界の戦争と平和に関するメッセージを発してきた作家・村上春樹は、二〇一五年四月、共同通信のインタビューで「時代と歴史と物語」について語っている。その中で、彼は「原子力発電所は核発電所と呼ぶべき」との持論を展開している。

「ニュークリア・プラントは本来『原子力発電所』ではなく『核発電所』です。ニュークリア=核だから。原子力はアトミックパワーです。核が核爆弾を連想させ、原子力が平和利用を連想させるので『原子力発電所』と言いかえているのでしょう。今後はちゃんと『核発電所』『核発』と呼んだらどうかというのが、僕からの提案です」

平和憲法を持つ国で起きた事故により、核発電所の恐ろしさを世界に示したのが、三・一一東日本大震災・福島原発事故である。現実に日本中に林立している。そして、周囲を核に取り囲まれている。

その現実を受け止め、どうすべきかをみんなで一緒に考える。二〇一五年一一月二三日「くにびきメッセ」で行われたイベントで「島根原発を世界遺産に」というメッセージは、原発を新たに村上春樹が言う「核発電所」とすることによって、より訴求力を増すことになる。

自らのメッセージを、世界の村上春樹に結びつけるのも「魔法の経営」そして「天略」を語る小松ならではの経営手法というわけである。

ヨーロッパから送られてきたメール

「くにびきメッセ」でのイベントの後、富山県高岡市における銅像づくりの現場を見たロレマと同行の出版社代表マリアンヌは、初めての日本を広島から大阪、京都、東京と駆け足で巡った後、一二月三日に帰国の途に着いた。

帰国後、ロレマから小松社長に届いた礼状には、彼女たちの日本訪問が新しい何かが始まる予感のようなものを芸術家ならではの直観とともに記している。

〈この度は私とマリアンヌに日本と韓国、そしてあと二メートルで北朝鮮という板門店を訪れるチャンスをいただきましたことは、本当に信じられないことでした。今回の訪問は心温まる、忘れられない人生の転機となりました。みなさまと一緒に過ごした時間、シンポジウム、出会った人たち、見たもの全部が、私たちの今後の人生の宝物です。

そのすべてのことに深く感謝申し上げます〉

手紙は、今回の日本訪問が、彼女たちに多くの成果をもたらすとともに、今後につながる大きな広がりを予感させることを伝えている。

若き日のズットナー像とともに作者のロレマの来日、帰国後送られてきたメールなど、それは平和な世界にこそ相応しい春を告げる花信風として、女性たちがつくる「花」プロジェクトへとつながっていく。

二〇一五年、世界がテロとの戦争に本格的に突入していく中、小松のもとにはヨーロッパから一一月二三日のイベントに象徴される彼の構想が、その後、現地に何をもたらしたかを伝えるメールが送られてきた。

一つはロレマから、日本滞在時、途中、京都での夕食時の約束のことが書かれている。

〈京都での夕食の席で、小松様から封筒（除幕式の謝礼金）をもらいました。私はそれを私が支援を続けているガザ地区ハーン・ユーニスの子どもたちに寄付をすると約束しました。小松様と私の従姉妹ウィム・ロレマからの寄付に、子どもたちはとても感謝しています。〉

メールには子どもたちの感謝の気持ちである、二人のために描いた大きな絵の写真が添付されている。そして、次のように結ばれている。

〈難民キャンプの子どもたちに対するお二人の行動にとても感激しています。その寄付が大きなインスピレーションとなり、新しい創作、絵を可能にしたのです。〉

集合写真には、子どもたちが描いた「MISTER AKIO KOMATSU & WIM ROLLEMA HAPPY 2015」という感謝を示す文字が入った躍動感あふれる絵を前に、大勢の子どもたちの笑顔があふれている。

もう一つのメールは、ウィーン平和博物館のリスカ・プロジェクト館長が日本人・小松昭夫社長とウィーン平和博物館への支援についての原稿を書くという内容である。

彼女の原稿「オーストリアにおけるベルタ・フォン・ズットナー（仮題）」には、小松の多大な貢献とともに、意外に思えるオーストリアにおけるズットナーの真実も記されていた。

現在、二ユーロコインの肖像になっているズットナーだが、オーストリアにはウィーン郊外に唯一とも言える彼女の肖像額の他、ゆかりの船と、下町地区にある保険会社のビルの壁に「ズットナー旧居」と書かれた表示が残っている程度で、彼女に関する資料や記念品はほとんど存在しない。

そんな状況が、大きく変わるきっかけになったのが、小松の存在である。

〈昨年、事態は一変した。ベルタ・フォン・ズットナーの顕彰に力を入れている日本人・小松昭夫氏がウィーン平和博物館に六カ月という期間限定ではあったが、胸像を貸与してくれたからである。

胸像は見事な芸術作品で、作者のインドリッド・ロレマ女史の傑作の一つに数えられる。本当に美しく、見る者の心を揺さぶらずにはおかない。〉

そこには、中庭に置かれたズットナー像がウィーンにおけるズットナーの世界になした貢献と、平和こそが正しい道であるとの答えを改めて示す機会となった事実が、興奮とともに記されている。

〈ウィーン平和博物館を訪れた一〇万人近い人々が、ウィーン市へのこの素晴らしい像の貸与によって、ズットナーがどんな人物だったのかを理解したのであった！

小松氏に甚大なる謝意を表する次第です。〉

確実に、小松の行動と投げかけたメッセージの波紋が広がっている。二つのメールは「花」プロジェクトの成功を、すでに告げているかのようである。

終章　女性たちがつくる「花」プロジェクト

「理想」の重要性

敵のために祈るキリスト

二〇一五年はアウシュビッツ収容所の解放から七〇周年である。七〇年目の一月二七日、現在のポーランドで追悼式典が行われている。そこはいまも多くの戦争の被害を生んだ場所同様、強烈な「死の気配」が支配する特殊な聖地である。

アウシュビッツの犠牲者『アンネの日記』で有名なアンネ・フランクの義姉エバ・シュロス(八五)が、ロンドンで健在だと「毎日新聞」(二〇一五年一月二八日)が報じている。

エバはアンネの実父オットー・フランクが再婚した相手の娘である。しかも、ユダヤ人として生まれたエバは、アムステルダムのアンネ一家の真ん前のアパートに住んでいた幼なじみである。

両家族は一九四二年のナチス侵攻により、それぞれ隠れ家で暮らす。そこはアンネが密かに日記を書いていた場所である。やがてシュロス一家はナチスに発見され、アウシュビッツ強制収容所に送られて、父と兄は命を失う。

一九四五年一月、同収容所が解放されて、エバと母親はアンネの父オットーと再会。アンネの死と「日記」のことを告げられた。その八年後、お互いの不幸を乗り越えたオットーとエバの母親は再婚。義父となったオットーは、ドイツ人を憎む気持ちを拭い切れないエバに語り続ける。

「憎むことは自分の心を苦しめることだよ」

強制収容所跡にできたポーランドの国立アウシュビッツ博物館の公式ガイドは、すべての見学者に語る。

「この広大な敷地の博物館で、あなた方が目にする事柄は、ドイツの人々だけが行った悪行と思わないで下さい。人間というものが、このように残酷な罪を犯し得るものだということを、冷静に見て下さい。そして二度とこのようなことが世界中で起こらないように、みんなで平和を目指しましょう」

戦後七〇年の今日、追悼式典に参加者した元収容者は、「世界は悲劇から何も学んでいない」として「イスラム過激派を憎んでいても仕方がない。彼らを少しでも理解することが、やがて一般のイスラム教徒や世界が希望を持てるようになる道ではないのか」と語っている。

ハリウッド女優アンジョリーナ・ジョリーが監督を務めて話題となった米国映画「アンブロークン」（二〇一四年一二月公開）の原作は、新潟県直江津捕虜収容所の元米兵捕虜で、一九九八年の長野冬季五輪で聖火ランナーとして上越市を走ったルイス・ザンペリーニの生涯を描いた小説である。テーマは「許す心」である。

「読売新聞」（二〇一五年二月三日）のインタビューでアンジョリーナ・ジョリーは「これは反日的な映画ではない。許しの物語だ」として、戦後の上越市民との交流を重ねてきたルイスは「日本を愛していた」と語っている。

しかし、多くの戦争ものハリウッド映画は、娯楽色の強い戦争賛美の傾向が強い。一九五七年に制作されたヒット映画「戦場に架ける橋」は、その典型的な作品として知られる。いまも戦争を続けるアメリカの宿命でもある。

その点、同じクワイ河にかかる橋の建設を、史実に基づいて制作したのが、二〇〇一年のアメリカ映画「エンド・オブ・オール・ウォーズ（TO END OF ALL WARS）」である。

こちらの原作は、太平洋戦争下、タイで日本軍の捕虜になり、タイとビルマ（ミャンマー）を結ぶ泰緬鉄道の建設に従事させられたスコットランド兵アーネスト・ゴードンの体験記『クワイ河収容所』（筑摩書房）である。

アーネスト・ゴードンは映画「戦場に架ける橋」について、原作の『クワイ河に架ける橋』自体を「娯楽小説であり虚構だ」と述べている。当時の捕虜収容所の日本人通訳・永瀬隆も『戦場にかける橋のウソと真実』という岩波ブックレットを出版している。

映画のハイライトとなるのは、収容所で死と隣り合わせの極限状態が続く、そんな中、彼らを変えることになる「聖書」の存在である。

大学出のゴードンは捕虜たちから「聖書」の講義を頼まれて、宗教に向かい合う。神に祈り「聖書」の一節を唱和することにより癒され、生きる勇気を得る。仲間との連帯意識も芽生えてくる。

過酷な収容所で、絶望とともに人間としての尊厳さえ失われていく一方、「聖書」の教え通り隣人に対する思いやりの気持ちから、助け合う仲間がいる。そんな変化が兆してくる中で「マタイ伝」（六章一二節）の「われらに罪を犯すものをわれらが赦すごとく、われらの罪をも赦したまえ」という一節に直面する。

それはイエスが自分を十字架にかけて殺す敵のために赦しを求める祈りであり、人間一人ひとりの罪を背負い、身代わりになった許すことと犠牲の尊さを象徴するものである。報復の連鎖を断つための唯一の方法として、神の子の取るべき道であり、たとえどんな迫害を受けても「敵を愛せよ」という願いである。

〈私たちは日本人の手によって迫害を受けている被害者であった。だが、この流血の罪は彼らだけに限られたものではないのである。日本兵と同様に私たちも人命には人命を、目には目を、歯には歯を、手には手を、傷口には傷口を、鞭で打たれたならば同じく鞭で、という報復の法則によって生きてきたではないか。私たちも彼らの罪を共有していたのである。〉

それが過酷な体験の中で「聖書」に学んだアーネスト・ゴードンの今日につながるメッセージである。

戦場に捧げられた「花」の力

一五歳の誕生日、ガザ地区から来たパレスチナ青年の自爆テロの犠牲になって亡くなった、イスラエルの少女バット・ヘン・シャハク（前出）の詩に曲がつけられている。「それがそばを通り過ぎる」という歌である。

それがそばを通り過ぎていく。ただ…
今日もまた誰かが一つの人生を終えた
それがわたしのそばを通り過ぎていく
わたしも連れていかないで…
でもそれは予期できない。

詩人もまた予言者である。

自らの未来を悲しく歌った少女の名「バット・ヘン」はイスラエルの代表的な花の名前から取られた。菊の花を洋風にしたような、可憐な花である。

花は摘んでしまえば、枯れてしまう。摘まないまでも、季節が過ぎれば枯れていく。そんな弱い花だからこそ、逆に永遠につないでいく知恵と力、尊い命がある。

バット・ヘンはパレスチナ青年のテロの犠牲になったが、もちろん敵対するパレスチナの少女も例外ではない。戦争・テロのあるところ、悲劇はつきものだからである。

エルサレムの難民キャンプに住んでいた一〇歳のパレスチナ少女アビール・アミランは、二〇〇七年一月、小学校そばの店でキャンデーを買った後、銃で撃たれて亡くなった。撃ったのはイスラエル国境整備隊の車両に乗っていた一九歳の少年兵士である。

二〇一四年一一月八日付の地方紙の連載「祈りよ力に」のパレスチナ編「娘を殺された父親」と題する特集記事で、事件のその後を共同通信・船津靖（前ニューヨーク支局長）が伝えている。

事件から七年たったいまも、銃撃の理由はわからない。イスラエルの裁判所で、父親のバッサム・アミランは次女アビールを撃った元兵士に「復讐しようとは思わない。君も犠牲者だ」と語りかけた。一〇歳の少女を殺した彼の行為は、それが犯罪だと理解できないからであり、悔いることがないのも、彼が占領や教育、不幸な歴史の犠牲者だからというものである。

だが、元兵士が殺したのはテロリストではない。一〇歳の娘を殺された怒りを抑えながら、彼は語りかける。「将来、もし私にゆるしを請いに来たら、君を許すだろう」と。

その二カ月後、法廷で見た元兵士は、それまでとは異なり「宗教的になり、別人のようだった」という。

とはいえ、裁判は他の事件同様「証拠不十分」で終わった。そこはパレスチナ人を殺しても犯罪にはならない戦場である。

彼が元兵士に単純な怒りをぶつけなかったのは、彼自身一七歳のとき反イスラエル闘争で逮捕され、七年間服役した経験があったからである。

「もう百年殺し合うのか。互いに恐れ、憎み合っているのは、相手を知らないからだ」

そう、彼が語るのは服役中、刑務所の中でホロコースト（ユダヤ人大量虐殺）に関する映画を見たからである。敵であるユダヤ人の苦しむ姿を見て、報復感情を満足させられると思った彼は、やがて彼らも被害者であることを知り、同情の涙を流していた。

しかも、服役中、本来、敵であるイスラエル人に助けられたこともある。助けたのは「なぜ君のようなもの静かな人がわれわれを憎むのか」と言葉をかけてきた獄吏である。その言葉は立場が異なるアミランの疑問そのものであった。

やがて、対話がお互いの理解を深め、相手を知ることによって、立場の異なる敵を許すこともできると知る。服役中の経験が彼を大きく変えたのである。

釈放から三年後の一九九五年、和平合意に基づき、ヨルダン川西岸ジェニンからイスラエル軍が撤退する。そのとき、それまでは兵士に「石」を投げていた住民が「花」を手渡すのを見て、彼は最終的に武力闘争の方針を捨てた。

その後、アミランはイスラエルの元兵士やパレスチナの元武闘派が、二〇〇五年に結成した「平和のための闘士」の共同創設者となる。戦闘の続くパレスチナで、犠牲となった娘の死を無駄にしないためにも、彼は二度と「石」を投げることはできなかった。報復ではなく対話の可能性、優しい思いを生む「花」の力である。

「花」の力が示されるのは戦場ばかりではないが、彼らが感じたものは、自らを映し出す生そのもの、命である。

平和運動の到達点

二〇一四年四月に古希を迎えた小松昭夫・小松電機産業社長にとって、一一月二三日の国際イベント「出雲から陽が昇る２０１４」は、特筆すべきものとなった。翌二〇一五年は日本の戦後七〇年という、さらに重要なエポックメーキングな年である。

ズットナーの除幕式を兼ねた国際イベントをきっかけに女性たちによる「花」プロジェクトが生まれ、まずは種（球根）を植えて「花」を育てるための土壌づくりが始まった。土があって、水と光とともに、苗は育つ。雨の日もあれば風の日もある。幾多の災難に見舞われる中、多くの犠牲の上に葉を繁らせ、花を咲かせる。その花が実を結ぶには、さらなる試練が待っている。

イングリッド・ロレマが花の国オランダから持ってきたスノードロップは、世界一小さい球根と言われ、花を咲かせるのに数年かかる。

花言葉は「希望」「慰め」など。キリスト教の聖燭祭の日に花を持ちかえると家が清められるという言い伝えがあることから、修道院の庭に多い。国によっては生花を贈ることは「あなたの死を望みます」という怖い花言葉にもなる。

厳しい雪の中から春を告げるスノードロップは、そうした厳しさをたたえる「逆境の中の希望」を象徴する花である。

かけがえのない命をつないでいく自然の営みは、どの瞬間も美しいが、選ばれた花が実を結ぶ、その一生は大震災や津波による大災害、大洪水を経験した今日、旧約聖書に描かれた「ノアの方舟」を彷彿とさせる。

小松が続けてきた活動は、その「ノアの方舟づくり」を想定することから始まる。一九九二年一月、東京で開催された新春経営セミナーの場で「これから混迷を深める世界に対し、未来に責任ある日本の経営者として、ノアの方舟を創る」と語り、二年後の一九九四年に発足した人間自然科学研究所を通じて、世界各国と連携するための「場」としての対話・ステージづくりを行ってきた。

ここ数年の状況の変化が小松にとって感慨深いのは、彼の人生と社業並びに事業そして日本を取り巻く世界の動きが、その課題とともに二〇一五年という一年に凝縮する形で現れていることである。戦争をはじめとする危機か、人類の理想としての平和か。その分岐点を前にして、誰もが二つの道を行くことはできない。

一八世紀末に小冊子『永久平和のために』を著した哲学者カントは「平和」について、「一緒に生活する人間の間の平和状態は、なんら自然状態ではない。自然状態は、むしろ戦争状態である」と書いている。

そうした前提のもと、戦争状態＝自然状態から、人間並びに道徳的人格としての国家が社会的な存在に至る歴史的な過程の中で、個々の人間は道徳的に善い人間ではないにしても、現実に善良な公民として国家を樹立してきた。言語や宗教の異なる諸国家も、対立とともに活発な競争がもたらす均衡を通して、相互に自制しつつ、平和と連盟へと向かう。それが「自然の摂理だ」と、カントは説いている。

カントのいう「戦争状態」を人間社会のあらゆる対立・敵対する関係を含めることによって、新たな平和学を提唱しているのが、現代の「平和学の父」と言われるノルウェーの政治学者ヨハン・ガルトゥングである。

ガルトゥングによれば、真の「平和」の状態は直接的暴力「戦争」のない状態としての「消極的平和」だけではなく、構造的暴力ないしは文化的暴力である飢餓や貧困・差別・人権侵害・環境破壊などのない状態を含めた「積極的平和」が実現して、はじめて「平和」と言えるとの考え方である。

そして、恒久平和の条件として「共和体制」と「国際貿易」、「多国間合意」の三つを上げている。グローバル化の時代における自由と民主主義、国際的な共存・共栄体制、戦争の対極にある道徳的な国際ルールが、理想の実現のための条件となる。

かつて、小松が主催してきた「太陽の國・出雲」のイベントにも参加。小松のオランダ・ハーグへの道を開いた安斎育郎・立命館大学名誉教授（立命館大学「国際平和ミュージアム」名誉館長）も「暴力がなくならない現実を認識して、その状態を克服しようとする力がきちんとある社会が健全な社会と言える」と語っている。

そこには、必ずしも展望が開けているわけではないが「一〇〇年単位で見れば、世界は戦争を違法化する方向に進んできた」との思いがある。その事実だけでも、世界の平和運動は無駄ではなかったというわけである。

第二次世界大戦後、欧米諸国・先進国間での戦争は起きていない。その現実の先にあるのは、世界の平和運動が目指す一つの到達点が、平和憲法の制定を実現した、終戦後の日本にはあったという事実である。

対立・敵対する状況の中から、いかに戦いではなく「平和」を築いていくか。人類の歴史は、そこに女性の力、役割があることを教えている。

すべての女性は、女神である

女性をテーマに多くの作品を書いている作家・水上洋子は著書『すべての女性は女神』（実業

之日本社）の中で、古代の文明を訪ねていってわかったことは、その多くが女性と女神を中心にして創られた世界であると語っている。そして、世界の女神神話を訪ね歩いた彼女の結論は「すべての女性は、女神である」というものだ。

その意味するところは明快である。

男たちが中心になってできた文明そして国家には、女性的な視点が欠落している。

〈女神の文明の特色は、男女平等であること、戦争よりも平和を愛したこと、民主主義的であったこと、高い農業技術を持っていたこと、商業や貿易が盛んで、数々の美しい工芸品を作り出したこと、豊かな芸術や文化が花開いたこと、そして宇宙や自然と交信し、自然との調和を目指したこと、力よりも愛が大切だったこと、などがあげられます。〉

ここにあげられているすべてが、二一世紀の今日、もっとも必要とされていることだとわかる。乙女座からやってきたギリシャ神話の女神ディケは、この地上で自由と民主主義を説いた最初の女神だとされる。

「母なるものは、すべての子供たちに等しく分け与え、どの子も不利に扱うことのない、完全な正義の担い手である」というのが、母性の本質である。多神教の女神たちが共通して持つのは、そうした愛や命、美そして正義、希望である。

女性は環境の変化によって、どんな人格にも性質にも順応することができる。新しい命を生む母であるとともに、環境という大地の母でもある。荒れた社会環境を整えるのが、女性であり、その調和の上に男性は自由に力を発揮する。

日本と同様、多神教からなるギリシャ文明発祥の地とされるクレタ島にある迷宮には、実は城壁がなかった。女神たちが支配する、そこでは敵というものの存在を考える必要がなかったということ、女神が迷宮を守っていると信じられていたということである。

日本もまた女神たちが活躍する典型的な歴史と文化を持っている。

「女性の時代」とはおよそ言い古された標語だが、安倍首相が改めて大きく取り上げたことによって注目される流れになっている。

そこでの日本が目指すべき理想のモデルは、欧米先進国である。男女平等の時代とはいえ、それはあくまで欧米的イメージで、かつての日本女性のイメージとは異なる。大げさに言えば、それは明治維新同様の急速な西洋化であり、日本女性本来の在り方からは「女性の男性化」に重なるように見える。

近代における最初の日本女性のモデル・イメージは、例えばオペラ「蝶々夫人」であり、あるいは外国女性にはない肌の美しさに象徴される細やかな情緒である。それがそのまま日本女性の繊細な心遣い、優しさ、しとやかさになる。

同時に世界で知られるテレビドラマ「おしん」に典型的な我慢強さ、あるいは「肝っ玉かあさん」という言葉があるように、子どもを持つことにより、母としての力強さをあわせ持つ。

そう考えたとき、日本は女性が輝ける国として誕生したことに思い至る。

平和の象徴としてのアマテラス

日本の神話にはユニークな点が少なくないが、その大きな特徴は天照大御神（アマテラス）の存在に象徴されるように、女神の活躍が目立つこと、手に職を持ち自ら働いていること、そして何よりも争いごとを嫌ったことである。

『古事記』によれば、アマテラスが天上の神々の住む高天原の女王として天上の世界を支配している。世界の神話では天上を支配するのは、ギリシア神話のゼウス、ローマ神話のユピテル（ジュピター）、あるいは東洋の中国の天帝その他、男の神様ばかりである。

しかも、勇ましく、時には妖艶でもある世界の女神たちとは異なり、やまとなでしこの原点でもあるアマテラスは、優しく情け深く、弟の建速須佐之男命（スサノオ）が数々の乱暴狼藉を行うのに対して、常にスサノオをかばい続けている。そのアマテラスがいわば堪忍袋の緒を切ることになるのが、衣を織る機屋の屋根から皮を剝いだ血だらけの馬を投げ入れたときである。驚いた拍子に、機織りの女神が手にしていた道具・梭（ひ）を、自分の陰部に突き刺して亡くなってしまった。

その後、アマテラスは天の岩屋に籠もってしまったため、世界は真っ暗な闇に閉ざされてしまう。困った神々が何とかアマテラスが、再び現れるようにと試みたのが楽しくにぎやかなお祭りであり、神々の笑い声につられて、アマテラスが顔をのぞかせることから、再び昼がもどってくる。

日本の神話ではこうしたエピソードに見られるように、アマテラスの怒りも、単純な報復ではなく自分が身を退いたり、相手を追放するといった形で争うことがない。徹底した平和主義が国の支配の底流をなしている。

「日本鬼子」の元祖とも言える邪馬台国の女王・卑弥呼は、中国の史書「魏志倭人伝」等によれば「鬼道」（呪術）に長けている女性とされる。

もともと男性の王を立てていた邪馬台国に、女王が誕生するのも、戦いが続き国が乱れたことから、卑弥呼が女王に選ばれるといういきさつがある。

サンフンシスコ生まれの政治学者のC・ダグラス・ラミス（元津田塾大学教授）は、沖縄のミュージシャン喜納昌吉（元参議院議員）との対談『反戦平和の手帖』（集英社新書）で「人類は戦争をしない」と語っている。

「男が戦争をするんです。ここ、大きな違い。人間の暴力性云々とみんな言うけれど、戦争をするのは男なんです。最近、女性もちょっと参加しはじめているけど。飛行機から爆弾を落とすとか、遠い所からミサイルを撃つとか、そんな仕事。相手の顔を見ながら殺しあう陸上戦などには参加しませんね。入れてもらえない」

米軍の海兵隊に在籍したことのある彼は、自ら体験した過酷な訓練を語りつつ、その過酷さの持つ意味を、健全な考えができなくなる、つまりは「平気で人を殺せるような人間を作るため」だと指摘する。

「仕事と割り切れば、人殺しなんか簡単じゃないかと思う人もいるかもしれませんが、普通の人間に人は殺せないんです。だから、一度人格を壊す」

人格の壊し方として利用されるのが、例えば「しつこくしつこく女性的なものをバカにすることも、軍隊の訓練につきものです」と意外な事実を語る。弱みを見せると、男らしさの対極にある「お前は女か」という言葉が投げつけられる。

その背景には戦争に行くことによって「男になる」という暗黙の了解としての幻想、偏った価値観がある。その結果、戦争はいまもアメリカの英雄とともに、戦場から帰還した兵士たちのPTSD（心的外傷後ストレス障害）を生み出し続ける。

そんな軍隊経験を持ち、平和を論じるラミスが、神と人間を分ける二元論の立場から「ジーザスのようには、みんなを愛することはできない」「普通の人にガンジーになれとは言えない」と語るのに対して、喜納昌吉は共存・共生を説く。根本的なところで自分と他人を分けない、自然と一体となって生きるのが日本人である。

個人にこだわり、神と人間、自分と他人、部分と全体を分けて考える限り、対立は止むことがない。日本人が基本的に自他を分けずに生きてきたという、そのDNA（伝統・文化）は三・一一東日本大震災その他、世界を感動させるエピソードを見れば明らかである。

そこにこそ、日本の重要性、「和」の思想の重要性が見て取れるのではないだろうか。

やまとなでしこの時代

「やまとなでしこ」大和撫子とは、日本女性の美称であり、美しく清らかな日本女性をたたえる言葉と辞書にはある。その背景をなすものについて『代表的日本人』の著者として知られる明治・大正期のキリスト者・内村鑑三は、晩年一九二四年の小編「日本の天職」の中で「日本人は特別にいかなる民であるか。私は答えて言う、宗教の民であると」と記している。

新戸部稲造の「武士道」同様、その指摘は取り立てて宗教教育が行われているわけではない日本だが、諸外国にはない極めて「日本的霊性」というしかない生来の道徳観、宗教性が伝統・文化的、社会的に備わっている。

その日本人の宗教性は明治維新後の西洋化、戦後七〇年の物質文明化の過程で、すっかり失われてしまったようでありながら、なお残されている。

ケニアの環境問題活動家ワンガリ・マータイのノーベル平和賞によって、省エネ・環境問題への世界的なメッセージとなった「モッタイナイ」。東京オリンピック誘致の演説で有名になった、人間関係を潤滑にする究極のサービスとしての「おもてなし」。クール・ジャパンの全体を貫く万能のキーワードとして若い女性が広めた「カワイイ」など、いろんな面で日本の文化は、世界の持続可能性に貢献する考え方および手法として、世界に浸透しつつある。

「モッタイナイ」や「おもてなし」の底流には、モノそのものの命を輝かせる考え方がある。「カワイイ」もまた、そのものの良さを見ることにより、命を輝かせる。日本の女性たちが発する言葉には、世界の元気で男勝りの女性像とは異なる「やまとなでしこ」としての女性らしさがある。

韓国、中国との軋轢が強まる中で、二〇〇四年に北京で行われた女子サッカーワールドカップでのブーイング事件は、当時、大きな問題になったが、その後も日本に対するブーイング状況は変わらない。

そんな中で、二〇〇七年の女子サッカー・ワールドカップの、なでしこジャパン対ドイツ戦が中国で行われた。現地で日本チームに向けられた激しいブーイングの中、〇対二で敗れる。敗退が決まった後、選手たちは観客席前に整列して「ＡＲＩＧＡＴＯＵ・謝謝・ＣＨＩＮＡ」の横断幕を掲げて、深々と頭を下げ感謝の気持ちを伝えたのである。そこにはスポーツにも政治色が反映される現実を受け止めながら、そうした対立を超越する勇気と行動を取ることができる、凛々しい美しさとともに「やまとなでしこ」の優しさがある。

それは、二〇一四年のブラジル・ワールドカップでも変わらない。かつてジャポニズムが脚光を浴びた時代から、昨今のクール・ジャパンまで、多くの日本文化が海外に広まっていくのは偶然ではない。地球レベルの発想、人類史的な観点から考えるとき、日本の伝統・文化・考え方が、確かな解決策だからというしかない。その最後に残された希望の光こそが「平和」、その原点をなす「和」の思想である。

そこに市民の力が国を変え、世界を動かす力がある。世界が変わる小さなきっかけの一つとして注目すべき動きである。

宇宙船「地球号」の未来

二一世紀に入って、芸術・アートの役割が変わりつつある。それは、芸術がもともと持っていた文芸復興・ルネッサンス以前の時代の躍動、アートの持つ力を蘇らせる試みである。時代を改革し、未来を生きる彼らアーティストにとって、個人の創作はそのまま社会性を持ったコミュニケーションツール、時代を動かすプロジェクトの一環として機能することを求められている。

行動するアーティストの存在とともに、地域との共同制作、時代を超えた様々なムーブメントを起こすアートの役割は大きい。教育や学習に欠かせないものとして、いわゆる知的教育とは異なる側面がある。

小松が平和の事業化の中で語る「対立から統合、発展へと至るプロセス」は、アートや教育の世界では「ちがい」や「コラボレーション」、「変化」という形で進化を遂げる。そこにも〝テロ〟という形での不協和音は存在するが、アートの世界ではアドリブとして受け入れる、あるいはリセットする形で全体のバランス「和」に導く知性と秩序、要するに愛を前提とした美という形で一体化する。

あらゆる生物には固有の特徴、個性がある。多くの個性が共存する中で、周囲の環境と折り合いながら自らを変化、成長させる過程が学習なのである。

『宇宙船地球号』の著者バーバラ・ウォードは「世界の物理的な一体化は、道徳的な一体化よりはるかに進んでいる」と書いている。その意味するところは明らかである。

グローバル化が進行する二〇世紀後の今日、彼女の思想世界を貫くテーマである社会の公正や人間の正義、貧富の格差解消、持続可能な環境のための地球レベルの協定づくりなど、その成否の鍵を握っているのが「道徳的な一体化」だからである。

同時に、それは道徳面つまりは心の面での絶対的な遅れを意味している。先行し肥大化する現代の「知」に対して、心を豊かにする「愛」が追いつかないままになっている。

「人類は一体のものである」という気持ちを持ち、それを鮮明に保つためには、すぐれた洞察力と並はずれた高潔さと大いなる英知を必要とする。

〈社会主義の基本的な前提は、人間を動機づけるのは非唯物論的な理想主義だという点です。とてもロマンチックだけれど、真実ではありません！　資本主義の基本的な前提は、人間を動機づけるのは利己的な欲望だという点です。ほんとうに浅ましいけれど、真実を言い当てています！〉

そう語る彼女は、理想が歴史の原動力であり、革命が理想から始まることを知っているからこそ「宇宙船地球号の未来は、新しい人間主義にある」とメッセージする。

〈社会主義や資本主義といったイデオロギーに答えを求めるべきではないのです。根本的な答えは、新しい人間主義にあります。人間はともに生き残ることができなければ絶滅するしかないと認めることです。道徳がなければ暴力がはびこるでしょう。道徳がなければ社会は崩壊するのです。〉

彼女が繰り返し訴えた世界観は、これまでも多くの聖人、詩人、哲学者、偉大な科学者たちが語ってきた。彼らは思考上における「怠惰」とは無縁だからである。

それはマリリン・ファーガソンが『アクエリアン革命』で語った「透明の知性」を持つことに通じる。命に敏感な女性が本能的に持つ、将来に対する不安と表裏一体の希望＝理想である。

そこでの「宇宙船地球号」は科学・技術の発達した現代の「ノアの方舟」ということになる。そのことを知に勝った頭でっかちな現代人に気づかせる、いわば触媒としての役割が芸術「アート」の存在である。

ビジュアルアーティストという仕事

一一月二三日の国際イベントを契機に生まれた「花」プロジェクトは、ズットナー像の作者のイングリッド・ロレマがまいた花のタネ（球根）である。その橋渡し役となり、その後の展開を進めていったのも、ほとんどすべて小松の周りにいる女性たちである。

人生は多くの喜びとともに、思いがけない偶然と不幸を用意しているが、イベントそして「花」プロジェクトに関わる女性たちも、それぞれの戦争体験・人生体験を抱えて生きている。そうした過去を経た上での新しい時代に相応しい女性たちである。

「花」プロジェクトのきっかけをつくったロレマは、オランダのビジュアルアーティストである。彼女の住むオランダはヨーロッパ大陸を流れる大河ライン川が河口域でいくつもの支流に分かれてできたデルタ地帯に位置する。

アルプス山脈からヨーロッパの海に流れる大河が、五百万年という長い年月をかけて、オランダの遠浅の土地を形成する沈泥（シルト）を運んだ。海抜〇メーター以下が二六パーセントを閉めるオランダの肥沃な領土は、そこに生きる人々の知恵と努力の賜物である。

このオランダの河川がもたらすシルトの堆積によってできた粘土こそが、彼女の「夢を実現させた素材」である。

「世界に存在する素材の中で、粘土ほど文化の歴史と密接にかかわってきた素材は他にありません」と語る彼女は、その文化の歴史とともに自分のアイデア・思想を素材に練り込むことによって、形のあるものとして「可視化」する。

彼女が六歳になって小学校に通い始めるころ、彼女の父親は書棚から地図を持ってこさせると、ヨーロッパの地図を開いて説明した。「ほら、このちっぽけな国が私たちが住むオランダ。この大きな国がドイツだよ。教室で先生やクラスメートが『クラウツ（ドイツ人の蔑称）』という悪口を言うのが聞こえたら、お前はすぐに教室を出て家に帰ってきなさい。私たちは誰とでも仲良くする必要があるのだよ」

戦後一四年ほどたっていた当時、戦争はまだ人々の心に大きな傷痕を残していた。ナチスを生んだドイツを憎む風潮は、その一つである。

第二次世界大戦時、ユダヤ人としてアウシュビッツでの生活を経験した父親は、自分の子どもには「報復」の気持ちを胸に学校生活を始めさせたくはないという、まさにアンネの父親と共通の体験を持ち、共通のメッセージを語っている。

だからこそ、彼女はアンネの遺志を継ぐかのように行動を起こし、ガザ地区にオランダ・オフィス・フォー・パーソナル・エンカレッジメント（個人的に励ますためのオランダ事務所）の頭文字からなる基金団体「ＨＯＰＥ」を設立した。

ＨＯＰＥを拠点にパレスチナの土壌からつくった粘土を基にした作品・フィギュアなどを展示するプロジェクトを実現。アートで平和のメッセージを送るとともに、ガザ地区の子どもたちへの支援を続けてきた。父が体験した〝アウシュビッツ〟は、自らの問題だということである。

小松との出会いは、彼女が長年行ってきた平和活動に対する大きな〝触発〟と、実りある〝光明〟となった。同時に、これまでなかなか日本では表立った理解者を持てなかった小松にとっても、大きな幸運だということがわかる。

芸術がもたらす出会いと、平和の共同作業による信じがたい奇跡を、彼女はこう語る。

「彫刻は一度制作すれば動きません。つまり静的な存在です。同時に、彫刻は考えたことが連続し結びつくことから生まれる成果物でもあります。もし、そこに込められた概念の本質が目に見えて、かつ普遍的であれば、たくさんの書物を読み漁るよりも、芸術作品のほうがより包括的であり、より深い洞察力を瞬く間に人々に授けることができる。一目見ただけで、芸術作品はまず人の心を掴みます。そして、脳を刺激します。もし観客の心を動かせるなら、その人を特定の行動に走らせることも可能です」

彼女が制作したズットナー像は、そのようなものとしてヨーロッパから日本にもたらされ、小松の構想と結びつくことによって、さらなる動的な働きを演じている。

ロシア人女性クラウディアが教える真実の愛

日本人である作家・村尾靖子もまた、第二次大戦の被害者であった。彼女には、広島の隣の工業都市・宇部で受けた空襲の体験がある。

広島に原爆が落とされる一ヵ月ほど前の未明、大空襲を受けた母親は、一歳の彼女を背負い、二歳の姉の手を引いて逃げまどった。焼夷弾であたり一面が火の海と化す中を郊外の田んぼに避難した。姉を自分の体の下にしてうつ伏せになり、上から夏布団をかけて火の粉を防いでいたのだが、その布団に火がついて背中の彼女が大火傷を負ったのである。

その火傷は驚いた母親が狂ったように走り回って、やっと見つけた医者から「もう助かりませんよ、お気の毒に」と言われるほどの重傷だった。奇跡的に命は取り込めたものの、その傷跡はいまも彼女の右足に大きく残っている。

その体験が彼女の作家としてのデビュー作を書かせ、小松との出会いを用意し、さらに多くの心に残る作品を生んできた。

彼女の代表作の一つに『クラウディア奇蹟の愛』がある。「事実は小説より奇なり」というが、戦後の満州で、元兵士らとともに多くの一般市民がシベリアの収容所へ送られて、戦時中より過酷で悲惨な待遇の下、強制労働に従事させられた。

その一人、当時二八歳の蜂谷彌三郎は一九四六年七月、日本への引き揚げを待つ北朝鮮で、侵攻してきたソ連軍に強制連行され、二九歳の妻と一歳の娘と離れ離れになる。

彌三郎は病気で退役した一民間人に過ぎない。その彼が、まったく身に覚えのないスパイ容疑でシベリアに送られる。厳しい取り調べと一方的な裁判により、懲役一〇年の刑を受け「生きては帰れない」と言われたガダンの強制労働収容所へ送られたのである。

最後まで収容所で生き延びた仲間がすべて帰国し、刑期を終えた後も、彼はただ一人帰国できずに当時のソ連に残される。

北朝鮮で最後に別れた妻と娘は、日本に引き揚げ、彌三郎の帰りを待っていた。妻は届く宛もないまま、シベリアの収容所に何度も手紙や差し入れの品を送った。そのうちの一通が一〇年後に、彼の元に届いた。そこには彼の帰りを待つ妻と娘の写真、母親と妹の写真が入っていた。小学校に入学した娘の写真を肌身離さず持って、彼はロシアで生き延びたのである。

生きていくため、収容所時代から手に職をつけた彼は理容師として異国の地での独立も果たす。帰国が許されない中で生きていくためには、当時のソ連への帰化という選択しかない。そして、まるでやまとなでしこのような心を持ったロシア人女性クラウディア・レオニードブナと運命の出会いをする。

一九九七年三月までの三七年間、彌三郎と正式に結婚した女性である。

ソ連崩壊後、時代が変わって日本との交流が進んでいく中で、彌三郎は日本に残してきた妻と娘が、ずっと彼の帰りを待っていることを知る。

望郷の念を募らせる夫・彌三郎の思いを汲んで「一切の責任は、戦争にあるのです」と語るラウディアは、決然として夫・彌三郎を日本で彼の帰りを待っている妻と娘のもとに帰す決意をする。

〈もはや私たちは、再び会うことはないでしょう。これも、私たちの運命なのです。

他人の不幸の上に私だけの幸福を築き上げることは、私にはどうしても出来ません。

あなたが再び肉親の愛情に包まれて、祖国にいるという嬉しい思いで、私は生きていきます。〉

それは彼女にとっては「本当の愛」を貫くという意味で、自らの愛の強さを証明するものなのである。

〈人を愛するということは、時間や距離ではない。一人を自分だけが独占し、自分のそばに縛りつけておくことでもない。本当に人を愛するということは、その人が希望することを応援し、力になり、希望をかなえてやるように努力することだ。〉

〈真実の愛は、ただ自分を犠牲にしてこそ愛することの価値があるのだと、私は固い信念をもっていました。〉

クラウディアの話はテレビで放映され、多くのメディアで紹介されている。村尾が住む島根県の隣りの鳥取県にある日本海テレビの制作である。そのテレビのドキュメントを見て、プロデューサーに手紙を書いたことから、やがて本はできあがる。

村尾に手紙を書かせたものこそ、小松の「平和の事業化構想」を推進する女性たちに共通する思い。自分のことしか考えない人が多い時代に、まず相手のことを考える人たちがいる、その物語をぜひ残しておかなければならないとの使命感である。

その背後には自分の戦争体験があるのだが、それを含めて、彼女が主婦であるとともに母親であり、小松社長と縁のある「行動の人」であることがわかる。

『悠久の河』という作品（「日本水道新聞」連載）に描かれた周藤弥兵衛の生涯は、私財を投げうって地域のため、将来のために治水事業に全生涯をかけた水との戦いである。

その戦いを乗り越えて『悠久の河』がどこまでも流れていくように、彼女の筆によって「花」プロジェクトも一つの新たな物語としてまとめ上げられる。

二一世紀の「ノアの方舟」

「論語の素読を楽しみましょう」と呼びかける「めだか論語普及会」の稲田幸子・元小松電機産業常務取締役の地道な活動が、結果的に八雲村での周藤弥兵衛像の設置・顕彰へとつながっていった他、一一月二三日の早朝セミナーおよび第二部のパネラーとして登場した渡部通恵・アフガン寺小屋プロジェクト代表をはじめとする女性たちのネットワークと行動力もまた、小松とはさほど縁がない人たち、関連するグループへの啓蒙、波及効果をもたらすことになる。

一一月二三日のイベントにおけるセレモニーで日本舞踊を披露した佐藤京子・輝く未来の女性の会代表など、多くの地元で活躍する女性たちが、小松の周りで彼を支えている。

そして、小松電機産業取締役でもあった小松千津夫人は、佐藤造機の研究所から社会人としてのスタートを切り、自ら「技術者」を自認する小松に、その対極にある心の問題や精神世界、そして社会人として何かをなすにあたって、その前提となる健康に関する知恵＝食養と実践を、女性特有の大きな愛情で地道に伝えていく存在であった。

仕事の傍ら、マクロビオティック教室「スパイラル」を展開してきた彼女は、小松にとってビジネス以外では最初に世界につながる道を開いた人物でもある。

奇しくも、彼女の師であるボストン在住のマクロビオティック指導者・久司道夫が二〇一四年一二月二八日に死去。師の後を追うかのように、夫人はその一月後の二〇一五年一月二〇日、七一年の生涯を閉じた。

夫人の死に際して、小松が「自分が今日ある、そもそもの発端は彼女の存在なしにはあり得ない」と語るのは、例えばマクロビオティックとの出会い、その考え方、方法論が精神・文化面における人間社会工学、平和へのプロセスを考える上での貴重な理論武装となったためである。

マクロビオティックは英語では「マクロ・バイオティック」と発音するように、その意味は単なる食事療法・健康法ではなく「大きな＝宇宙的な、生命＝生き方」を意味する。

ビジネスの世界で生きる経営者として、敵も少なくない小松だけでは、とても既得権益や地縁がモノをいうしがらみだらけの地域での活動の広がりは、考えられなかったからである。

まるで、いまは亡き小松夫人がもの言わぬプロデューサーとして、女性たちによる、いくつもの興味深い試みが小松の周りで進行している。その一つが、小松夫人の死を悼んで、オランダから送られてきたズットナーのミニチュア像である。

夫人の死を知ったロレマは、生涯の伴侶を失った小松の喪失感に寄り添うように、彼女の死に触発され、また霊感を得たかのように「花」プロジェクトのための重要な役割を演じるミニチュア像に取りかかったのである。

イベントで除幕式を行った中心的なズットナー像とは別に、ごく身近な存在となるミニチュア像は、どこか小松夫人の面影さえ宿して見える。その像には、出雲名産の漆の台座がセットされ、しかるべきところに飾られる。

同時に、松江はお茶と和菓子の町として知られる。そのお菓子づくりの技術を生かしたのが、オランダ・ハーグの「平和宮」を和菓子でつくるプロジェクトである。日本の菓子職人の技になる「平和宮」は世界共通語である「盆栽」アートのケーキ版である。

すべてにセットとなるスノードロップの花もまた、球根とは別に、ミニチュア像や和菓子とともに用いることができるように、実物と見紛うような職人技による樹脂粘土製の造花づくりのプロジェクトが進行している。

絵や音楽などのアート同様、お菓子も花も敵をつくらない。お茶や食事の時間を豊かで味わい深いものにする。それもまた日本からの平和のメッセージというわけである。

女性たちがつくる「花」プロジェクトは、出雲から世界へと新たな展開を始め、すでに「平和宮」のあるオランダ・ハーグからオーストリア・ウィーン、そしてアメリカへと平和のための活動の輪が広がっていく。

明治神宮建立一〇〇周年

「花」を掲げるプロジェクトは、これまでも日本の歴史の転換点で、大きな力を発揮してきたが、世界の平和を掲げた出雲発の「花」プロジェクトは、天略経営を具体的なイメージとともに示し、展開するものである。

そのため二一世紀という時代を反映したものとして、より市民レベルでの展開を想定している。そのモデルは、例えば二〇一五年一〇月に建立一〇〇周年という明治神宮の森づくりのイメージに近いものがある。

二〇一八年は明治維新から一五〇年である。日本の近代に大きな影響を及ぼした明治天皇の崩御は、その死を悼む思いが全国から湧き起こったことにより、天皇を顕彰し永久に偲ぶために「神宮の森（公園）」をつくる動きが全国的なものとなる。

その場所は全国の候補地から様々な条件を、専門家が検討した結果、当時の東京郊外・代々木の御料地に決まる。

森づくりに当たっては五〇年後、一〇〇年後にも残る森づくりを、地域やその土地の適性を考慮しながら、実際に学者が様々な角度から調査を重ねた上で行われた。当時、東京郊外に広がっていた武蔵野の雑木林を参考に、さらに将来の大気汚染の影響なども考慮されていたという。

森づくりに必要なおよそ一〇万本の木は、全国からの寄贈を募ることによって集まった。木を植えるための職人も足りないため、全国から青年団の協力を得て、一九一五年（大正四年）一〇月に地鎮祭が行われたわけである。

明治という時代が終わって、やがて昭和へと至る大正期に行われた大事業が、神宮の森づくりだったことは象徴的である。それは西欧化をひたすら求めた明治維新後の日本の在り方＝日本の伝統文化の否定という形での過ちを修正する、日本を取り戻す試みのようでもある。廃仏毀釈、神仏習合の否定へと向かった時代に鎮守の森をつくる明治天皇のもの言わぬ遺産として、いまも日本の「和」の思想を伝えるものとなっている。

だが、現実には大正から昭和初期へという戦争へ向かう時代の潮流は、明治維新以降の文明開化、脱亜入欧、富国強兵への動きに拍車をかけていく。

その行き過ぎがちな傾向を、もう一度「和」の思想に立ちもどるきっかけにもなる鎮守の森づくりだが、一度、動き出した西欧化・植民地化の歯車は、天皇の死ぐらいでは止まることはないということか。

小松が構想し、女性たちがつくる「花」プロジェクトは、明治の森づくりの精神を汲んだ二一世紀版・鎮守の森づくり、いわば市民レベルの「心の森」づくりである。

その取り組み自体が、多くの平和構想に必要なものとして、参考になる「和」の文化を伝える知恵とシステムと重なる。遷宮にも見られる神社のノウハウ同様、そのプロセス自体が小松の理想とする平和構想に通じる。

平和が脅かされるとき、具体的な行動が問題となる。予想される展開は、一つは対外的な圧力から一国のリーダーが万一への備えと称して、戦う体制を整えるもの。もう一つは戦いを避けるために平和憲法を守る市民の動きである。

前者は最近の安倍政権を見れば明らかなように、自主憲法の制定を掲げて、つまりは平和憲法を否定する形で、戦争のできる普通の国を目指す。

同盟国アメリカとともに戦える、そうした右傾化のシナリオが進んでいくのを見るとき、三人の首相を生んだ一族に流れる長州の伝統・文化と、その独自の使命感がよくわかる。同時に、そこではリーダーの取るべき態度が問われる。

危険と背中合わせの「自己責任論」が盛んに言われる時代に、自ら歴史的な使命を担った一人という自覚と責任感があれば、その究極の選択は「戦争をしたい人から、どうぞ前線へ」という「まずは大統領から」「首相から、どうぞ」、それが基本である。

戦国時代の武将は、例えば武田信玄と上杉謙信の川中島の戦いに代表されるように、大将同士が剣を交える。その一方、塩の補給を断たれた武田勢のために、越後から敵に塩を送る。

近年の世界の指導者は、緊迫した状況を前に、自分は安全な場所にいながら前線に指示を出す一方、敵に塩を送るのではなく、逆にペナルティとして、例えば経済制裁を課す。余裕があるようでない。そのこと自体、敵としてリスペクトに値しないため、テロリストから標的にされ罵られる。結果、平和は求めて得られない状況が続いていく。

後者の平和憲法を守る動きは「九条」を日本の宝として守るべきだという市民や有識者が繰り返し伝えるメッセージを受けた形での国会周辺デモに象徴される。そこにはこれまで革新的な組合・左翼陣営が主導してきた多くのデモと異なる、若者と女性の姿がある。

彼らが「さよなら晋三！」のプラカードを掲げて、東京の街を行くデモのうねりは、明らかにネットとは異なるリアルな「日本の春」を予感させる。そうした市民の行動が、やがて「国民国連」構想へのプロセスになるかどうかもまた、問われていく。

体制側が望む普通の国になることにより戦争の道を進むのか。市民側が望む戦後七〇年の平和の道にもどるのか。いずれにしろ、両者の背景には国に対する誇り「ジャパン・プライド」がある。

小泉八雲のオープンマインド「出雲の使命」

「理想とは何か」については、先に「最高最善のもののこと、そうありたいと願う目標のこと」と、その意味を述べているが、別の言い方をすれば、それは子どものころには素直に持っていたものを、大人になるにつれて失っていくものだということもできる。

平和に当てはめれば、理想とは戦いや争いごとに関して、原因やプロセスを飛び越えて示される好ましい在り方＝暴力のない状態ということになる。理想が現実の前に、無力とされるのも、原因やプロセスのみに焦点が当てられて、その先まで進むことがないからである。正義も善悪も、世界の戦争や宗教対立を見ればわかるように、立場がちがえば、結論も異なる。結果、理想を忘れた議論や現実がある。

その理想を失わないように支えるものは何か。心の歯止めとなるのがプライド、人間の尊厳である。

二一世紀の今日、プライドとともに重要なのは、小泉八雲を語る際に用いられる開かれた思考「オープン・マインド」である。日本の「国益」は一国のものではなく、他国に共通する「世界益」だということである。

二〇一四年七月、ラフカディオ・ハーン（小泉八雲）の没後一一〇年を記念した国際シンポジウムがギリシアで開催された。タイトルは「ラフカディオ・ハーンの開かれた精神（西洋から東洋へ）」である。

その内容をまとめた事業報告書には、いわば八雲が見た「日本」が満載されている。ヨーロッパで育った八雲は、日本に来る前に、地球を三分の二周して、各地の異文化を体験した上で訪れている。多くの国々を訪れ、異文化に接したことが、八雲に偏見の少ない多文化意識が形成されていった。オープンマインド「開かれた精神」の賜物である。

一九九四年一月に熊本で行った講演「極東の将来」の中で、八雲は東洋が大きな意味を持つ時代が来るとして「自然と最もよく共存でき、必要最小限の生活で満足できる」民族こそが勝ち残ると語っている「シンプルライフ」と「共生」こそが、日本の持ち味である。

八雲のいう共生とは、小泉凡・島根県立大学短期大学部教授によれば、次のようなものである。「異文化間の共生だけではなく、人間と自然との共生や、人間と異界との共生も視野に入れてのことでした。人間世界だけで完結してしまうことは、人間の謙虚さや畏怖する心を忘れさせてしまう危険があると思ったからです」

一〇〇年以上前に八雲が指摘している、いわば日本の文化的特質、その価値を日本人が知らない。それはシンポジウムの「事業報告書」を開けば、よくわかる。新たに設置されたハーンの史料館の展示にしろ、関連イベントのほとんどすべてが、いまの言葉で言えば「クール・ジャパン」の和の文化ということになる。

そして、それを世界が必要としている。

ハーンの人生や価値観を一言で表している言葉として「事業報告書」の小泉凡のあいさつで、「境界的、トランスナショナルな立ち位置を持つ小泉八雲は、誤解や怒りや偏見も否定しないまま、常に新しいもの、違ったものに対して興味を持って近づいたことでオープン・マインドが育まれた」と語っているように、シンポジウムの成功はそのことを、よく物語っている。

日本周辺では、中国とロシアが陸のユーラシア大陸、海の北極海航路を想定して、経済圏拡大という現実的な二一世紀のシルクロード構想を推進しようとしているのに対して、日本の取るべき道は「平和」を主体とする理想のシルクロード構想であろう。

世界の「平和」を巡っては世界連邦政府をはじめ、近年のダボス会議その他、これまでも多くの試みが行われてきた。それが明確な理想を実現できないのは「平和」を掲げながら､常に「和」とは異なる対立が運動の核になってきたからである。つまり、理想を語る一方で、まるでそれらを言い訳や隠れ蓑にするかのように、戦争、飢餓・貧困等を含めた暴力による支配を続けてきたのが、世界の歴史だからである。

日本における平和運動も、実際には協調ではなく対立が目立つ。理念先行型のものが多い革新系・左翼的な運動は、結果的に保守系・右翼的なものを排除する。同様に保守・右翼は革新・左翼を敵視する。そこに資金的な問題、組織上の問題などが絡んで、世界的な広がりには欠ける。

ヘルムート・シュミット元ドイツ首相の議長時代のインターアクション・カウンシルが「人間の責任に関する世界宣言」を提案。ガンジーの教えを例に上げて、社会的な倫理とともに「権利から義務へ」の発想の転換を促したのは、一九九七年九月である。同カウンシルは世界各国の大統領・首相経験者をメンバーに、日本の福田赳夫元首相の呼びかけにより、一九八三年に発足したいわゆるOBサミットである。

そうした中、世界では宗教者平和会議が典型的だが、一神教が支配する世界で、対立しないのは日本の神道と仏教のみという中から徐々に、世界の宗教界にも変化が見えてきている。

政治・宗教主体の運動に対して、事業家の立場から小松は、独自の平和構想のビジョンとプロセスを示してきた。その「地球ユートピアモデル事業」は新しい日本のグランドデザインとして周藤弥兵衛銅像公園を世界の平和と水のメッカにする構想をはじめ、緊張関係が続く日中・日韓問題の解決と世界平和へと至る「国民国連」そして「和」の文化創造を目指すものとなる。

それらの延長線上に「花」プロジェクトの使命と新たな展開がある。

人類のための「国民国連」

「花」が平和を愛する一人ひとりの手を通して、ちがう誰かに渡されていく。その先に未来の「花」の贈り手、未来の「平和」の担い手がいる。それが「花」プロジェクトが持つ、他にはない確かな血の通った命の行為・平和のための営みである。

そこには言葉にできぬ思いを形にしたズットナー像その他のプロジェクトがあり、「戦争と平和の映像記念館」そして映画「縁（えにし）」などがある。来るべき二〇二〇年の国を挙げてのイベント・東京オリンピックもある。

その平和の祭典を、近代オリンピックの精神に基づく文化創造のオリンピック「知のオリンピック」にすることも、どのような形になるかはさておき、構想の一環にはある。「武器を捨てよ」とのメッセージの込められたズットナー像とともに、一連の地域創生プロジェクトを一つの成功モデルにして、次のステップとして沖縄から世界へ平和構想モデルを発信する。「花」プロジェクトを世界に広めていくのに、もっとも相応しい地球＝水球の島としてである。。

沖縄はもともと武器を持たない平和の王国である。琉球王国時代、刀や鉄砲など武器を持たない国があると聞いて、かのナポレオンが驚いたというエピソードもある。武器を持たない島国は、異国の船が来ると、三味線と歌と踊りで出迎える。「出会ったらみな兄弟、兄弟は武器を取って争わない」という、それが沖縄に伝わる伝統文化である。

しかも、その沖縄は第二次世界大戦末期の「ひめゆりの塔」などが物語るように、多くの悲劇の舞台となった被害の国である。その一方、戦後は米軍基地のある島として、返還後の今日もイラクその他、世界に軍隊と武器を送り続ける加害の島でもある。平和の島・沖縄が、戦争によって被害・加害という二つの顔を持たされる。その沖縄が、本来の平和の島として、出雲発・平和の事業化「国際沖縄プロジェクト構想」の重要な場所となる。その先には市民の力を結集した「国民国連」構想もある。

その基本的なスタンスは「戦争は人の精神から生まれる。ゆえに、人の精神にこそ、平和の防衛策が築かれなくてはならない」というユネスコ憲章の一節につながる。

その現代的使命を世界史の中に位置づけようとするとき、思い起こされるのは、二〇世紀の大国アメリカの「独立宣言」の一節である。

〈我々は、以下のことを自明のことと信じる。

すなわち、すべての人間は生まれながらにして平等であり、その創造主によって、生命、自由、および幸福の追求を含む不可侵の権利を与えられているということ。こうした権利を確保するために、人々の間に政府が樹立され、政府は統治される者の合意に基づいて正当な権力を得る。

そして、いかなる形態の政府であれ、政府がこれらの目的に反するようになったときには、人民には政府を改造または廃止し、新たな政府を樹立し、人民の安全と幸福をもたらす可能性が最も高いと思われる形の権力を組織する権利を有するということ、である。

もちろん、長年にわたり樹立されている政府を軽々しい一時的な理由で改造すべきではないことは思慮分別が示すとおりである。従って、あらゆる経験が示すように、人類は、慣れ親しんでいる形態を廃止することによって自らの状況を正すよりも、弊害が耐えられるものである限りは、耐えようとする傾向がある。

しかし、権力の乱用と権利の侵害が、常に同じ目標に向けて長期にわたって続き、人民を絶対的な専制の下に置こうとする意図が明らかであるときには、そのような政府を捨て去り、自らの将来の安全のために新たな保障の組織を作ることが、人民の権利であり義務である。〉

独立宣言はユネスコ憲章あるいは日本の平和憲法などに見られるように、世界、人類にとって実現すべき理想を明確に示している。同時に、それらができるに当たっての原点となる時代背景、重大なテーマと使命を、その後の世界はほとんど無視している。本来、そこに込められていた思いは、言うまでもなく、独立宣言では英国王ジョージ三世とグレンビル内閣体制下における植民地アメリカ市民の怒りと原住民並びに移民たちの犠牲への配慮であり、ユニセフは教育の機会を持たず、飢餓に悩む世界の子どもたちの福祉に対する思いであり、平和憲法も世界の戦争の終わりを反省とともに世界に示す誓いそのものであった。

そうした原点に立って考える必要があるという意味で、新たな世界秩序が問われている。そこに、国ではなく、力でもなく、知と愛とのバランスの取れた自由な市民たちによる「国民国連」の役割がある。

「国民国連」さらには「国際沖縄プロジェクト」の重要なシンボルとなる「沖縄平和センター」構想など、当然ながら小松一人の仕事ではない。

多くの専門家の協力のもとに、一〇〇年後、一五〇年後の遠い将来を見据えて構想・計画・立案されるべきものである。そのぐらいの厳しい認識、高い理想がなければ実現は難しい。だが、そんな中でも明るい見通しはある。それこそが、例えば「がっこうの森」プロジェクトをはじめ、小学生国会、フランスのパリで開催された東日本大震災被害地の中高生による「ＯＥＣＤ東北スクール」イベント「東北復幸祭」、全日本高校模擬国連大会、大学生による「学生のダボス会議」など、未来の子どもたち、若者が模索し、語り、試みる様々な活動である。

すべては「花」のタネをまく一人が必要とされ、その行動が重要なものとして広がっていく。そして、命のリレーが大きな力になる。

平和事業のプロデューサーとして、小松にはおよそ四半世紀に及ぶ平和への取り組みと具体的な実績がある。結果、世界の平和に貢献した指導的慈善事業家二〇人の一人に選ばれている。それはありがたい栄誉ではあっても、ただの通過点でしかないのは、取り組むべき課題が多いからである。

二一世紀の「ノアの方舟」は、出雲から日本、アジアそして世界にという形で共感の輪が広がりつつある。女性たちの力を得ながら、若者たちの将来を見据えて、確実にバージョンアップの動きを続けてきた出雲発の平和構想は、その真価が問われる時期を迎えている。

あとがき

戦後の平和な時代に生を受けた者の一人として、その平和の原点は、名前にある昭和の「和」とともに、ものごころついたころに通った、東京・高円寺の「平和保育園」である。以来、平和は常に私について回ることになる。

昭和とともに、平和な時代を生きた筆者が、ジャーナリストとして行き着いたのが、古来、多くの平和主義者・宗教者・芸術家等が実践したベジタリアンの道である。

実は、小松社長との出会いも、本書にも登場する米国ボストン在住のマクロビオティック指導者・久司道夫氏のパーティの席上である。たまたま、同じテーブルの隣同士になったことが縁で、やがて『魔法の経営』が誕生する。

「十年一昔」というが、環境変化が激しく、常にイノベーションを求め続けられる企業社会にあって、一〇年前は遠い昔である。

そんな変化の激しい時代に、およそ一五年前に書かれた『魔法の経営』が、現在も十分に通用することは、ビジネス書では通常あり得ないことだろう。だが、どこにでも例外はあって、その一五年は小松社長の「経営」の魔法たるゆえんを証明するものでもある。

「社会インフラの問題点が世の中に顕在化する前に商材を開発し、順序を踏んで仕掛けて待ち、マーケットを創造する。開発に一のパワーが必要だとすれば、その量産化は一〇倍、マーケットを新しく生み出すには一〇〇倍のパワーが要る」と、小松社長が語るように、小松電機の二つの市場創造商材「シートシャッター門番」と、クラウドによる世界初の総合水管理システム「やくも水神」は、いまや官民挙げて、産官学のコラボするジャパンモデルとして、ドイツ・ハノーバーメッセで話題となったIoT（モノのインターネット）による「第四次産業革命」の最先端を行くものとして脚光を浴びている。

『天略』は小松社長が四半世紀かけて、準備し布石を打ってきたことだけに、簡単に本にできるという内容ではない。

およそ一年近い執筆作業となってしまったのも、そのためだが、いま振り返って思うことは、遅れることにも意味がある。そして、考えることの重要性である。

『魔法の経営』の「はじめに」の末尾に、小松のことを次のように書いている。

〈彼は通常の経営者のイメージにおさまるような人物ではない。そのすべてを知るには経営的側面の他に、小松の「人間思想家」としての側面、および小松本人の「伝記」的側面を合わせて描くことで、長期的・多面的・根源的にアプローチする必要があろう。そのためには、あと二冊の本が必要になるわけだが、それらについては「乞う、ご期待」ということで、別の機会に譲ることにする。〉

本書は、その二冊目に当たる「人間思想家」としての側面を、二一世紀の時代背景、日本と世界の置かれた地球環境の中で、小松の積み上げてきた経営と平和活動の実績とともに描いたものである。そこでは出雲の「和譲」あるいは「絶対平和理論」が「天略」の核をなすテーマになっている。

わかりにくいという声が、なおあるとそれば、それはある意味では中国人以上に中国人らしい、欧米人以上に欧米人らしい、つまりはコスモポリタン（世界市民）である彼の思想、行動様式にある。

そんな日本人離れをした小松の発想・行動パターンを、より理解するためには、結局のところ『魔法の経営』『天略』に続く三冊目の本として、小松の詳細な「伝記」が必要となる。

なお、本書がなるに当たって、小松電機産業の小松昭夫社長をはじめ、広報担当の堀江研次氏他、多くの社員の方々のお世話になりました。いちいち名前を上げることは割愛いたしますが、改めて感謝の意を述べたいと思います。ありがとうございます。

最後に、三和書籍の高橋考社長並びに編集担当の藤吉孝二氏にお世話になりました。合わせて感謝申し上げます。

二〇一五年水無月

早川和宏

主要参考文献

『魔法の経営』早川和宏著　三和書籍
『日の丸ベンチャー』早川和宏著　三和書籍
『太陽の國ＩＺＵＭＯ』財団法人・人間自然科学研究所
『朝鮮半島と日本列島の使命』人間自然科学研究所
『ベルタ・フォン・ズットナー』古浦義己編　人間自然科学研究所
『孔子伝』白川静著　中央公論社
『人間開発戦略・共生への戦略』マブーブル・ハク著（植村和子他共訳）日本評論社
『戦争に勝ってはいけない本当の理由』シモン・ツァバル著（藤井留美訳）バジリコ株式会社
『２１世紀的生活』佐野寛著　三五館
『現代が受けている挑戦』Ａ・Ｊ・トインビー著（吉田健一訳）新潮文庫
『悼む人』天童荒太著　文芸春秋社
『水を語る』吉村和就著　グローバルウォータ・ジャパン
『図説・越後新川開削』歴史研究グループ「若さの会」
『流域紀行』朝日新聞社編　朝日新聞社
『金原明善の一生』三戸岡道夫著　栄光出版社
『すがも』太田正孝著　時代社
『台湾を愛した日本人』古川勝三著　青葉図書
『台湾　日月潭に消えた故郷』坂野徳隆著　株式会社ウェッジ

『野生の歌が聞こえる』アルド・レオポルド著（新島義昭訳）　講談社学術文庫
『地球生命圏』Ｊ・Ｅ・ラブロック著（スワミ・プレム・プラブッダ訳）　工作舎
『イノベーションと起業家精神』Ｐ・Ｆ・ドラッカー著（上田惇夫訳）　ダイヤモンド社
『ドラッカーはなぜマネジメントを発明したのか』ジャック・ビーティ著（平野誠一訳）　ダイヤモンド社
『コトラーの戦略的マーケティング』フィリップ・コトラー著（木村達也訳）　ダイヤモンド社
『世界でいちばん美しい物語』ユベール・リーブス他著（木村恵一訳）　筑摩書房
『債務危機の真実』スーザン・ジョージ著（向壽一訳）　朝日選書
『アクエリアン革命』マリリン・ファーガソン著（堺屋太一監訳）　実業之日本社
『日本はこうなる！』糸川英夫著　講談社
「耕す文化」の時代』木村尚三郎著　ダイヤモンド社
『人類哲学の創造』梅原猛著作集一七　小学館
『文明と経済の衝突』村山節・浅井隆共著　第二海援隊
『わたしは日本軍慰安婦だった』李容洙・高柳美和子著　新日本出版社
『世界史の中の近代日韓関係』長田彰文著　慶応義塾大学出版会
『歴史から消された日本人の美徳』黄文雄著　青春出版社
『足無し禅師／本日ただいま誕生』小沢道雄著　柏樹社
『日本が亡くなる日』鵜川昇著　海竜社
『一八〇年間戦争をしてこなかった国』早川潤一著　三和書籍
『ヴィッツゼッカー演説の精神』永井清彦著　岩波書店
『中国学原理』城野宏著　原書房

『わが心の安重根』斎藤泰彦著　五月書房
『日中十五年戦争と私』遠藤三郎著　日中書林
『将軍の遺言』宮武剛著　毎日新聞社
『原典中国現代史』（第8巻「日中関係」）安藤正士・小竹一彰編　岩波書店
『日本人と中国人』イザヤ・ベンダソン著　山本七平訳　祥伝社
『（中国の大学生）素顔と本音』佐藤善彦編　河出書房新社
『アジアを救った近代日本史講義』渡辺利夫著　PHP新書
『裕仁天皇』エドワード・ベア著（駐文館編集部訳）駐文館
『ヨーロッパ読本・スイス』森田安一・踊共二編　河出書房新社
『平和への夢』パット・ヘン・シャハク著　PHP研究所
『日本語から日本人を考える』荒木博之著　朝日新聞社
『二重言語国家』石川九楊著　NHKブックス
『天皇の真実』河内正臣著　たま出版
『平和憲法の水源・昭和天皇の決断』平野三郎著　講談社出版サービスセンター
『最終戦争論』石原完爾著　中公文庫
『パール判事の日本無罪論』田中正明著　小学館文庫
『日本はこうなったら核武装するしかないな』吉澤正大著　アートヴィレッジ
『アインシュタインからの墓碑銘』比企寿美子著　出窓社
『日本賛辞の至言33撰』波田野毅著　ごま書房
『これから「和」』武藤信夫著　アートヴィレッジ

『なぜニッポン人は美しい風習を捨てるのか』ピーター・フランクル他著　明拓出版
『日本化するアメリカ』ボーイ・メンテ著（蓬田利文・天川由記子共訳）　中経出版
『現代文明改造論』島田眸著　騎虎書房
『核抑止力なき安全保障へ』ロバート・グリーン著（大石幹夫訳）　かもがわ出版
『核兵器廃絶への新しい道』ロバート・グリーン著（梅林宏道訳）　高文研
『反戦平和の手帖』喜納昌吉、C・ダグラス・ラミス共著　集英社新書
『電子洗脳』ニック・ベギーチ著（内田智穂子訳）　成甲書房
『許すかNOか』高尾慶子著　展望社
『クワイ河収容所』アーネスト・ゴードン著（斎藤和明訳）　筑摩書房
『すべての女性は女神』水上洋子著　実業之日本社
『日本の神話』吉田敦彦著　青土社
『日本政治の謎』猪口孝著　西村書店
『欧州統合論』石沢芳次郎著　産業経済研究協会
『かけがえのない地球』バーバラ・ウォード／ルネ・デュボス著　人間環境ワーキンググループ・環境科学研究所共訳　日本総合出版機構
『クラウディア奇蹟の愛』村尾靖子著　海拓舎
『明治神宮「伝統」を創った大プロジェクト』今泉宜子著　新潮選書

早川　和宏（はやかわ　かずひろ）

1948年生まれ。立教大学経済学部にてマルクスの哲学および弁護法・マックスウェーバーの社会学を学ぶ。卒業後、社会派ジャーナリストとして活躍。心の変革、社会の変革を目標に掲げ、幅広いテーマに取り組んでいる。ひとりシンクタンク「2010」代表。主要著書として『魔法の経営』（三和書籍）。『会社の品格は渋沢栄一から学んだ』（出版文化社）など。訳書として、ミナ・ドビック著『ミラクル』（洋泉社）。

小松電機産業株式会社／人間自然科学研究所

社　　是：社業を通じて社会に喜びの輪を広げよう

経営理念：おもしろ　おかしく　たのしく　ゆかいに

行動指針：三方良し　後利

小松電機産業は、シートシャッターhappygate門番システム、総合水管理システム「やくも水神」ネットワークという2つの事業を通じて「楽しく持続的に生きられる地球社会をつくる、私がつくる」を理念として活動を続けています。

地球温暖化防止に貢献する「門番」を開発・販売してマーケットを創造し、「中小企業センター賞」「ニュービジネス大賞」を受賞。2012年にはhappygate門番システムが、ものづくり日本大賞優秀賞を受賞しました。「やくも水神」は科学技術庁「注目発明選定証」を受証しています。

人間自然科学研究所は環境・健康事業を通じて、世界から信頼と尊敬が得られ、人間の尊厳欲求が満たされ続ける恒久平和のモデルを創出しようと志しています。具体的な事業を通じて人類進化の道を切り拓く―小松電機産業は、この21世紀型の新しいビジネスモデルを実践している集団です。

天　略

2015年　8月　20日　　第1版第1刷発行

著者　　早川　和宏

発行者　　高橋　考

発行所　　三和書籍

〒112-0013　東京都文京区音羽2-2-2
TEL 03-5395-4630　FAX 03-5395-4632
info@sanwa-co.com
http://www.sanwa-co.com

印刷所／製本　モリモト印刷株式会社

ISBN978-4-86251-179-9 C2034